Wirtschaftsförderung in Lehre und Praxis

Reihe herausgegeben von

André Göbel
FB Verwaltungswissenschaften
Hochschule Harz
Halberstadt, Deutschland

Die Buchreihe ergänzt das Studium der Wirtschaftsförderung an der Hochschule Harz und wurde unter der Leitung von Professor Dr. André Göbel in enger Kooperation mit Partnern aus der Wissenschaft und Praxis entwickelt. In einem modularen Aufbau werden Grundlagen-, Methoden- und Schlüsselkompetenzen vermittelt. Neue Bedingungen im kommunalen, regionalen und internationalen Standortwettbewerb erfordern eine moderne Verwaltungsinfrastruktur mit ausgezeichnet qualifiziertem Nachwuchs an Fach- und Führungspersonal. Eine hohe Serviceorientierung, effektive Methoden und Technologien und eine immer stärkere Verzahnung mit der kommunalen Entwicklung prägen das Bild der heutigen Wirtschaftsförderung. Als Bindeglied zwischen Verwaltungen und Unternehmen bieten Wirtschaftsförderungen ein vielseitiges Tätigkeitsfeld. Buchreihe und Zertifikatskurs richten sich an MitarbeiterInnen aus der Wirtschaftsförderung, der kommunalen Verwaltung sowie an politische Mandatsträger und an Interessierte aus ähnlichen Berufsfeldern.

Weitere Bände in dieser Reihe: http://www.springer.com/series/15091

Philip Pongratz · Matthias Vogelgesang

Unternehmensfinanzierung und -förderung

Grundlagen für die Praxis

Philip Pongratz
WFK mbH
Kaiserslautern, Deutschland

Matthias Vogelgesang
WFK mbH
Kaiserslautern, Deutschland

ISSN 2569-8567   ISSN 2569-8575 (electronic)
Wirtschaftsförderung in Lehre und Praxis
ISBN 978-3-658-25968-6   ISBN 978-3-658-25969-3 (eBook)
https://doi.org/10.1007/978-3-658-25969-3

Die Deutsche Nationalbibliothek verzeichnet diese Publikation in der Deutschen Nationalbibliografie; detaillierte bibliografische Daten sind im Internet über http://dnb.d-nb.de abrufbar.

Springer Gabler
© Springer Fachmedien Wiesbaden GmbH, ein Teil von Springer Nature 2019
Das Werk einschließlich aller seiner Teile ist urheberrechtlich geschützt. Jede Verwertung, die nicht ausdrücklich vom Urheberrechtsgesetz zugelassen ist, bedarf der vorherigen Zustimmung des Verlags. Das gilt insbesondere für Vervielfältigungen, Bearbeitungen, Übersetzungen, Mikroverfilmungen und die Einspeicherung und Verarbeitung in elektronischen Systemen.
Die Wiedergabe von allgemein beschreibenden Bezeichnungen, Marken, Unternehmensnamen etc. in diesem Werk bedeutet nicht, dass diese frei durch jedermann benutzt werden dürfen. Die Berechtigung zur Benutzung unterliegt, auch ohne gesonderten Hinweis hierzu, den Regeln des Markenrechts. Die Rechte des jeweiligen Zeicheninhabers sind zu beachten.
Der Verlag, die Autoren und die Herausgeber gehen davon aus, dass die Angaben und Informationen in diesem Werk zum Zeitpunkt der Veröffentlichung vollständig und korrekt sind. Weder der Verlag, noch die Autoren oder die Herausgeber übernehmen, ausdrücklich oder implizit, Gewähr für den Inhalt des Werkes, etwaige Fehler oder Äußerungen. Der Verlag bleibt im Hinblick auf geografische Zuordnungen und Gebietsbezeichnungen in veröffentlichten Karten und Institutionsadressen neutral.

Coverdesign: deblik Berlin unter Verwendung der Grafik der © Hochschule Harz

Springer Gabler ist ein Imprint der eingetragenen Gesellschaft Springer Fachmedien Wiesbaden GmbH und ist ein Teil von Springer Nature.
Die Anschrift der Gesellschaft ist: Abraham-Lincoln-Str. 46, 65189 Wiesbaden, Germany

Reihenvorwort des Herausgebers

Der vorliegende neunte Band in der Schriftenreihe zur „Wirtschaftsförderung in Lehre und Praxis" soll einen Beitrag zur weiteren Professionalisierung der kommunalen Wirtschaftsförderung im deutschsprachigen Raum leisten. Die Schriftenreihe ist dabei prominent eingebettet in die Entwicklungen und angewandt-wissenschaftlichen Auseinandersetzungen beteiligter Forscherinnen und Forscher am Fachbereich Verwaltungswissenschaften der Hochschule Harz auf dem Campus Halberstadt in Sachsen-Anhalt.

Der Forschungs- und Ausbildungsbereich zur Wirtschaftsförderung ist ein interdisziplinärer Themencluster mit starkem Bezug zur öffentlichen Verwaltung. Am Fachbereich Verwaltungswissenschaften der Hochschule Harz wird dieser Themencluster unter anderem als eigenständiger Forschungsschwerpunkt intensiv bearbeitet. Der junge Fachbereich entstand durch die Externalisierung der nicht-technischen Ausbildung zum gehobenen Verwaltungsdienst in Sachsen-Anhalt im Jahre 1997 – ein damaliges Innovationsmodell zur Öffnung der Verwaltungsausbildung und Überführung in eine öffentliche Hochschule. Bis heute wird diese Vorgehensweise als „Halberstädter Modell" bezeichnet und wurde in späteren Jahren auch von anderen deutschen Bundesländern umgesetzt (Bundesvereinigung Hochschullehrerbund 1998, S. 21). Diese Öffnung der Ausbildung ließ erstmals eine breitere Denomination der Professuren und damit auch eine Ausweitung der Ausbildung zu. Mit der Berufung des ehemaligen Dekans Prof. Dr. Jürgen Stember auf die Professur für Verwaltungswissenschaften im Jahre 1999, folgte ein erfahrener Wirtschaftsförderer dem Ruf an die Ausbildungsstätte im Harz. Auch durch andere Kolleginnen und Kollegen wurden immer wieder Themen der kommunalen Wirtschaftsförderung in die Ausbildung integriert.

Aus diesem Nukleus heraus entstanden erste Forschungsprojekte bis hin zum Aufbau des heute bundesweit viel beachteten Labors für angewandte IT in der Wirtschaftsförderung. Dieses „Wirtschaftsförderungslabor" führt inzwischen vertraglich mehr als 80 kommunale Wirtschaftsförderungen und die deutschen Markführer von System- und Beratungslösungen für Wirtschaftsförderungen als Partner zusammen. Hier werden seit dem Jahr 2011 in einer einzigartigen Gemeinschaft neue Methoden und Technologien im Anwendungsfeld der Wirtschaftsförderung analysiert, diskutiert und im Praxiseinsatz erprobt. Hinzu kam im Jahr 2013 der Aufbau eines zugehörigen Lehrlabors zur besseren Verzahnung von Forschung und Ausbildung (vgl. Göbel 2014).

Diese Leistungen wurden durch eine erfolgreiche Teilnahme am Wettbewerb „Aufstieg durch Bildung: offene Hochschulen" honoriert. Hierdurch werden seit 2014 mit Förderung des Bundesministeriums für Bildung und Forschung, kofinanziert durch die Europäische Union mit Mitteln des Europäischen Sozialfonds, erste Zertifikatskurse zur berufsbegleitenden Weiterbildung in der Wirtschaftsförderung realisiert. Diese geförderten Weiterbildungsangebote wurden ab dem Wintersemester 2016/2017 nachhaltig zu einem berufsbegleitenden und modular angebotenen Zertifikats- und Masterstudium an der Hochschule Harz zusammengeführt. Hierdurch möchte die Hochschule Harz der bestehenden Nachfrage gerecht werden, welche die vorliegenden Anfragen und die bisherigen Teilnehmer von der Geschäftsführungsebene bis zur Sachbearbeitung bestätigen.

Um diesen Ausbildungsbeitrag zur Professionalisierung des Berufsbilds der Wirtschaftsförderinnen und Wirtschaftsförderer weiter zu stärken, werden mit der vorliegenden Schriftenreihe die gewonnenen Erkenntnisse aus Lehre und Praxis sowohl als Printmedium sowie auch in Form von digitalen Auszügen über moderne Kommunikationskanäle verfügbar gemacht. Die aktuell in sehr kurzen Zyklen produzierten Bände dieser Schriftenreihe folgen dem modularen Ausbildungsziel des oben genannten Zertifikatsstudiums an der Hochschule Harz. In diesem Rahmen werden je vier Bände mit dem Schwerpunkten Verwaltungswissenschaft, Geografie/Raumplanung sowie Wirtschaftswissenschaft entwickelt und in kurzen Abständen veröffentlicht. Somit soll eine modulare Weiterbildung für aktuell häufig vertretene Berufsgruppen in der kommunalen Wirtschaftsförderung ermöglicht werden. Hierzu gehören vor allem Geografinnen und Geografen mit möglichen Weiterbildungsbedarfen in Verwaltung und Wirtschaft; Soziologinnen und Soziologen sowie Studierende mit einem Abschluss in den Verwaltungswissenschaften mit jeweiligen Weiterbildungsbedarfen in Geografie und Wirtschaft; sowie Studierende der Volks- oder Betriebswirtschaft mit denkbaren Weiterbildungsbedarfen in Verwaltung und Geografie. Diese Bedarfe sollen mit der vorliegenden Schriftenreihe zur Wirtschaftsförderung in Lehre und Praxis aufgenommen und bearbeitet werden. Gleichermaßen gelten alle nachfolgenden Kernveröffentlichungen gleichzeitig als Basislektüre für das

Weiterbildungsangebot zur Wirtschaftsförderung an der Hochschule Harz. Die vorliegende Schriftenreihe umfasst dabei perspektivisch folgende Bände:

Im Spektrum „Verwaltungswissen für Wirtschaftsförderer" erscheinen:

- Grundlagen der Wirtschaftsförderung
- Steuerung, Methoden und Netzwerke in der Wirtschaftsförderung
- Serviceorientierte Verwaltung und Wirtschaftsförderung
- Neue Technologien in der Wirtschaftsförderung

Zum Themencluster „Geografie und Raumplanung für Wirtschaftsförderer" erscheinen:

- Entwicklung und Regionalökonomie in der Wirtschaftsförderung
- Wissen- und Innovationsgeografie in der Wirtschaftsförderung
- Standortmanagement in der Wirtschaftsförderung
- Standortmarketing in der Wirtschaftsförderung

Im Bereich „Wirtschaftswissen für Wirtschaftsförderer" werden aktuell vorbereitet (zum Teil Arbeitstitel):

- Existenzgründung und Existenzförderung in der Wirtschaftsförderung
- Unternehmensfinanzierung und -förderung aus Sicht der Wirtschaftsförderung
- Kommunikation und Nachhaltigkeit im Innovationsmanagement von Unternehmen
- Unternehmensführung und Wandel aus Sicht der Wirtschaftsförderung

Neben diesen Aspekten werden auch Querschnittsthemen in die Reihe einfließen, wie zum Beispiel aktuelle Themen der Strategieentwicklung zur Organisation der Wirtschaftsförderung und weitere Aspekte.

Mit all diesen thematischen Facetten soll ein Beitrag zur breiten öffentlichen Diskussion über die Chancen der Professionalisierung sowie über die notwendigen Kompetenzen, Ausstattungen und künftigen Aufgaben der kommunalen Wirtschaftsförderung geleistet werden. Ich freue mich daher Ihnen als Leserin und Leser nun gemeinsam mit Dr. Philip Pongratz und Matthias Vogelgesang diesen Übersichtsband zum Thema Unternehmensfinanzierung und -förderung in der Schriftenreihe zur Wirtschaftsförderung in Lehre und Praxis anbieten zu können. Wir freuen uns auf Ihre Rückmeldungen und wünschen Ihnen eine angenehme Lektüre.

Ihr

Dr. André Göbel, Herausgeber

Ehemals Vertreter der Professur für Verwaltungsmanagement und Wirtschaftsförderung an der Hochschule Harz und Leiter der dortigen Labore für angewandte IT in der Wirtschaftsförderung.

Heute als Geschäftsführer der DigitalAgentur des Landes Brandenburg tätig.

Literatur

Bundesvereinigung Hochschullehrerbund. (1998). Halberstädter Modell der FH Harz ist bundesweit einzigartig. Die neue Hochschule Jg. 39 (1998), H. 1.

Göbel, A. (2014). Möglichkeiten einer gezielten Förderung der Zusammenarbeit von Hochschulen, Wirtschaft und Verwaltung. Darstellung am Beispiel des Aufbaus eines Innovationslabors für Wirtschaftsförderung an der Hochschule Harz. In D. Lück-Schneider & E. Kraatz (Hrsg.), *Kompetenzen für zeitgemäßes Public Management*. HWR Forschung Bd. 56/57. Berlin: Edition Sigma.

Inhaltsverzeichnis

1	**Einführung**	1
	1.1 Problemhintergrund	1
	1.2 Aktualität	2
	1.3 Ziele des Moduls und Ausrichtung	3
	1.4 Strukturierung	4
	1.5 Literatur und Materialienüberblick	5
	Literatur	6
2	**Unternehmensfinanzierung**	7
	2.1 Grundlagen	7
	2.2 Finanzielle Ausstattung der bundesdeutschen Unternehmen	12
	2.3 Wirtschaftsförderung und Unternehmensfinanzierung	16
	2.4 Ausgewählte Formen der Finanzierung	18
	2.5 Der Businessplan und „seine Zahlenwerke"	31
	2.6 Fazit	38
	Literatur	39
3	**Unternehmensförderung**	41
	3.1 Historie	43
	3.2 Materielle Unternehmensförderung	44
	3.3 Immaterielle Unternehmensförderung	104
	3.4 Rahmenbedingungen der Unternehmensförderung	127
	Literatur	131
4	**Gesamtresümee**	137

Tabellenverzeichnis

Tab. 2.1 Venture-Capital-Investitionen nach Phase. (Quelle: Bundesverband Deutscher Kapitalbeteiligungsgesellschaften 2018) 20
Tab. 2.2 Kapitalbedarf: Finanzierung der Gründung und der betrieblichen Anlaufphase. (Quelle: Bundesministerium für Wirtschaft und Energie 2019a) 34
Tab. 2.3 Rentabilitätsvorschau; alle Beträge in Euro und ohne MwSt. (Quelle: Bundesministerium für Wirtschaft und Energie 2019b) 35
Tab. 2.4 Liquiditätsvorschau. (Bundesministerium für Wirtschaft und Energie 2019c) 36
Tab. 3.1 Vor- und Nachteile staatlicher Subventionen. (Quelle: Geiger 2018) 49
Tab. 3.2 Strukturen der EIB. (Quelle: Europäische Investitionsbank 2018b) 52
Tab. 3.3 Förderbanken auf Landesebene. (Quelle: Geschäftsberichte der Förderbanken für das Jahr 2017) 57
Tab. 3.4 Die Wirtschaftsförderung 2017 in Zahlen. (Quelle: Investitionsbank Berlin 2018b) 66
Tab. 3.5 Für die GRW förderrelevante Fördergebiete inkl. prozentuale Fördersätze im Überblick. (Quelle: Eigene Darstellung 2019 auf Basis von Bundesministerium für Wirtschaft und Energie 2018e) 77
Tab. 3.6 Prüfung zentraler GRW-Fördervoraussetzungen. (Quelle: Bundesministerium für Wirtschaft und Energie 2018d) 78
Tab. 3.7 Verteilung der GRW-Mittel und der Bürgschaften im Überblick. (Quelle: Eigene Darstellung 2019. Sämtliche Angaben entstammen dem Koordinierungsausschuss der Gemeinschaftsaufgabe „Verbesserung der regionalen Wirtschaftsstruktur" 2017, S. 50 f.) 80
Tab. 3.8 Datenbanken für Fördermittelrecherche: Eine Auswahl. (Quelle: Eigene Darstellung 2019) 91
Tab. 3.9 Fördervorprüfung in 7 Fragen. (Quelle: Bundesministerium für Wirtschaft und Energie 2018d) 95

Tab. 3.10 Förderbereiche zu „Bund". (Quelle: Bundesministerium für Wirtschaft und Energie 2018d) 97

Tab. 3.11 Förderübersicht für die Gewerbe in der rheinland-pfälzischen Tourismusbranche. (Quelle: Investitions- und Strukturbank Rheinland-Pfalz *2017*, S. 2–3. Anmerkung: Von den Autoren wurden innerhalb der Tabelle Kürzungen vorgenommen). 102

Tab. 3.12 Auf Unternehmensnachfolge ausgerichtete Plattformen, Teil 1. (Quelle: Eigene Darstellung 2019). 116

Tab. 3.13 Auf Unternehmensnachfolge ausgerichtete Plattformen, Teil 2. (Quelle: Eigene Darstellung 2019). 117

Einführung 1

Zusammenfassung

Die Themen Unternehmensfinanzierung und Unternehmensförderung gehören in unterschiedlichen Ausprägungen zum Repertoire einer aktiven Wirtschaftsförderung. Obgleich die thematische Beschäftigung mit diesen Bereichen, beispielsweise in Abhängigkeit von der strategischen und organisatorischen Ausrichtung, den jeweiligen Ausbildungs- und Beschäftigungsschwerpunkten der Kontrollorgane, Leitungen und Belegschaften von Wirtschaftsförderungseinrichtungen, der Erwartungshaltung ihrer Kunden, der thematischen Fokussierung anderer Wirtschaftsberatungseinrichtungen in der jeweiligen Region sowie der örtlichen Wirtschafts- und Beschäftigungsstruktur im Einzelfall sehr verschieden sein kann, sind Unternehmensfinanzierung und Unternehmensförderung aus dem Alltag von Wirtschaftsförderungen nicht wegzudenken.

1.1 Problemhintergrund

Zahlreiche Mitarbeiterinnen und Mitarbeiter von (kommunalen) Wirtschaftsförderungseinrichtungen, Industrie- und Handelskammern, Handwerkskammern, Innungen, Arbeitgeberverbänden, Gewerkschaften, Kreditinstituten und Unternehmensberatungen haben berufsbedingt mit den Themen Unternehmensfinanzierung und Unternehmensförderung zu tun. Ob es nun darum geht, einem Existenzgründer bei der Erstellung seines Businessplans zu helfen und dabei zumindest eine Vorstellung von einem darin integrierten Kapitalbedarfsplan, einer Liquiditätsplanung und einer Rentabilitätsberechnung zu erhalten, ein Unternehmen beim Auffinden von materiellen oder immateriellen Fördermitteln zu unterstützen oder aber für Gründer und Unternehmen passende immaterielle Förderstrukturen aufzubauen oder zu optimieren, die Kenntnis der damit verbundenen Möglichkeiten,

Zweckmäßigkeiten und Grenzen ist jeweils notwendig. In den beiden sehr dynamischen und gleichzeitig fluiden Themenbereichen wird es kaum möglich sein, sämtliche Instrumente der Unternehmensfinanzierung und Unternehmensförderung umfassend zu beherrschen. Gerade weil insbesondere die Förderprogramme für Gründer und Unternehmen in Inhalt, Form, Ausrichtung und Umfang ständigen Veränderungen unterworfen sind, gilt es, sich eher ein Überblicks- und Methodenwissen anzueignen, als möglichst viele Programme in einem weitgehenden Detailierungsgrad „auswendig zu lernen"; Programme, die vielleicht bereits schon morgen oder übermorgen der Vergangenheit angehören. Vielmehr soll es darum gehen, möglichst eigeninitiativ und selbstständig ein notwendiges Wissen über Finanzierung und Förderungen zu erhalten bzw. auszubauen und dieses anschlussfähig an zukünftige Entwicklungen zu halten.

1.2 Aktualität

Sowohl die Bereiche Unternehmensfinanzierung als auch Unternehmensförderung sind rasanten Veränderungsprozessen unterworfen. Während ein Teil der Banken, beispielsweise Goldman Sachs, auch nach der Finanzkrise der Jahre 2007 und 2008 ihren Umsatz und Gewinn steigern und jeweils neue Höchstwerte des Aktienkurses verzeichnen konnten, steht das tradierte Geschäftsmodell zahlreicher bundesdeutscher Kreditinstitute, gleichgültig ob privatwirtschaftliche Banken, Genossenschaftsbanken oder aber Sparkassen, vor erheblichen Herausforderungen. Während ehemals etablierte Großbanken wie die Deutsche Bank und die Commerzbank letztendlich erfolglos darum kämpften, wenigstens im EURO STOXX 50 bzw. DAX gelistet zu bleiben, starteten zahlreiche neuartige Finanzakteure, die sich beispielsweise unter den Oberbegriff FINTECH subsumieren lassen, zu Schumpeterschen Disruptionen in bislang kaum gekanntem Ausmaß. Der Begriff der „schöpferischen Zerstörung" („creative destruction") geht auf den Ökonomen Joseph Alois Schumpeter (1883–1950) zurück. Er umschreibt das dynamische Wesen kapitalistischer Systeme. Kein im Wettbewerb stehendes Unternehmen erhält eine Garantie, dass sein möglicherweise im Augenblick sehr erfolgreiches Geschäftsmodell zukünftig noch Bestand haben wird. An die Stelle nicht mehr wettbewerbsfähiger Anbieter treten früher oder später neue Anbieter mit, zumindest für den Augenblick, erfolgreicheren Geschäftsmodellen. Über die Notwendigkeit einer Koppelung von Chancen und Risiken unternehmerischen Handelns gab es lange Zeit einen breiten Konsens, der erst infolge der Finanzkrise der Jahre 2007/2008 teilweise infrage gestellt wurde. Bei der dabei einsetzenden „Too-big-to-fail-Diskussion" ging es um eine unterstellte systemrelevante Stellung einzelner Marktteilnehmer. Dessen ungeachtet vollzog sich gerade im bundesdeutschen Bankensektor im Jahr 2018 ein Wandel von beträchtlicher Symbolik. Die am 24.09.2018 erfolgte Aufnahme der Wirecard AG in den DAX (Deutscher Aktienindex*)*, also in den Index der 30 börsennotierten Unternehmen in Deutschland mit der höchsten Streubesitzmarktkapitalisierung bzw. dem höchsten Börsenumsatz, mag die Dynamik des ökonomischen Wandels verdeutlichen, da das Unternehmen sehr erfolgreich neuartige Technologie- und

Finanzdienstleistungen anbietet. Die Wirecard AG beschreibt sich selbst als einen „… der weltweit führenden unabhängigen Anbieter von Outsourcing- und White-Label-Lösungen für den elektronischen Zahlungsverkehr" (Wirecard 2018).

In Zeiten dieses rasanten Strukturwandels stehen auch die gewerblichen Kunden der Banken vor nicht ganz trivialen Fragestellungen, insbesondere wenn es um die Aufrechterhaltung bestehender Geschäftsmodelle oder die Entwicklung neuer Geschäftsmodelle geht. Dabei sind die Fragen der Finanzierung stets von existenzieller Natur für die Unternehmen und deren Akteure.

Auch hat es sich bei zahlreichen Firmen herumgesprochen, dass das Geld nicht nur am Markt verdient wird, sondern dass zahlreiche Wettbewerber auch öffentliche Finanzmittel für sich entdeckt haben. Hier nicht „mitzuziehen" und somit öffentliche Fördermittel zu ignorieren, generiert automatisch einen Wettbewerbsnachteil gegenüber den auf öffentliche Finanzmittel zurückgreifenden Konkurrenten. Selbst diejenigen Unternehmer, welche aus ordnungspolitischen Überzeugungen Subventionen ablehnen, können hier schnell unter Druck geraten. Immerhin müssen sich auch Geschäftsführer und Vorstände gegenüber ihren Gesellschaftern bzw. Aktionären rechtfertigen. Selbst wenn man, aus welchen Gründen auch immer, die Subventionen für sein Unternehmen nicht in Anspruch nehmen kann oder möchte, erscheint es doch sinnvoll, sich einen Überblick über die möglichen Fördermittel zu machen, u. a. um zu eruieren, auf welche diesbezüglichen Ressourcen die Wettbewerber gegebenenfalls zurückgreifen können.

1.3 Ziele des Moduls und Ausrichtung

Das vorliegende Lehrbuch möchte eine Verbindung von Unternehmensfinanzierung und Unternehmensförderung herstellen. Im Bereich der Unternehmensfinanzierung gilt es zunächst, einen Überblick über die verschiedenen Formen und Instrumente der Finanzierung zu erhalten. Der Fokus liegt dabei auf Leserinnen und Lesern, die in ihrer tagtäglichen Berufspraxis regelmäßig mit Fragen der Unternehmensfinanzierung zu tun haben, jedoch nicht selbstständig eine Finanzplanung und ein Finanzcontrolling innerhalb der Unternehmen durchführen. Es sollen somit die Grundlagen erarbeitet und dargestellt werden. Gleichzeitig erhalten Leserinnen und Leser, die sich einen vertieften Zugang zu der Finanzierungsmaterie wünschen, zahlreiche zusätzliche Literaturverweise.

Im Bereich der Unternehmensförderung soll eine neuartige Differenzierung in „materielle Unternehmensförderung" und „immaterielle Unternehmensförderung" eingeführt werden. Innerhalb der materiellen Unternehmensförderung gilt es, die verschiedenen, in den Prozess der Unternehmensförderung involvierten Organisationen vorzustellen, um alsdann die Instrumente der Förderung zu analysieren. Dabei stehen verschiedene Zuschussförderungen für die unterschiedlichsten Zielgruppen im Mittelpunkt der Betrachtung.

Zudem werden die Möglichkeiten zum Auffinden von Fördermitteln und der Prozess der Fördermittelbeantragung vorgestellt. Bei den vorgestellten Aufgaben und Inhalten der immateriellen Unternehmensförderung wird schnell deren beträchtliche Bandbreite, aber auch

Heterogenität sichtbar. Nach wie vor ist die Wahrnehmung der Unternehmensförderung mehr auf die materielle Unternehmensförderung ausgerichtet. Das vorliegende Werk möchte jedoch die beiden Seiten der „Förderungsmedaille" gleichberechtigt und aus unterschiedlichen Perspektiven vorstellen und einer kritischen Analyse unterziehen. Kap. 3 schließt mit einer Einordnung der aktuellen Rahmenbedingungen von Wirtschaftsförderung.

Im abschließenden vierten Kapitel gilt es, ein kurzes Resümee zu ziehen und einen Ausblick auf mögliche weitere Entwicklungen zu geben.

1.4 Strukturierung

Das Lehrbuch ist in zwei grundlegende Teile untergliedert, nämlich in Unternehmensfinanzierung und in Unternehmensförderung. Beide Teile stellen neben einer theoretischen Fundierung auf eine Übertragbarkeit in die (Beratungs-)Praxis ab. Dabei sollen den Leserinnen und Lesern insbesondere Inhalte vermittelt werden, die auch in den Arbeitsalltag integrierbar sind.

Im Bereich der Unternehmensfinanzierung sollen daher, neben einer komprimierten Einführung in die Thematik, die finanzielle Ausstattung der bundesdeutschen Unternehmen vorgestellt und deren aktuelle Entwicklungslinien aufgezeigt werden. Zudem soll die Beziehung zwischen Unternehmensfinanzierung und Wirtschaftsförderung herausgearbeitet werden. Alsdann gilt es, mit „Venture-Capital", „Crowdfunding" und dem „Mikrokreditfonds Deutschland" drei innovative Formen der Finanzierung vorzustellen, die etwas außerhalb des „klassischen Finanzierungsrahmens" liegen. Doch kann gerade die Kenntnis über Inhalt und Potenzial dieser Instrumente Gründerinnen und Gründern sowie jungen Unternehmen zusätzliche Finanzierungsmöglichkeiten eröffnen. In Kombination mit dem ebenfalls ausführlich behandelten „Zahlenwerk des Businessplans" vermittelt das Lehrbuch das notwendige Rüstzeug für praxisorientierte Wirtschaftsberatung, wie sie beispielsweise in kommunalen Wirtschaftsförderungseinrichtungen zu leisten ist.

Im Bereich der Unternehmensförderung wird eine Unterteilung in „materielle Unternehmensförderung" und „immaterielle Unternehmensförderung" vorgenommen.

Zur Einordnung der heutigen Unternehmensförderung erfolgt jedoch zunächst in Abschn. 3.1 eine kurze wirtschaftshistorische Darstellung, die insbesondere staatliches Engagement und staatliche Intervention in ihrem jeweiligen Wirtschaftssystem zum Gegenstand hat.

Daraufhin erfolgt in Abschn. 3.2 eine ausführliche Betrachtung der materiellen Unternehmensförderung. Dabei finden sich Ausführungen zu den verschiedenen Förderorganisationen und Förderinstrumenten. Ebenso werden Anleitungen zum Auffinden, zur Beantragung und zum Management von materiellen Fördermitteln gegeben.

Weiterhin werden Empfehlungen für eine Vielzahl von Fördermittelakquisitionen gegeben. Dabei stellen die vorgestellten Förderprogramme teilweise auf die jeweiligen Entwicklungsstadien eines Unternehmens ab. Weitere Programme zielen auf verschiedene standortbezogene Nachteile, auf Aufwendungen in Forschung und Entwicklung, auf Innovationen oder aber die Inanspruchnahme von verschiedenen unternehmensbezogenen Beratungsleistungen.

Die u. a. von vielen kommunalen Wirtschaftsförderungseinrichtungen praktizierte immaterielle Unternehmensförderung soll in Abschn. 3.3 in ihrer Vielfalt vorgestellt und analysiert werden. Dem bundesdeutschen Föderalismus geschuldet, darf jedoch nicht davon ausgegangen werden, dass sämtliche Wirtschaftsförderungseinrichtungen tatsächlich den „breiten Blumenstrauß" immaterieller Unternehmensförderung allen von ihnen unterstützten Existenzgründern und Unternehmen zur Verfügung stellen. Es handelt sich eher um recht unterschiedliche Instrumente, die u. a. in Abhängigkeit zu der Organisationskultur, der finanziellen Ausstattung, den Kompetenzen und Präferenzen der Mitarbeiterinnen und Mitarbeiter und ihrer Aufsichtsgremien sowie der kommunizierten Erwartungshaltung der potenziellen Kunden ihre individuelle Ausprägung erfahren.

Nichtsdestotrotz erschien es den Autoren als notwendig, an Unternehmensförderung interessierten Personen konkrete Hinweise bezüglich der facettenreichen Instrumente einer immateriellen Unternehmensförderung zu geben.

Weiterhin soll der derzeitige Rahmen von Unternehmensförderung in Deutschland in Abschn. 3.4 aufgezeigt werden. Dabei wird zwischen rechtlichen, finanziellen und strukturellen Rahmenbedingungen unterschieden.

In Kap. 4 wird ein Fazit gezogen und gleichzeitig ein Ausblick auf zukünftige Entwicklungen im Bereich der Unternehmensfinanzierung und Unternehmensförderung gewagt.

1.5 Literatur und Materialienüberblick

Die bereits vorhandene Literatur zu den Themen Unternehmensfinanzierung und Unternehmensförderung könnte kaum unterschiedlicher sein. Während die Unternehmensfinanzierung Gegenstand zahlreicher insbesondere betriebswirtschaftlicher Publikationen wie Lehrbüchern, Fachaufsätzen, wissenschaftlichen Monografien ist, an zahlreichen Lehrstühlen unterrichtet wird und somit eine beachtliche Forschungs- und Lehrtradition aufweist, vermag der Bereich der Unternehmensförderung nicht annähernd auf eine vergleichbare Entwicklung zurückzublicken. Die Vielzahl von Broschüren, Programmbeschreibungen, Förderanträgen im Internet sowie Förderdatenbanken darf also nicht darüber hinwegtäuschen, dass es sich hier in aller Regel um auf die Praxis ausgerichtete Einzelprogrammbeschreibungen handelt. Obgleich auch das hier vorgestellte Lehrbuch keinesfalls für sich in Anspruch nehmen kann oder mag, auch nur annähernd über sämtliche auf Gründer und Unternehmen ausgerichtete Förderprogramme zu informieren, möchte es dazu beitragen, die bisherige Lücke an Fachliteratur zu schließen und die verschiedenen Förderprogramme in einen größeren Kontext einzuordnen, über ihre Ausrichtung zu informieren und so zu einer dringend notwendigen Fördertransparenz zu verhelfen.

Als Basisliteratur zum Thema Finanzierung sei das von den Autoren Bieg, Kußmaul und Waschbusch publizierte Werk mit dem Titel *Finanzierung* ausdrücklich empfohlen (Bieg et al. 2016).

Weiterhin empfehlen wir die von Hölscher und Helms erstellte Publikation mit dem Titel *Investition und Finanzierung* (Hölscher und Helms 2017).

Als Basisliteratur zum Thema Unternehmensförderung soll auf das von Marion Rohwedder (2013) publizierte *Praxishandbuch Fördermittel. Wegweiser für kleine und mittlere Unternehmen* verwiesen werden.

Zur Recherche von unternehmensrelevanten Förderprogrammen auf Bundesebene empfehlen wir die Internetseite http://www.foerderdatenbank.de/. Die Förderdatenbank informiert auch über die europäischen Förderprogramme.[1]

Wertvolle Hinweise für angehende Gründerinnen und Gründer liefert beispielsweise das Existenzgründungsportal des Bundesministeriums für Wirtschaft und Energie.[2]

Abschließend möchten wir uns bei Frau Sabine Krieger-Mattila für die kompetente und zuverlässige Durchführung der Lektorats- und Korrekturarbeiten bedanken. Neben den üblicherweise damit verbundenen Aufgaben gab uns Frau Krieger-Mattila zahlreiche wertvolle Denkanstöße und stand immer für einen offenen und konstruktiven Gedankenaustausch zur Verfügung.

Weiterhin möchten wir uns auch ausdrücklich bei unserer ehemaligen Praktikantin Isabel de Monte bedanken, die im Rahmen dieser Publikation wertvolle Arbeiten erledigte und auch in zahlreichen Gesprächen durch ihre äußerst kompetente engagierte Art den Fortgang dieser Arbeit begleitete.

Literatur

Bieg, H., Kußmaul, H., & Waschbusch, G. (2016). *Finanzierung* (3. Aufl.). München: Franz Vahlen.
Hölscher, R., & Helms, N. (2017). *Investition und Finanzierung*. Oldenbourg: de Gruyter.
Rohwedder, M. (2013). *Praxishandbuch Fördermittel. Wegweiser für kleine und mittlere Unternehmen*. Berlin: Erich Schmidt.
Wirecard. (2018). *Über das Unternehmen*. https://www.wirecard.de/unternehmen/. Zugegriffen am 29.09.2018.
Bundesministerium für Wirtschaft und Energie. Förderdatenbank. Förderprogramme und Finanzhilfen des Bundes, der Länder und der EU. http://www.foerderdatenbank.de/. Zugegriffen am 04.11.2018.

---

[1] http://www.foerderdatenbank.de/Foerder-DB/Navigation/Foerderwissen/eu-foerderung.html.
[2] https://www.existenzgruender.de/DE/Gruendung-vorbereiten/Finanzierung/Foerderprogramme/inhalt.html.

Unternehmensfinanzierung 2

Zusammenfassung

Die adäquate Finanzierung bildet das Fundament eines jeden ökonomischen Handelns von Unternehmen. Dabei zeigt sich, dass die Ausstattung mit Kapital, insbesondere mit Eigenkapital, bei den bundesdeutschen Unternehmen sehr heterogen ist. So finden sich beispielsweise in Abhängigkeit zu der jeweiligen Unternehmensgröße, Branchenzugehörigkeit und Rechtsform deutliche Unterschiede. Neben grundlegenden Informationen zum Thema Unternehmensfinanzierung stehen neuartige Finanzierungsformen im Zentrum des vorliegenden Kapitels. Dazu gehören das Venture-Capital, das Crowdfunding und der Mikrokreditfonds Deutschland. Abschließend sollen Struktur und Inhalt des Businessplans vorgestellt werden und dessen Wichtigkeit für die Unternehmensfinanzierung herausgestellt werden.

2.1 Grundlagen

Da der Begriff der Finanzierung längst Einzug in unsere Alltagssprache gefunden hat und dort in den unterschiedlichsten Facetten Verwendung findet, gilt es, sich zunächst den Terminus innerhalb der Ökonomie einzuordnen. So definiert das *Gabler Wirtschaftslexikon* Finanzierung wie folgt (Gabler Wirtschaftslexikon 2018a):

1. *Begriff:* Maßnahmen der Mittelbeschaffung und -rückzahlung und damit der Gestaltung der Zahlungs-, Informations-, Kontroll- und Sicherungsbeziehungen zwischen Unternehmen und Kapitalgebern.
2. *Formen:* a) *Außenfinanzierung:*
    (1) *Finanzierung durch bisherige Eigentümer* (Eigenfinanzierung);
    (2) Finanzierung durch neue Eigentümer (Beteiligungsfinanzierung);
    (3) Finanzierung durch Gläubiger (Fremdfinanzierung).

b) Innenfinanzierung:
(1) Finanzierung durch Bindung von güter- und leistungswirtschaftlichen Überschüssen über die Minderung des Gewinns als Bemessungsgrundlage für Steuerzahlungen und Ausschüttungen (z. B. Finanzierung aus Abschreibungen, Finanzierung über die Dotierung von Rückstellungen);
(2) Finanzierung durch Einbehaltung von ausschüttungsfähigem, aber nicht ausgeschüttetem Überschuss (Selbstfinanzierung).
3. Finanzierung *im öffentlichen Bereich:* duale Finanzierung.

Der erste Teil der vorgelegten Definition von Finanzierung zeigt bereits den betriebswirtschaftlichen Bezug auf, als hier der Kapitalgeber in eine direkte Verbindung zu einem Unternehmen gesetzt wird. Hingegen findet eine Beziehung zwischen Kapitalgeber und Privatpersonen in der Definition keine Berücksichtigung. Selbstverständlich wird der Begriff aber auch in und für private Kontexte gebraucht. Die diesbezüglichen Facetten sollen in der vorliegenden Publikation jedoch unberücksichtigt bleiben.

Ebenso wird bei der Definition deutlich, dass es sich bei dem Begriff der Finanzierung um weit mehr als lediglich die Beziehung zwischen Kapitalgeber und Unternehmen sowie die Konditionen der Zahlung handelt, sondern sich aus dieser Grundfunktion heraus zahlreiche weitere Regelungs- und Handlungserfordernisse ergeben, wie beispielsweise die konkrete Ausgestaltung der mit der Finanzierung einhergehenden Informationsrechte und Informationspflichten, Kontrollrechte und Kontrollpflichten sowie Sicherungsrechte und Sicherungspflichten. Schnell wird deutlich, dass die anfangs vergleichsweise banal wirkende Beziehung zwischen Kapitalgeber und Kapitalnehmer ein ganzes Bündel an Rechten, Pflichten, Erwartungen sowie Kommunikations- und Interaktionsbeziehungen mit sich bringt. Zudem handelt es sich auch um eine teilweise emotionale Beziehung. Eine Abweichung von den vereinbarten Vertragsinhalten kann sehr schnell, im Extremfall existenzgefährdende Folgen für den Kapitalgeber oder aber das Unternehmen nach sich ziehen.

Für eine konkrete Entscheidungsfindung stehen im Bereich der Finanzwirtschaft die folgenden Entscheidungskriterien zur Verfügung:

- Kapitalrentabilität,
- Liquidität,
- Sicherheit,
- Unabhängigkeit.

Letztendlich geht es darum, die vier genannten Kriterien in eine Beziehung zueinander zu bringen und eine für das jeweilige Unternehmen und die jeweilige Situation günstige Struktur zu schaffen.

Die Kapitalrentabilität kennt zahlreiche Facetten, beispielsweise die Eigenkapitalrentabilität, die Gesamtkapitalrentabilität, die Betriebskapitalrentabilität sowie die sich aus einem einzelnen Investitionsobjekt ergebende Rentabilität (vgl. Bieg et al. 2016, S. 6).

2.1 Grundlagen

Diesen vier genannten Ausprägungsformen liegen jeweils unterschiedliche mathematische Formeln mit verschiedenen Variablen zugrunde, die hier zumindest Erwähnung finden sollen (Bieg et al. 2016, S. 6):

a) $\text{Eigenkapitalrentabilität} = \dfrac{\text{Gewinn}(\text{bspw. JÜ})}{Ek}$,

b) $\text{Gesamtkapitalrentabilität} = \dfrac{\text{Gewinn}(\text{bspw. JÜ}) + \text{FK} - \text{Zinsen}}{EK + FK}$,

c) $\text{Betriebskapitalrentabilität} = \dfrac{\text{Betriebsergebnis}}{\text{betriebsnotwendiges Kapital}}$,

d) $\begin{aligned}&\textit{Rentabilität eines einzelnen Investitionsobjekts}\\ &= \dfrac{\text{dem Projekt zurechenbare Einzahlungsüberschüsse}}{\text{für das Projekt erforderlicher Kapitaleinsatz}}.\end{aligned}$

JÜ = Jahresüberschuss; EK = Eigenkapital; FK = Fremdkapital; EK + FK = Gesamtkapital

Die Formeln erlauben eine jeweils unterschiedliche Akzentuierung der der Betrachtung zugrunde liegenden Kapitalrentabilität.

Wie bereits ausgeführt, handelt es sich auch bei der Liquidität um ein finanzwirtschaftliches Entscheidungskriterium. Bei der Begriffsklärung soll der klassischen Definition von Witte gefolgt werden: „Liquidität ist die Fähigkeit der Unternehmung, die zu einem Zeitpunkt zwingend fälligen Zahlungsverpflichtungen uneingeschränkt erfüllen zu können; sie muss während des Bestehens der Unternehmung zu jedem Zeitpunkt gegeben sein" (Witte 1963, S. 15). Verfügt ein Unternehmen beispielsweise über ein hohes, aber wenig liquides Vermögen in Form von Immobilien, sind diese im Fall einer kurzfristigen Notwendigkeit zur Herstellung von Liquidität wenig hilfreich. Offene Rechnungen lassen sich eben in aller Regel nicht mit Grundstücken oder Maschinen, sondern mit Guthaben auf Geschäftskonten oder aber mit Bargeld begleichen. Ist diese von Witte beschriebene Zahlungsfähigkeit nicht (mehr) gegeben,

> … liegt Zahlungsunfähigkeit (Illiquidität) vor. Drohende oder aktuelle Zahlungsunfähigkeit sind laut Insolvenzordnung (InsO) Gründe für die Eröffnung eines Insolvenzverfahrens. Die Insolvenzordnung benennt drei Insolvenzgründe:
>
> 1. Zahlungsunfähigkeit (§17 InsO) Sie ist dann gegeben, wenn der Schuldner nicht imstande ist, seine fälligen Zahlungspflichten zu erfüllen bzw. wenn er seine Zahlungen eingestellt hat.

2. Drohende Zahlungsunfähigkeit (§ 18 InsO) Die Eröffnung des Insolvenzverfahrens wird durch den Schuldner selbst beantragt, wenn er voraussichtlich nicht in der Lage sein wird, die bestehenden Zahlungsverpflichtungen zum Zeitpunkt der Fälligkeit zu erfüllen.
3. Überschuldung (§ 19 InsO) Diese liegt vor, wenn das bilanzielle Vermögen des Schuldners nicht mehr ausreicht, die bestehenden Verbindlichkeiten (bilanzielles Fremdkapital) zu decken (Skopa and Urban 2017, S. 270).

Aufschluss über den Grad der Liquidität bietet ein Blick in die Bilanz eines Unternehmens. Deren Struktur wird durch § 266 HGB vorgegeben.

Über die Positionierung des jeweiligen Bilanzpostens entscheidet die folgende Frage: „Wie lange verbleibt der jeweilige Wert in der Bilanz? Handelt es sich um einen sehr langen Verbleib in dem Unternehmen, so findet sich der Wert weit oben. Umgekehrt hat ein sehr kurzer Verbleib eine Verortung weit unten in der Bilanz zur Folge.

Das von geringer Liquidität zu hoher Liquidität verlaufende Ordnungsmuster der Aktivaseite findet sich auch innerhalb des darin enthaltenen Anlagevermögens wieder, wenn man sich vergegenwärtigt, dass beispielsweise der Verkauf eines Grundstücks oder eines Patents in der Regel weit aufwendiger sein dürfte als der Verkauf von sich ebenfalls im Anlagevermögen befindenden Fahrzeugen. Gemäß § 247 HGB sind „beim Anlagevermögen … nur die Gegenstände auszuweisen, die bestimmt sind, dauernd dem Geschäftsbetrieb zu dienen" (HGB § 247, Abs. 2).

Das Anlagevermögen ist vom Umlaufvermögen abzugrenzen. Dabei handelt es sich um Werte, die nicht dauerhaft in dem jeweiligen Unternehmen verbleiben, also beispielsweise Vorräte, Bankguthaben oder aber Bargeld.

Hingegen gibt die Passivaseite der Bilanz Auskunft darüber, mit welchen Mitteln die auf der Aktivaseite stehenden Bilanzposten finanziert wurden. Hier ist u. a. zwischen dem „oben stehenden" Eigenkapital und den „unten stehenden Verbindlichkeiten" zu unterscheiden.

Vergleicht man die finanzwirtschaftlichen Entscheidungskriterien Kapitalrentabilität und Liquidität, wird erkennbar, dass es sich bei der Liquidität, ausgehend von der Definition Wittes, um eine absolute Maxime handelt, die lediglich die binären Handlungsoptionen (erfüllt bzw. nicht erfüllt) beinhaltet. Sollte die Handlungsmaxime nicht erfüllt sein, so hätte dies direkt einen existenzgefährdenden Charakter für das Unternehmen. So gesehen ist die Einhaltung der Zahlungsfähigkeit (Liquidität) für das Unternehmen von existenzieller Bedeutung als die natürlich auch sehr wichtige Optimierung der Kapitalrentabilität. Bei dem dritten finanzwirtschaftlichen Entscheidungskriterium, dem der Sicherheit, geht es darum, „das zur Verfügung gestellte Kapital uneingeschränkt zu erhalten". Bieg et al. (2016, S. 8) macht darauf aufmerksam, dass die vollständige Umsetzung dieser Maxime jedes wirtschaftliche Handeln unmöglich machen würde. Denn über jeder unternehmerischen Aktivität schwebt das „Damoklesschwert des Scheiterns", was wiederum den vollständigen oder zumindest teilweisen Verlust des eingesetzten Kapitals nach sich ziehen kann. Diese einem unternehmerischen Handeln innewohnende strukturelle Gefährdung kann nicht abgelegt werden, ohne das Herzstück unserer Wirtschaftsordnung, nämlich die Kopplung von unternehmerischem Gewinn und Risiko, zu eliminieren. Somit geht es eher darum, Risiken und Chancen in eine vernünftige Beziehung zueinander zu bringen und die Risiken so weit als möglich zu minimieren.

Das vierte finanzwirtschaftliche Entscheidungskriterium, das der Unabhängigkeit, stellt auf die Autonomie ökonomischer Betätigung ab. „Unter dem Unabhängigkeitsstreben versteht man das Ziel der Eigentümer bzw. der Unternehmensleitung, die Kapitalbeschaffung so zu gestalten, dass das Unternehmensgeschehen nicht durch die Einflussnahme Dritter beeinträchtigt wird" (Bieg et al. 2016, S. 8).

Doch zurück zu der eingangs dargestellten Definition von Finanzierung. Im Zentrum dieser Definition steht das Gegensatzpaar von Außenfinanzierung auf der einen Seite und Innenfinanzierung auf der anderen Seite. Die Außenfinanzierung kennt dabei verschiedene Finanziers, nämlich

- bisheriger Eigentümer,
- neuer Eigentümer,
- Gläubiger.

Wenden wir uns nun zunächst der Innenfinanzierung zu, um dann in Abschn. 2.4 etwas detaillierter zu drei außerhalb der klassischen Finanzierungsformen stehenden Instrumenten der Außenfinanzierung zu gelangen.

„Die Innenfinanzierung ist eine Finanzierung, die das Unternehmen aus eigener Kraft vornimmt. Sie erfolgt durch betriebliche Desinvestitionen" (Olfert 2001, S. 359).

Indem Unternehmen Produkte und/oder Dienstleistungen am Markt anbieten, haben sie die Chance, diese gewinnbringend zu veräußern. Gelingt dies, kann das Unternehmen Umsatzerlöse generieren. Umgekehrt trägt das Unternehmen auch die Risiken für ausbleibende Gewinne. Im ungünstigsten Fall ziehen die ökonomischen Aktivitäten gar Verluste nach sich. Innerhalb der Innenfinanzierung ist die „Finanzierung aus Umsatzerlösen" von beträchtlicher Bedeutung. Die aus dem Umsatz generierte Innenfinanzierung lässt sich in die folgenden drei Unterkategorien aufteilen (Olfert 2001, S. 359):

- Finanzierung aus zurückgehaltenen Gewinnen,
- Finanzierung aus Abschreibungsgegenwerten,
- Finanzierung aus Rückstellungsgegenwerten.

Neben der Finanzierung aus Umsatzerlösen ist auch die Finanzierung aus sonstigen Kapitalfreisetzungen ein Bestandteil der Innenfinanzierung. Die Finanzierung aus sonstigen Kapitalfreisetzungen kann ihrerseits in die Bereiche Rationalisierung und Vermögensumschichtung unterteilt werden (vgl. Olfert 2001, S. 359).

Eine Vermögensumschichtung könnte beispielsweise dadurch entstehen, dass ein wenig liquider Gegenstand, beispielsweise ein nicht mehr benötigtes Firmengebäude, gegen ein weit liquideres Bankvermögen umgeschichtet wird (vgl. Bieg et al. 2016, S. 368).

2.2 Finanzielle Ausstattung der bundesdeutschen Unternehmen

Die Eigenkapitalquote der bundesdeutschen Unternehmen hat sich in den vergangenen Jahren sowohl bei den Großunternehmen als auch bei den kleinen und mittelständischen Unternehmen deutlich verändert. So verfügten im Jahr 1997 die Großunternehmen, hier definiert als Unternehmen mit einem Jahresumsatz von mehr als 50 Millionen €, über ein Eigenkapital in Höhe von 25,7 %, welches sich in den folgenden dreizehn Jahren bis 2012 auf 29,8 % erhöhte.

Obgleich kleine und mittelständische Unternehmen im Jahr 2012 „nur" auf ein Eigenkapital in Höhe von 24 % kamen und somit in diesem Bereich beinahe 6 Prozentpunkte hinter den großen Unternehmen lagen, sind in diesem Segment weitaus deutlichere Veränderungen im Referenzzeitraum zu erkennen. So lag im Jahr 1997 die Eigenkapitalquote bei kleinen und mittelständischen Unternehmen lediglich bei 7,3 %. Diese erhöhte sich auf 14,1 % im Jahr 2003, um dann bis 2009 auf 20,8 % anzusteigen. Die beträchtlichen Veränderungen stehen auch für deutlich veränderte finanzpolitische Rahmenbedingungen.

Das KfW-Panel 2016 nennt für das Jahr 2015 gar eine durchschnittliche Eigenkapitalquote der bundesdeutschen Unternehmen von 29,7 % (vgl. KfW 2016, S. 14.)

Allerdings ist die Eigenkapitalquote u. a. von der Branchenzugehörigkeit der jeweiligen Unternehmen abhängig. So verfügte die Bauwirtschaft zu Beginn der Betrachtung im Jahr 1997 über eine Eigenkapitalquote von lediglich 2,6 %. Obgleich der Anstieg dieser Quote auf 14,3 % bis zum Jahr 2012 auf eine erhebliche Verbesserung innerhalb der Baubranche hinweist, wird jedoch auch deren noch immer bestehende überdurchschnittliche Abhängigkeit von Fremdmitteln deutlich. Umgekehrt gibt es auch Branchen mit einer weit besseren Eigenkapitalausstattung. Dazu gehören die Chemische Industrie und die Pharmazeutische Industrie mit einer Eigenkapitalquote von mehr als 35 % (vgl. Bendel et al. 2016, S. 41 f).

Mit einer verbesserten Eigenkapitalstruktur geht gewöhnlich auch ein leichterer Zugang zu Bankdarlehen einher. Die Wahrscheinlichkeit, einen nachgefragten Kredit tatsächlich zu erhalten, steigt mit zunehmender Unternehmensgröße. Umgekehrt werden die Kreditanfragen kleinerer Unternehmen überproportional häufig abgelehnt.

Während 29 % der Kleinstunternehmen mit weniger als fünf Beschäftigten im Jahr 2015 die Ablehnung mindestens einer Darlehensanfrage durch die jeweilige Bank hinnehmen mussten, lehnten die Banken die Kreditanfragen bei größeren Unternehmen mit mind. 50 Beschäftigten nur in 4 % aller Fälle ab. Überhaupt waren die Jahre 2013, 2014 und 2015 geprägt von einer Divergenz der Entwicklung zwischen den beiden genannten Unternehmensgrößenklassen. Nachdem im Jahr 2012 die Kleinstunternehmen noch eine Ablehnungsquote von 19 % und die Unternehmen mit mind. 50 Beschäftigten von 9 % hatten, kam es zu einem kontinuierlichen Anwachsen des Abstands zwischen den Größenklassen von 10 Prozentpunkten im Jahr 2012 auf 18 Prozentpunkte in 2013, 22 Prozentpunkte in 2014 und gar 25 Prozentpunkte im Jahr 2015 (vgl. KfW 2016, S. 17).

Allerdings relativieren sich diese Angaben, wenn man bedenkt, dass die Ablehnung eines Kreditinstituts nicht automatisch zu einer ausbleibenden Darlehnsvergabe führen muss, da davon auszugehen ist, dass viele Unternehmen Darlehnsanfragen bei mehreren Banken durchführen. Die für die Unternehmen weit höhere Relevanz haben somit Angaben über ein Scheitern aller Kreditverhandlungen zwischen den kreditnachsuchenden Unternehmen und den Banken. Demnach fand sich im Jahr 2015 nur ein Prozent der Betriebe mit mind. 50 Beschäftigten in einer solchen „Situation des Scheiterns aller Verhandlungen" wieder, während die entsprechende Quote bei den Kleinstunternehmen mit weniger als fünf Beschäftigten bei 25 % lag. Obgleich die Ungleichheiten in diesem Bereich seit Jahren bestehen, bewegen sie sich seit 2012 immer weiter auseinander. So scheiterten bei den Unternehmen mit mind. 50 Beschäftigten im Jahr 2012 noch 4 %, während die Kleinstunternehmen bereits eine entsprechende Quote von 17 % aufwiesen (vgl. KfW 2016, S. 17). Diese Differenz zwischen den beiden Größenklassen stieg aber von 13 Prozentpunkten in 2012, über 14 Prozentpunkte in 2013, 16 Prozentpunkte in 2014, auf 24 Prozentpunkte in 2015 (vgl. KfW 2016, S. 17).

Die Zahlen verdeutlichen einmal mehr die diesbezügliche Heterogenität der bundesdeutschen Wirtschaft und die Notwendigkeit einer passgenauen Strategie von kreditnachsuchenden Unternehmen im Umgang mit Kreditinstituten. Abschließend bleibt anzumerken, dass auch die von den Unternehmen abgelehnten Darlehnsangebote deutlichen Schwankungen unterworfen sind. Während im Jahr 2015 insgesamt 21 % der Kleinstunternehmen ein solches Angebot ausschlugen, waren es bei den Unternehmen mit mind. 50 Beschäftigten lediglich 15 %. Auffällig ist jedoch, dass die Werte für die abgelehnten Darlehen von Kleinstunternehmen in 2014 noch bei 12 % gelegen hatten und es somit innerhalb eines Jahres um einen Anstieg um 9 Prozentpunkte auf die genannten 21 % gekommen ist (vgl. KfW 2016, S. 17).

> Im gesamten Mittelstand konnten im Jahr 2015 Kreditnachfragen in Höhe von 6,3 Mrd. EUR aufgrund fehlender Bankangebote nicht befriedigt werden (2014: 5,3 Mrd. EUR). Das entspricht einem Anteil von rund 9 % an der tatsächlichen Kreditnachfrage … – gemessen am langjährigen Mittel zwischen 2005–2015 von knapp über 10 % noch immer ein guter Wert (KfW 2016, S. 17).

Das KfW-Mittelstandspanel 2016 sieht für das Jahr 2015 bei allen Unternehmen unabhängig von ihrer Größe eine geringere Bereitschaft zur Fremdfinanzierung als beispielsweise in den Jahren 2006–2009 (vgl. KfW 2016, S. 11). Das Panel weist jedoch darauf hin, dass sich die Höhe der nachgefragten Kredite von durchschnittlich 256.000 € im Jahr 2014 auf 289.000 € im Jahr 2015 erhöht hat, was einen Anstieg um 13 % bedeutet. Dies wird mit einem Anstieg großer Kreditvolumen mit mind. 1 Million € begründet. Diese Entwicklung spiegelt auch das diesbezügliche Auseinandergehen von arithmetischem Mittel und Median wider. So lag der Median für diese Kredite bei lediglich wenig mehr als 50.000 € (vgl. KfW 2016, S. 12).

Nach Auskunft des KfW-Panels beinhalten die gesamten von der bundesdeutschen Wirtschaft getätigten Investitionen auch einen Anteil von 11 % an Fördermitteln. In absoluten Zahlen waren dies im Jahr 2015 immerhin 22 Mrd. €. Allerdings hat sich dieser Wert gegenüber 2014 um 8 Mrd. reduziert (vgl. KfW 2016, S. 13).

Bei den Bankdarlehen ist jeweils zwischen den Kreditnachfragen und den tatsächlich in Anspruch genommenen Fremdmitteln zu unterscheiden. Es ist leicht nachvollziehbar, dass jeweils mehr Fremdmittel beantragt als tatsächlich in Anspruch genommen werden. Viele Firmen wollen einfach „auf Nummer sicher gehen" und berücksichtigen in ihren Finanzplanungen auch kapitalintensivere Varianten. Tatsächlich werden jedoch nicht alle geplanten Projekte getätigt oder fallen auch Aufträge und damit notwendige Vorfinanzierungen weg, was dann auch eine verminderte Nachfrage nach Bankdarlehen mit sich bringen kann.

Insgesamt weisen die Finanzierungsformen der Verbindlichkeiten der bundesdeutschen Unternehmen zwischen 1999 und 2013 eine beträchtliche Heterogenität auf. Während beispielsweise die Relevanz der „Börsennotierten Aktien" äußerst volatil war, waren die langfristen Kredite im Referenzzeitraum mit einem Wert von 34,9 % im Jahr 1999 und 31,9 % im Jahr 2014 recht konstant. Der Wert der „Börsennotierten Aktien" hingegen hatte im Jahr 1999 noch bei knapp 59 % des BIP gelegen und sank auf 23,8 % im Jahr 2008, um dann wieder auf 44,2 % im Jahr 2014 anzusteigen. Die beträchtlichen Schwankungen resultierten u. a. aus unterschiedlichen Börsenphasen, die entscheidenden Einfluss auf die an der Börse generierbaren Finanzmittel haben (vgl. IW 2016, S. 45).

Über die Finanzierung von mittelständischen Unternehmen liegen zahlreiche empirische Studien vor. Exemplarisch soll eine im Dezember 2013 vorgelegte Studie der Ernst & Young GmbH mit dem Titel „Wege zum Wachstum: Finanzierungsverhalten im deutschen Mittelstand" Erwähnung finden. Im Rahmen der Untersuchung wurden 600 mittelständische Unternehmen befragt, die einen Umsatz je Jahr von mindestens 30 Millionen € hatten. Gleichzeitig wurde die Beschäftigtenhöchstzahl für die Teilnahme an der Studie auf maximal 2000 Personen festgelegt.

Neben der Art der Unternehmensfinanzierung ging die Studie auch der Frage nach, ob bei den befragten Unternehmen auch eine positive Korrelation zwischen der jeweiligen Finanzierung des Unternehmens und dem jeweils spezifischen Umsatzwachstum vorliegt. Eine solche positive Korrelation wurde von den Autoren der Studie bereits in deren Studie aus dem Jahr 2005 nachgewiesen.

Unter anderem wurden die Unternehmen nach der Art der von ihnen praktizierten Finanzierung befragt. Dabei wird die „Innenfinanzierung" mit derzeit 76 % und zukünftig 73 % am häufigsten genannt. An zweiter Stelle folgt das „Leasing (inkl. Sale and Lease Back)" mit jeweils 57 %, gefolgt von „Finanzierung aus Geschäftseinlagen" mit jeweils 56 %. Die befragten Unternehmen sehen in beiden Bereichen keine Veränderung für die Zukunft. Die klassischen „Bankdarlehen" werden augenblicklich von 54 % der Unternehmen genannt. Für die Zukunft sieht man hier eine Reduktion um 2 Prozentpunkte auf dann 52 %. Bei den „öffentlichen Förderprogrammen" geben derzeit 49 % der Befragten an, diese für die Finanzierung zu nutzen. Für die Zukunft soll hier ein Anstieg um 2 Prozentpunkte auf dann 51 % erfolgen.

Die folgenden Finanzierungsarten werden weitaus weniger von befragten Unternehmen genutzt. So weist das „Factoring" derzeit für 18 % der befragten Unternehmen eine Relevanz auf, während die „Mezzanine-Finanzierungsformen" von 17 % der Unternehmen und der Bereich „Finanzinvestor/strategischer Investor/Joint Ventures" von 14 % genannt werden.

2.2 Finanzielle Ausstattung der bundesdeutschen Unternehmen

Weiterhin gaben bei „Schuldscheindarlehen" 9 % sowie „Börsengang (IPO)" und Anleihen jeweils nur 3 % der Befragten eine Relevanz an. Allerdings ist auffällig, dass gerade für die derzeit noch weniger genutzten Finanzinstrumente zukünftig mit einem teilweise deutlichen Anstieg gerechnet wird. So wird von den Unternehmen bei den „Anleihen" ein Anstieg von bisher 3 % auf zukünftig 7 % gesehen. Ebenso wird nach Meinung der Befragten das „Factoring" von derzeit 18 % auf zukünftig 22 % ansteigen.

Vergleicht man die Angaben aus dem Jahr 2013 mit den Ergebnissen des Jahres 2005, wird im Bereich der „Finanzierung aus Geschäftseinlagen" der größte Anstieg deutlich. Während die Finanzierung aus Geschäftseinlagen im Jahr 2005 nur von 39 % der befragten Unternehmen genannt wurde, waren es im Jahr 2013 bereits 56 %. Mit 17 Prozentpunkten ist hier, relativ gesehen, der größte Anstieg zu verzeichnen. Ein Anstieg um 16 Prozentpunkte erfuhren die „Mezzanine-Finanzierungsformen". Die hier innewohnende Dynamik wird jedoch weitaus deutlicher, wenn man bedenkt, dass im Jahr 2005 diese Finanzierungsmöglichkeiten von lediglich 1 % der befragten Unternehmen genannt wurden. Im Jahr 2013 waren es dann stattliche 17 %. Bereits 2005 lag die „Innenfinanzierung" mit damals 75 % auf Platz eins. Der Anstieg auf 76 % im Jahr 2013 ist somit als moderat anzusehen.

Wenngleich die Finanzierung über Leasing inklusive „Sale and Lease Back" mit 57 % unter den Fremdfinanzierungsformen die häufigste Nennung erfährt, so kann unter dem Volumenaspekt davon ausgegangen werden, dass der Bankkredit weiterhin das wichtigste Instrument der Fremdfinanzierung sein wird – allerdings mit tendenziell eher sinkender Bedeutung: Derzeit nutzen 54 % der Mittelständler klassische Bankdarlehen, 2005 lag der Anteil noch bei 62 %. Gleichzeitig wird die Pluralisierung und Segmentierung der Finanzierungsformen deutlich. Es zeigen sich beträchtliche Verschiebungen bei den eingesetzten Finanzierungsinstrumenten.

> Das derzeit interessanteste Kapitalmarktinstrument für mittelständische Unternehmen ist die speziell für den Mittelstand konzipierte Anleihe: 14 Prozent der Befragten geben an, dass sie diese für interessant halten – allerdings gegenüber einem Anteil von immerhin 54 Prozent der Befragten, die sie als eher oder völlig uninteressant bewerten. Fakt ist: Mittelstandsanleihen sind ein in Deutschland noch sehr junges Finanzierungsinstrument. So wurde erst 2010 an der Börse Stuttgart das Segment Bondm etabliert, das seither mittelständischen Unternehmen die Möglichkeit bietet, Anleihen am Kapitalmarkt zu platzieren; die Börsen in Düsseldorf, Frankfurt, München und Hamburg/Hannover folgten diesem Beispiel (Ernst & Young GmbH 2013, S. 20).

Zwischen 2005 und 2013 haben sich bei den befragten Unternehmen auch die mit der Finanzierung verbundenen Zielsetzungen deutlich verschoben. Den stärksten prozentualen Zuwachs mit 9 Prozentpunkten weist nunmehr die Erhöhung der Eigenkapitalquote auf. An zweiter Stelle liegt die Refinanzierung der bereits vorhandenen Kredite. Den stärksten relativen Bedeutungsverlust erfuhr die „Verringerung der Finanzierungskosten" mit einer Reduktion um 19 Prozentpunkten, gefolgt von einer „Verbesserung des Ratings" mit einer Reduktion um 13 Prozentpunkten. Nach Auskunft der Autoren der Studie verfügten 50 % der mittelständischen Unternehmen im Jahr 2004 über eine Eigenkapitalquote von maximal 6,6 %. Diese Quote stieg bis zum Jahr 2013 auf mindestens 19,8 % an. In diesen

Zahlen dürften sich die Finanzkrise der Jahre 2007 und 2008 sowie die augenblicklich deutlich reduzierten Finanzierungskosten widerspiegeln. Die Zahlen verweisen auch auf eine Verschiebung von einer Kostenorientierung hin zu einer Sicherheitsorientierung (vgl. Ernst and Young GmbH 2013, S. 25).

2.3 Wirtschaftsförderung und Unternehmensfinanzierung

Insbesondere die spezifische Zuordnung zu der jeweiligen staatlichen bzw. überstaatlichen Ebene, also Kommune, Bundesland, Bund oder EU, entscheidet bei Wirtschaftsförderinnen und Wirtschaftsförderern über deren Aufgabenpaletten und Einsatzgebiete. Während Wirtschaftsförderung auf Landes- und Bundesebene in einem beträchtlichen Umfang durch die Mitarbeiterinnen und Mitarbeiter von Fördergesellschaften, Förderbanken und Ministerien geleistet wird, ist Wirtschaftsförderung auf EU-Ebene insbesondere in der Kommission, Verwaltung und bei verschiedenen Banken verortet. Es handelt sich hier in der Regel um große, äußerst arbeitsteilig strukturierte Organisationen. Innerhalb der Organisationen gibt es eine Vielzahl von Spezialisten, insbesondere für bestimmte Fördergebiete bzw. Förderprogramme. Deren Einsatzgebiete sind häufig sehr tief, aber aufgrund der ausgeprägten Spezialisierung eben auch recht schmal. Insbesondere bei den Förderbanken gehört eine Beschäftigung mit den Themen Unternehmensfinanzierung und Unternehmensförderung zu dem „täglichen Brot" zahlreicher Mitarbeiterinnen und Mitarbeiter.

Völlig konträr dazu erfolgt die Wirtschaftsförderung auf kommunaler Ebene. Gleichgültig ob als Amt oder als Kapitalgesellschaft in kommunalem Eigentum sind die Einrichtungen meist sehr klein und verfügen nur in den seltensten Fällen über mehr als zehn Mitarbeiterinnen und Mitarbeiter. Oftmals handelt es sich gar um kommunale Solo-Wirtschaftsfördererinnen oder -Wirtschaftsförderer oder um Teams von zwei bis drei Personen. Deren Aufgabenpalette ist äußerst breit und zugleich sehr heterogen. Vergleicht man diese Strukturen insbesondere mit denen der Förderbanken von Bund und Bundesländern, wird schnell deutlich, dass sich in kommunalen Wirtschaftsförderungseinrichtungen nur schwer eine ausgeprägte kleinteilige Spezialisierung herausbilden kann. Die Vielfalt und Breite der Themen bringt es mit sich, dass die bei den Förderbanken anzutreffende thematische Tiefe bei kommunalen Wirtschaftsförderungen in aller Regel bei Weitem nicht erreicht wird. Pointiert gesagt, steht dem „schmal und tief" der Themenfelder der Belegschaften von Förderbanken ein „breit und flach" der Belegschaften kommunaler Wirtschaftsförderungseinrichtungen gegenüber.

Trotz dieser Schwierigkeiten von „der" Wirtschaftsförderung zu sprechen, gibt es doch immer wieder Versuche einer Definition dieses heterogenen, wandlungsfähigen und wandlungswilligen Phänomens. Der Wille zum Wandel ergibt sich insbesondere durch die permanente Ausdehnung von Aufgaben und Themenfeldern, welche kommunale Wirtschaftsförderungseinrichtungen in ihr Portfolio neu aufnehmen.

Doch gilt es zunächst, den Begriff Wirtschaftsförderung zu definieren, wobei exemplarisch die Definition von Steinrücken Erwähnung finden soll.

2.3 Wirtschaftsförderung und Unternehmensfinanzierung

Als Wirtschaftsförderung werden verschiedene Maßnahmen des Staates zur Begünstigung bestimmter wirtschaftlicher Tatbestände oder Verhaltensweisen bezeichnet. Konkret bezeichnet man als Wirtschaftsförderung die Summe aller staatlichen Maßnahmen, die unmittelbar für betriebliche Investitions- und Standortentscheidungen von Bedeutung sind (Steinrücken 2013, S. 11).

Dabei sind die auf Wirtschaftsförderung abstellenden staatlichen Maßnahmen keinesfalls statisch, sondern stets im Kontext struktureller, sozioökonomischer, demografischer und technischer Entwicklungen sowie finanzieller Rahmenbedingungen zu sehen.

Ansatzpunkte für Wirtschaftsförderung bieten Fokussierungen auf die folgenden Interventionsebenen, Interventionssysteme und/oder Entwicklungsstadien:
Branche und/oder Sektor (z. B. Textilindustrie, Maschinenbau, Baubranche)
Räumliche Einheiten (z. B., Gewerbegebiet, Industriegebiet Stadt oder Landkreis)
Ausgewählte „… Unternehmensgruppen …"
Ausgewählte unternehmensrelevante Themen, z. B. Nachhaltigkeit, lokale Ökonomien, Onlinehandel, Einkaufsgemeinschaften und gemeinsame Werbeaktionen
Gesellschaftliche Funktionssysteme, wie Wirtschaft, Wissenschaft, Erziehung, Politik und Massenmedien (Weber und Vogelgesang 2019, S. 4).

Bei den zuletzt genannten gesellschaftlichen Funktionssystemen geht es insbesondere darum, die Kommunikation-, Kooperation und Vernetzung zwischen diesen Einheiten zu verbessern bzw. auf kleinräumiger Ebene, beispielsweise in einer Stadt, erst einmal herzustellen.

Zentrale Aufgaben der Wirtschaftsförderung sind (DStGB 2008):

1. Positionierung von Wirtschaftsstandorten (national und international),
2. Förderung von Existenzgründungen,
3. Steigerung der Attraktivität der Stadt,
4. Vermittlung von Gewerbe- und Industrieflächen,
5. Standort- und Regionalmarketing,
6. Tourismusförderung,
7. Verbesserung der wirtschaftsnahen Infrastruktur,
8. Begleitung von Unternehmern und Investoren,
9. Schaffung von Rahmenbedingungen für mehr Wertschöpfung und Wettbewerbsfähigkeit,
10. Kooperation zwischen Schule und Wirtschaft.

Für jeden Wirtschaftsförderer stellt sich die Frage, wie umfassend und weitgehend die Aufgaben zur Verbesserung der wirtschaftlichen Situation zu erfüllen sind. Finanzierungsfragen werden insbesondere berührt durch die Punkte 2 „Förderung von Existenzgründungen" und 8 „Begleitung von Unternehmen und Investoren". Gerade bei Existenzgründungen spielen die Finanzierungsfrage und die Beratung und Begleitung zu Bankgesprächen durch Wirtschaftsförderungseinrichtungen eine zentrale Rolle. Im Fazit kann dies bedeuten:

Wirtschaftsförderung umfasst auch Finanzierungsfragen in Unternehmen, da die Unternehmensfinanzierung maßgeblich über Erfolg oder Misserfolg dieser Firmen entscheidet. Oftmals suchen die Unternehmen erst dann Kontakt zu der zuständigen

Wirtschaftsförderungseinrichtung, wenn Probleme auftreten und ein Kreditinstitut einen Darlehnsantrag verweigert oder aber sonstige finanzielle Probleme auftreten. Im Extremfall kommt es erst dann zu einer Kontaktaufnahme, wenn sich die Vorboten einer Insolvenz oder zumindest eines massiven Arbeitsplatzabbaus bereits ankündigen. Dann soll, häufig unter einem immensen Zeitdruck, nach „passenden" Fördermitteln Ausschau gehalten oder aber der Kontakt zur Politik hergestellt werden. Hier ist es wichtig, dass die Wirtschaftsfördererinnen und Wirtschaftsförderer auch unter Druck besonnen agieren und nicht noch zusätzliche Unruhe in den Beratungs- und Entscheidungsprozess bringen. Glücklicherweise verlaufen die von Wirtschaftsförderungen durchgeführten Beratungen meist in einer weniger hektischen und für die Kunden zuweilen existenzbedrohenden Atmosphäre.

Traditionell haben kommunale Wirtschaftsförderungseinrichtungen engen Kontakt zu Kreditinstituten und Landesförderbanken bzw. Bundesförderbanken. So ist es wenig erstaunlich, dass Finanzierungsfragen wesentlicher Bestandteil dieser Betreuungs- und Beratungsbeziehungen sind. Beispielsweise werden zur Vorbereitung auf die Bankgespräche Finanzierungsfragen zwischen Unternehmen und Wirtschaftsförderungen diskutiert und aufbereitet, um so eine erfolgreiche Finanzierung durch Kreditinstitute zu gewährleisten. Ebenso ist ein solider Businessplan die Grundlage für den (Anfangs-)Erfolg eines Unternehmens.

2.4 Ausgewählte Formen der Finanzierung

Im Folgenden sollen drei Finanzierungsformen vorgestellt werden, die außerhalb des klassischen Spektrums der Finanzierung liegen. Während viele Unternehmen im Falle einer sich bereits abzeichnenden unzureichenden Liquidität sich auf die Suche nach passenden Darlehen oder Fördermitteln machen, ist das Wissen um Venture-Capital, Crowdfunding und den Mikrokreditfonds in Deutschland noch gering. Und während viele Unternehmen bereits Erfahrung mit Bankdarlehen gesammelt haben, sei es als Privatperson oder als Firmeninhaber, sind die drei im Folgenden noch vorzustellenden Finanzierungsformen eine oftmals noch wenig bekannte Materie.

2.4.1 Venture-Capital

Beim Venture-Capital, deutsch: Wagniskapital, handelt es sich um ein Beteiligungskapital, das von einer Wagniskapitalgesellschaft den jeweiligen Kapitalnehmern zur Verfügung gestellt wird. Es handelt sich somit um ein außerhalb der Börse transferiertes Beteiligungskapital. Bereits der in dem Begriff steckende Verweis auf ein „Wagnis" deutet richtigerweise an, dass mit einer solchen Beteiligung in der Regel auch besondere Risiken verbunden sind.

2.4 Ausgewählte Formen der Finanzierung

Je nach Entwicklungs- bzw. Lebensphase des das Venture-Capital in Anspruch nehmenden Unternehmens lässt sich zwischen „Seed Stage Capital", „Early Stage Capital" und „Later Stage Capital" unterscheiden. In der sogenannten Seed-Phase verfügt das Unternehmen noch nicht über ein relevantes fertiges Produkt oder eine bereits einsetzbare Dienstleistung. Da dessen bzw. deren Herstellung noch in der Zukunft liegt, sind zunächst häufig besondere Anstrengungen in den Bereichen Forschung und Entwicklung notwendig. Allerdings ist in dieser Phase häufig noch schwer absehbar, ob oder in welchem Umfang diese Aktivitäten erfolgreich sein werden. Vielmehr sind in dieser Phase das relevante Produkt bzw. die relevante Dienstleistung zur Marktreife zu entwickeln.

Obgleich auch die „Early-Stage-Phase" durch erhebliche Risiken gekennzeichnet ist, liegt hier ein bereits vollständig oder doch weitgehend entwickeltes Produkt bzw. eine solche Dienstleistung vor, auf das bzw. die sich die weiteren Aktivitäten der zuständigen Mitarbeiterinnen und Mitarbeiter konzentrieren können. Die Gelder werden in dieser Phase beispielsweise für Marketingmaßnahmen benötigt, die die Markteinführung des Produktes bzw. der Dienstleistung sicherstellen sollen. Das bereits etwas geringere phasenspezifische Risiko geht seitens des Risikokapitalgebers mit einer im Vergleich zur Vorphase geringeren Beteiligungsquote einher. Vergleicht man das Investment mit einer „klassischen Beteiligung" an einem bereits etablierten Großunternehmen, beispielsweise durch den Kauf von Aktien an einer Börse, zeigt sich jedoch auch in der „Early Stage-Phase" ein nicht zu unterschätzendes Risiko.

In der „Later-Stage-Financing-Phase" stehen die entwickelten und zur Marktreife geführten Produkte für Wachstum und Expansion zur Verfügung. Nachdem die Marktfähigkeit des Produkts sichtbar wurde, geht es nun darum, die Erweiterung der Produktions- bzw. Vertriebsaktivitäten finanziell zu flankieren. Da in dieser Phase bereits sichtbar ist, dass das Produkt bzw. die Dienstleistung am Markt bestehen kann, sind hier die Risiken weitaus geringer. Die geringeren Risiken korrelieren aber auch mit höheren Preisen für Unternehmensbeteiligungen, welche durch die Kapitalgeber zu leisten sind.

In Deutschland wird die *Private-Equity*-Branche durch den Bundesverband Deutscher Kapitalbeteiligungsgesellschaften (BVK) repräsentiert. Seine Aufgabe sieht er in den folgenden Bereichen (Bundesverband Deutscher Kapitalbeteiligungsgesellschaften 2018):

> Wir machen uns stark für die **deutsche Beteiligungsbranche**.
> Wir setzen uns für bessere steuerliche **Rahmenbedingungen** und einen leichteren Zugang zu Beteiligungskapital ein, damit noch mehr Unternehmen in Deutschland von Beteiligungskapital profitieren können.
> Wir beziehen Stellung gegenüber der **Politik** und den **Medien**, um die wichtige Bedeutung von Beteiligungskapital für die deutsche Wirtschaft zu unterstreichen.
> Wir beobachten den **Markt** und analysieren dessen Entwicklungen, denn Beteiligungskapital ist ein Wachstumsmotor für Innovationen, Gründungen und den Mittelstand.
> Wir fördern den **Erfahrungsaustausch** zwischen unseren Mitgliedern, sodass die Beteiligungsbranche in Deutschland näher zusammenwächst.

Nach Angaben des BVK hat sich der Beteiligungsmarkt in Deutschland in den vergangenen Jahren deutlich vergrößert.

So erreichten die Venture-Capital-Investitionen im ersten Halbjahr 2019 mit 660 Millionen € einen neuen Höchststand, nachdem sie im ersten Halbjahr 2013 noch bei 422 Millionen € und im ersten Halbjahr 2017 bei 493 Millionen € gelegen hatten.

Aus Tab. 2.1 wird ersichtlich, dass die mit Abstand meisten Venture-Capital-Investitionen in der Start-up-Phase getätigt werden. Im ersten Halbjahr 2018 entfielen auf diese Phase immerhin 419 Millionen €, gefolgt von der Later-Stage-Phase mit 211 Millionen € und der Seed-Phase mit lediglich 31 Millionen €.

Die Notwendigkeit eines Einsatzes von Venture-Capital ergibt sich insbesondere daraus, dass für junge, innovative und oftmals auch kapitalintensive Unternehmen die klassischen Wege einer Finanzierung, bspw. mittels Bankdarlehen, häufig nicht zum Tragen kommen. So ist die Darlehensvergabe in der Regel an die Bereitstellung von Sicherheiten gebunden, welche insbesondere junge Unternehmen teilweise nicht leisten können. Ebenso ist es für Banken oftmals schwer zu antizipieren, ob neue innovative Geschäftsideen tatsächlich in funktionsfähige Geschäftsmodelle transferiert werden können, die voraussichtlich erst eine Rückzahlung der Darlehen ermöglichen würden.

Neben den privatfinanzierten gibt es auch durch öffentliche und mittels Mischformen finanzierte Venture-Capital-Gesellschaften. „Grundsätzlich sind öffentlich finanzierte VC-Gesellschaften durch EU-, Bundes- oder Regionalmittel finanziert. Eine Besonderheit stellt hierbei der High-Tech Gründerfonds (HTGF) dar, der durch eine Mischform von sowohl privaten als auch öffentlichen Geldern finanziert wird – neben der KfW-Bankengruppe und dem Bundeswirtschaftsministerium (BMWi) beteiligten sich auch zwölf Konzerne an dem Fonds" (Friedag 2018).

Das Engagement staatlicher Institutionen für oder in Venture-Capital-Gesellschaften lässt sich u. a. damit begründen, dass die klassischen Finanzmärkte hier nicht im notwendigen Umfang eine Finanzierung leisten können oder aber wollen. Da die Entstehung neuer innovativer Unternehmen aber für erfolgreiche Volkswirtschaften notwendige Bedingung ist, sucht dieses staatliche Engagement hier notwendige Grundlagen zu schaffen. Häufig wirken Venture-Capital-Gesellschaften regional.

Blickt man beispielsweise auf die Beteiligungen der Investitions- und Strukturbank in Mainz, also der rheinland-pfälzischen Landesförderbank, zeigt sich die Vielfalt dieser

Tab. 2.1 Venture-Capital-Investitionen nach Phase. (Quelle: Bundesverband Deutscher Kapitalbeteiligungsgesellschaften 2018)

1 Halbjahr 2018	Seed-Phase	Start-up-Phase	Later-Stage-Phase	Gesamt
Betrag in Millionen €	31	419	211	661[a]
Prozentuale Verteilung	4,69	63,39	31,92	100

[a]Anmerkung der Verfasser: In der vom BVK publizierten Tabelle werden als Gesamtinvestition 660 Millionen € genannt. Die Addition der drei Einzelphasen ergibt jedoch 661 Millionen €

Engagements. Unter der Rubrik „Beteiligungen" finden sich die folgenden Gesellschaften (Investitions- und Strukturbank Rheinland-Pfalz 2018):

- Bürgschaftsbank Rheinland-Pfalz GmbH,
- Fonds für Innovation und Beschäftigung Rheinland-Pfalz Unternehmens-Beteiligungsgesellschaft mbH (FIB),
- IMG Innovations-Management GmbH,
- MBG Mittelständische Beteiligungsgesellschaft Rheinland-Pfalz mbH,
- S-Innovations-Beteiligungsfinanzierungsgesellschaft Rheinland-Pfalz mbH (S-IFG) …,
- VcR Venture-Capital Rheinhessen Unternehmensbeteiligungsgesellschaft mbH,
- VcS Venture Capital Südpfalz Unternehmensbeteiligungsgesellschaft mbH,
- VcV Venture-Capital Vorderpfalz Unternehmensbeteiligungsgesellschaft mbH,
- VcW Venture-Capital Westpfalz Unternehmensbeteiligungsgesellschaft mbH,
- VMU Venture-Capital Mittelrhein Unternehmensbeteiligungsgesellschaft mbH,
- VRT Venture-Capital Region Trier Unternehmensbeteiligungsgesellschaft mbH,
- Wagnisfinanzierungsgesellschaft für Technologieförderung in Rheinland-Pfalz mbH (WFT).

Die häufig regional orientierte Ausrichtung und Etikettierung der Fonds bietet die Möglichkeit zur Integration anderer Akteure, beispielsweise von Geschäftsbanken, Kammern und kommunalen Wirtschaftsförderungsgesellschafen, in diese Gesellschaften.

Die gemeinsamen finanziellen Engagements sind auch von zentraler Bedeutung für regional orientierte Entwicklungsimpulse. Ebenso dienen die mit einem Beteiligungsengagement einhergehenden Sitzungen, beispielsweise in Form von Gesellschafterversammlungen, einer institutionalisierten Form der Kommunikation.

2.4.2 Crowdfunding

Obgleich das Thema Crowdfunding in den vergangenen Jahren stark an Bedeutung gewonnen hat, ist es für die meisten Investoren im deutschsprachigen Raum doch noch ein recht unbekanntes Gebiet. Das Kunstwort verbindet die englischen Begriffe „crowd", was sich mit Menge oder Menschenmasse übersetzen lässt, und „funding" also Finanzierung. Durch die der Schwarmfinanzierung bzw. Gruppenfinanzierung immanente Kooperation vieler Menschen soll somit etwas möglich werden, was von jeder einzelnen, sich an der Crowd beteiligenden Person nicht möglich wäre. Dieses Prinzip der zielgerichteten, im ökonomischen Bereich wirkenden Kooperation ist insofern nicht neu, als auch beispielsweise Genossenschaften dem kooperativen Wirken vieler Menschen eine Plattform und einen Rahmen geben. Während Genossenschaften jedoch auf Dauer angelegt sind und feste Rechts- und Organisationsformen sowie Mitgliedschaften erfordern, haben die Aktionen der Crowd stets einen Projektcharakter. Um das spezifische Projekt organisiert sich die Crowd und verhilft ihm im Idealfall zum Durchbruch. Ohne das World Wide Web wäre ein Crowdfundig in seiner heutigen Form und Ausprägung nicht möglich. Erst das WWW mit seinen Möglichkeiten zur Bündelung von Vorstellungen, Interessen und Entwicklungsoptionen verhalf dem Crowdfunding zu seinem heutigen Gepräge. Nach Bendel dient diese Finanzierungsform „… oft der Finanzierung von eher ungewöhnlichen und kostengünstigen Projekten. Mit Crowdinvesting steht eine Alternative für kapitalintensive Unternehmen und Anliegen zur Verfügung. Eine klare Abgrenzung ist nicht immer möglich, und manche Crowdfundingplattformen wenden sich ausdrücklich auch an ambitionierte Start-ups. Die sichere und seriöse Abwicklung von Transaktionen ist ebenso ein Erfolgsfaktor für die zahlreichen Plattformen wie die einfache Bedienbarkeit. Wichtig ist auch die Attraktivität der Projekte" (Gabler Wirtschaftslexikon 2018b).

Laut einer im Auftrag von crowdfunding.de durchgeführten Befragung ist der Bekanntheitsgrad von Crowdfunding in Deutschland zwischen 2015 und 2017 von 51,8 % auf 65,8 % gestiegen. Ebenso kam es zu einem Anstieg des dafür geäußerten Verständnisses um 10 Prozentpunkte auf zuletzt 35,4 %. Zudem hat sich die Zahl derjenigen Personen, die bereits eine Beteiligung an Crowdfunding hielten, von 7,3 % in 2015 auf 11,7 % in 2017 erhöht (crowdfunding.de 2017).

Eine Liste der Crowdfundingplattformen im deutschsprachigen Raum findet sich unter https://www.crowdfunding.de/plattformen/. Für die Wahl der passenden Plattform stehen die folgenden Suchfelder zur Verfügung (Crowdfunding.de 2019):

- klassisches Crowdfunding,
- Crowdinvest,
- Crowdlending,
- Spenden Crowdfunding.

Neben einer geografischen Eingrenzung der zur Verfügung stehenden Plattformen findet sich auch eine Fokussierung auf die folgenden, zur Auswahl stehenden Themenfelder (Crowdfunding.de 2019):

- Alles mögliche,
- Soziales,
- Sport,
- Privatkredit,
- Selbstständige,
- Immobilien,
- Mittelstand,
- Start-up,
- Energie,
- Film.

2.4 Ausgewählte Formen der Finanzierung

Den höchsten Bekanntheitsgrad hatten die folgenden Plattformen (Crowdfunding.de 2017, S. 9):

- Kickstarter: 4,4 %,
- Startnext: 2,4 %,
- Indiegogo: 1,4 %.

Obgleich kommunale Wirtschaftsförderungseinrichtungen, insbesondere vor dem Hintergrund ihrer organisatorischen und finanziellen Rahmenbedingungen, thematisch bereits sehr breit aufgestellt sind, kann sich gerade für sie eine zusätzliche Beschäftigung mit dem Thema Crowdfunding lohnen. In zuweilen „festgefahrenen Situationen" mit einem fehlenden Zugang ihrer Kunden zum Kapitalmarkt kann eine Beschäftigung mit Crowdfunding neue Perspektiven eröffnen und evtl. der Geschäftsidee, der angedachten Erweiterung oder einer sonstigen unternehmerischen Aktivität zum Durchbruch verhelfen. Das nachfolgende Interview vom Oktober 2018 vermag hier entsprechende Impulse zu setzen.

Exkurs: Interview zum Thema Crowdfunding
Interview vom Oktober 2018 mit Frau Mona Knorr und Herrn Stephan Popp zu Crowdfunding, Gründen mit Crowdfunding und warum Wirtschaftsförderungen sich mit diesem Thema befassen sollten.

Was ist Crowdfunding?
Knorr/Popp: Crowdfunding hat im Prinzip jeder schon einmal gemacht – etwa, wenn Sie im Bekanntenkreis Geld für ein Geburtstagsgeschenk zusammenlegen. Beim Crowdfunding, für das sich in Deutschland der Begriff „Schwarmfinanzierung" nie wirklich durchgesetzt hat, werden also Ideen und Projekte mit der (finanziellen) Unterstützung von vielen (der Crowd) umgesetzt.

Gibt es verschiedene Arten von Crowdfunding?
Knorr/Popp: Ja, Crowdfunding ist ein Sammelbegriff für vier verschiedene Arten der Schwarmfinanzierung. Sie werden leider im öffentlichen Diskurs oft durcheinandergeworfen.
Donation-Based-Crowdfunding ist eigentlich digitales Spendensammeln. Bei dieser Variante geben Unterstützer*innen Geld und erhalten dafür immaterielle Gegenleistungen und/oder Spendenbescheinigungen.
Reward-Based-Crowdfunding ist das „klassische Crowdfunding". Hier werden Geld oder Zeit für ein Vorhaben gesammelt, die Unterstützer*innen erhalten im Austausch die Produkte oder besondere Erfahrungen (z. B. ein Treffen mit den Gründer*innen).
Beim Lending-Based-Crowdfunding leiht sich der Initiator/die Initiatorin Geld von einer Gruppe einzelner Personen. Das erhaltene Kapital muss innerhalb eines festgelegten Zeitraums zu einem festgelegten Zins an die Geldgeber zurückbezahlt werden (Peer-to-peer-Kredit).

Equity-Based-Crowdfunding ist in Deutschland auch unter den Begriffen Crowdinvesting oder Crowdfinancing bekannt. Es ermöglicht es, von Unterstützern Geld entweder als Darlehen (Fremd- oder Eigenkapital) oder als Eigenkapital zur Verfügung gestellt zu bekommen. Die Gegenleistungen bestehen in der Regel aus Unternehmensanteilen und/oder Beteiligung am Gewinn oder am Exiterlös beim Verkauf von Unternehmensanteilen.

Wer ist an einem Crowdfunding beteiligt?
Knorr/Popp: Zu einem Crowdfunding gehören mindestens zwei Parteien, eine dritte Partei ist üblich: Die erste Partei ist der Initiator/die Initiatorin des Crowdfundings, die zweite Partei sind die Unterstützer*innen, die dritte Partei ist die Crowdfundingplattform. Letztere ist nicht zwingend, weil ein Crowdfunding auch unmittelbar zwischen Initiator*in und Unterstützer*innen stattfinden kann. Etwa wenn der Initiator/die Initiatorin sein/ihr Vorhaben auf der eigenen Webseite präsentiert oder ein Offline-Crowdfunding durchführt. Für jede Crowdfundingart gibt es verschiedene nationale und internationale Plattformen, die man leicht recherchieren kann.

Welche Aufgaben übernimmt eine Plattform?
Knorr/Popp: Eine Crowdfundingplattform tritt als Dienstleister gegenüber dem Initiator/der Initiatorin und den Unterstützer*innen auf und stellt die Infrastruktur zur Online-Abwicklung des Crowdfunding bereit. Sie agiert dabei gegenüber den Parteien neutral, achtet auf die Einhaltung ihrer Nutzungsbedingungen und vermittelt in Konfliktfällen. Den Initiator/die Initiatorin unterstützt sie bei der Vorbereitung und prüft das Crowdfunding, bevor es online geht. Um das Verlustrisiko für Unterstützer*innen zu minimieren, prüft sie den Initiator/die Initiatorin – je nach Crowdfundingart fällt diese Prüfung unterschiedlich umfangreich aus.

Wer kann ein Crowdfunding starten?
Knorr/Popp: Ein Crowdfunding kann jeder starten – Einzelpersonen, Gruppen, Vereine, Institutionen, Unternehmen. Besonders für Gründer*innen kann es ein sehr hilfreiches Tool sein – darauf komme ich später noch einmal zurück.

Wer unterstützt Crowdfundingkampagnen und warum?
Knorr/Popp: Eine Crowdfundingkampagne wird in der Regel von Einzelpersonen unterstützt, es beteiligen sich aber auch Gruppen, Institutionen und Unternehmen an Projekten. Sie unterstützen den Initiator/die Initiatorin bei der Umsetzung des Vorhabens mit Geld, Zeit, Wissen, Feedback und/oder Kontakten. Die Motivation der Unterstützer*innen ist unterschiedlich: Einige sind besonders an den angebotenen (und möglicherweise limitierten) Gegenleistungen interessiert oder an der finanziellen Rendite, andere haben eine eher emotionale Bindung an das Projekt oder teilen die Werte des Initiators/der Initiatorin. Sich Gedanken über die Zielgruppe und deren Motivation zu machen, ist deshalb auch existenziell für eine Crowdfundingkampagne.

Laufzeit, Zielsumme, Gegenleistungen – was hat es damit auf sich?

Knorr/Popp: Ein Crowdfunding hat immer eine begrenzte Laufzeit und ein zu erreichendes Ziel. Das Ziel kann ein Geldbetrag oder ein Zeitbudget sein und muss innerhalb der Laufzeit erreicht werden. Das Ziel und die Laufzeit werden durch den Initiator/die Initiatorin des Crowdfundings definiert. Die Unterstützer*innen haben die Möglichkeit, das Projekt innerhalb der Laufzeit zu unterstützen, und werden hierzu durch die angebotenen Gegenleistungen zusätzlich motiviert. Gegenleistungen können Waren, Dienstleistungen, Erfahrungen, Zuwendungs- oder Spendenbescheinigungen sowie Rendite in Form von Zinsen, Gewinnausschüttungen oder anderen Formen der Kapitalvermehrung sein. Der Initiator/die Initiatorin präsentiert sein/ihr Vorhaben mithilfe von Bildern, Texten, Video- und Audioinhalten und verbreitet es über unterschiedliche Kommunikationskanäle. Der Unterstützer entscheidet, ob und in welcher Höhe er das Projekt bei der Umsetzung des Vorhabens unterstützt. Bei einzelnen Crowdfundingarten sind Überfinanzierungen möglich, sodass sich auch nach dem Erreichen des gewünschten Ziels noch weitere Unterstützer beteiligen können.

Was passiert, wenn ein Projekt innerhalb der Laufzeit nicht erfolgreich finanziert wird?

Knorr/Popp: Erreicht das Projekt innerhalb der Laufzeit sein Ziel (100 % und mehr), wird das Geld nach Kampagnenende von der Crowdfundingplattform an den Initiator/die Initiatorin ausgezahlt. Wird das Ziel *nicht* erreicht, erhalten die Unterstützer ihr Geld zurück – das ist das „Alles-oder nichts"-Prinzip, ein Schutzmechanismus für beide Parteien.

Es gibt auch Plattformen, die ein flexibles Funding-Ziel ermöglichen – es gibt zwar eine Zielsumme, aber bereits bei 1 % Finanzierung gilt das Projekt als erfolgreich, und der Betrag wird nach der Laufzeit ausgezahlt. Dies kann bei Marketingaktionen hilfreich sein, birgt aber auch das Risiko, dass unterfinanzierte Projekte umgesetzt werden müssen, um die Gegenleistungen ausliefern zu können.

Sie bezeichnen Crowdfunding als ein hilfreiches Tool für Gründerinnen und Gründer – warum?

Knorr/Popp: In erster Linie denkt man bei einem Crowdfunding nur an die Finanzierung eines Vorhabens. Ich habe ja bereits angesprochen, dass die Crowd ein Projekt häufig auch durch Feedback, Kontakte, Wissen oder sogar zeitliches Engagement unterstützt. Hinzu kommen weitere Möglichkeiten, die aus Crowdfunding ein umfangreiches Gründungsinstrument machen: Die Überprüfung von Annahmen aus einem Businessplan, einen „proof of concept" bzw. Markttest, die Schärfung der eigenen Zielgruppe und die Entwicklung eines Marketingplans. Außerdem ist Crowdfunding ein praktischer Lehrmeister, der Existenzgründer*innen zur Fokussierung und Kommunikation ihres Vorhabens zwingt und die Anwendung von Methoden schult.

Das bedeutet, es ist möglich, durch Crowdfunding ein Geschäftsmodell zu testen?
Knorr/Popp: Ja. Zu Beginn einer jeden Gründung steht die Erstellung eines Businessplans. Dieser beinhaltet in der Regel auch eine Marktbetrachtung, eine Zielgruppenanalyse und einen Marketingplan. Der Businessplan sollte auf validierten Rechercheergebnissen basieren, besteht aber nicht selten aus Annahmen. Das erhöht das Risiko des Scheiterns der Existenzgründung, denn regelmäßig sind die Annahmen falsch. Crowdfunding kann dieses Problem lösen und das Unternehmenskonzept durch einen Realtest validieren. Innerhalb des Crowdfundings findet die direkte Ansprache einer Öffentlichkeit statt. Durch die Auswertung der Personen, welche sich innerhalb des Crowdfundings involvieren und dieses finanziell unterstützen, kann die Schärfung der Zielgruppe erfolgen.

Zusätzlich stellt ein erfolgreiches Ende einer Crowdfundingkampagne auch eine positive Überprüfung der Geschäftsidee am Markt innerhalb der Zielgruppe dar. Kann während der Kampagnenlaufzeit eine relevante Masse gefunden werden, welche die angebotenen Produkte oder Dienstleistungen in Form von Gegenleistungen kauft, gilt ein Crowdfunding als erfolgreich. Ein Scheitern des Crowdfundings ist ebenso wertvoll, da es Gründerinnen und Gründer davor schützt, eine Idee zu verfolgen, welche keinen Markt und keine Zielgruppe besitzt.

Crowdfundingkampagnen sind Kommunikationskampagnen. Kann das Tool auch helfen, eine langfristige Marketingstrategie für ein Unternehmen zu erstellen?
Knorr/Popp: Auch das ist möglich. Meist bieten Crowdfundingplattformen die Möglichkeit der Datenanalyse. Somit wird es möglich, die Anzahl der Besucher, die Verweildauer, die Abbruchrate und den Zuflusskanal zu erfassen. In Verbindung mit der investierten Arbeitszeit und dem eingesetzten Budget für Marketingaktivitäten innerhalb der Crowdfundingkampagne kann ein detaillierter Marketingplan inklusive einer Kostenaufstellung erstellt werden. Aus den Zahlen kann die Erkenntnis gewonnen werden, wo die Zielgruppe zu finden ist und welcher Kommunikationskanal das größte Potenzial besitzt. Zusätzlich kann errechnet werden, welcher finanzielle Einsatz zu leisten ist, um zu einem Warenverkauf zu gelangen.

Crowdfunding kann Gründer*innen also auch Sicherheit hinsichtlich ihrer Gründungsidee geben?
Knorr/Popp: Genau. Viele Menschen besitzen Ideen, haben jedoch Angst, sie umzusetzen. Das liegt nicht zuletzt daran, dass eine Gründung ein großer Schritt ist. Unter Umständen verlässt man die Sicherheit einer Anstellung, und das sollte gut überlegt sein. Ein Crowdfunding kann also dazu dienen, Sicherheit zu erhalten. Lohnt sich eine Gründung, ist es der richtige Weg, um zukünftig erfolgreich sein zu können? Bin ich selbst dafür geeignet, die Idee weiter umzusetzen, funktioniert das Team, das sich dafür zusammengefunden hat? Wir beobachten, dass in Deutschland die Bereitschaft, eine Idee zu testen, stark gestiegen ist – dank der Möglichkeiten von Crowdfunding. Immer häufiger wird Crowdfunding als Markttest einer Gründung vorangestellt – was

2.4 Ausgewählte Formen der Finanzierung

uns dazu bewogen hat, eine zertifizierte geförderte Maßnahme „Erfolgreich Gründen mit Crowdfunding" anzubieten, die insbesondere Gründer*innen aus Arbeitslosigkeit unterstützt, ihr Vorhaben umzusetzen.

Bei einer Kampagne kommen Gründerinnen und Gründer ja auch direkt mit ihren Kunden, ihrer Zielgruppe in Kontakt – was hat das für Vorteile?

Knorr/Popp: Der direkte Austausch mit den Kunden, und damit auch mit der Zielgruppe, bietet die Chance zur Weiterentwicklung des eigenen Angebotes. So kann schon in der Entstehung eines Produktes oder einer Dienstleistung die Zielgruppe Wünsche einfließen lassen. Diesen Vorgang nennt man oft auch Crowdsourcing oder Crowdinnovation. Meiner Erfahrung nach können oft schon Kleinigkeiten den Erfolg ausmachen – z. B. die Farbe. Bei einem Projekt hatte eine Umfrage innerhalb der Crowdfundingkampagne ergeben, dass die potenziellen Käufer eine andere Farbe bevorzugten, als das Gründerteam angenommen hatte. Mit Änderung der Farbe konnte ein Umsatz von rund 100.000 Euro erzielt werden, und das Crowdfunding wurde erfolgreich beendet. Crowdfunding hilft also, sich mit seinem Unternehmen stärker an den Bedürfnissen der Zielgruppe auszurichten.

Ist mit Crowdfunding nicht ein hoher zeitlicher Aufwand verbunden, den ich lieber in die Vorbereitung meiner Gründung investieren sollte?

Knorr/Popp: Die Vorbereitung einer Crowdfundingkampagne hat eine große Schnittmenge zur Erstellung eines Businessplans innerhalb der Vorgründungsphase, der tatsächliche Mehraufwand ist daher überschaubar. Da eine Crowdfundingkampagne immer einer zeitlichen Begrenzung unterliegt, zwingt sie zum strukturierten Arbeiten und Planen. Damit werden Gründungen deutlich beschleunigt und erhalten in der Regel mehr Struktur. Mehraufwand, z. B. für die Erstellung des Videos, schult die Fähigkeit zum Storytelling und liefert z. B. Material für Social Media oder Messepräsentationen.

Für welche Art von Unternehmensgründungen ist Crowdfunding am besten geeignet?

Knorr/Popp: Crowdfunding eignet sich für nahezu jede Gründung. Man kann jedoch erkennen, dass Angebote, die sich an Endkunden richten, besser funktionieren. Sie haben in der Regel ein größeres Potenzial, eine Bewegung innerhalb einer Zielgruppe auszulösen. Trotzdem sind auch Business-to-Business-Angebote möglich. Diese werden häufig durch ein Offline-Crowdfunding dargestellt.

Kann Crowdfunding auch ein Steigbügel sein für eine Anschlussfinanzierung, etwa durch Banken?

Knorr/Popp: Aktuell liegt der Durchschnitt des generierten Kapitals über Crowdfunding bei 8000 Euro pro Kampagne, laut KfW Gründerreport benötigen erfolgreiche Gründungen aber im Schnitt 25.000 Euro Startkapital. Eine Vollfinanzierung durch Crowdfunding ist in Einzelfällen möglich, aber in der Masse noch nicht üblich. Crowdfunding eignet sich aber sehr gut als ergänzende Finanzierungsform, welche mit Bankdarlehen und Förderinstrumenten kombiniert werden kann.

Viele Fördermittel und Förderdarlehen setzen einen Eigenkapitalanteil voraus, der durch Crowdfunding generiert werden kann. Gerade für Gründungen aus der Arbeitslosigkeit kann Crowdfunding ein großes Problem lösen, da Personen, die aus dem Bezug von Arbeitslosengeld I und II gründen, selten auf Eigenkapital zurückgreifen können. Auch werden die Validierung des Businessplans und das Erzielen erster Umsätze durch Verkäufe positiv von den Kredit- und Fördermittelgebern gewertet. Aktuell beobachten wir, dass immer mehr Landes- und auch Hausbanken Programme auflegen, die Mikro- und Gründungskredite mit Crowdfunding koppeln.

Crowdfunding kann also eine Gründung auf mehreren Ebenen positiv unterstützen – warum wird das Instrument trotzdem so selten genutzt?
Knorr/Popp: Leider sind die positiven Seiteneffekte von Crowdfunding in Beratungseinrichtungen und bei Gründungsberater*innen bisher wenig bekannt. Da diese Anlaufstellen häufig der erste Kontakt für Gründer*innen sind, ist es notwendig, dass hier mehr Fachwissen aufgebaut und weitergegeben wird. Wir unterstützen diese Entwicklung, indem wir unser Wissen und unsere Erfahrungen im Rahmen einer Ausbildung zum „Crowdfunding-Spezialisten" weitergeben, Berater*innen schulen und mit der Crowdfunding-Toolbox eine Wissens- und Arbeitsblattsammlung erstellt haben.

Wie kann eine Wirtschaftsförderung dazu beitragen, dass Crowdfunding als Gründungsinstrument bekannter wird?
Knorr/Popp: Wirtschaftsförderungen besitzen eine hohe Reputation und werden als neutrale Beratungseinrichtungen wahrgenommen. Wenn sie Crowdfunding als Gründungs- und Finanzierungsinstrument anerkennen, besteht die Möglichkeit einer höheren Verbreitung und Nutzung in der jeweiligen Region auch durch andere Institutionen. Durch den Aufbau interner Kompetenzträger und die Integration des Themas in das vorhandene Beratungsangebot können Gründer*innen fundierter beraten und sinnvolle Zusatzangebote geschaffen werden. In München beispielsweise bietet die Wirtschaftsförderung der Stadt zusammen mit der Industrie- und Handelskammer qualifizierte Crowdfundingerstberatungen an und veranstaltet regelmäßig Workshops und Netzwerkveranstaltungen zum Thema. Zusätzlich stellt die Stadt München einen Zuschuss für Kreativleistungen zur Verfügung, welcher für die Vorbereitung eines Crowdfundings genutzt werden kann.

Eine finanzielle Förderung also, damit Gründer*innen ihre Kampagne besser vorbereiten können?
Knorr/Popp: Richtig. Gründer*innen bekommen einen Zuschuss zu den Kreativleistungen, die sie bei lokalen Kreativunternehmen in Auftrag geben – etwa Texte, Videos, Fotos, Unterstützung bei Kommunikation und PR. Damit haben Gründer*innen die Möglichkeit, professionelle Dienstleister*innen zu beauftragen, die – ganz wichtig – aus der eigenen Stadt kommen. Die Mittel fließen also direkt in die lokale Wirtschaft

2.4 Ausgewählte Formen der Finanzierung

und führen zusätzlich zu einer Vernetzung von Gründer*innenszene und lokaler Kultur- und Kreativwirtschaft.

Welche weiteren Vorteile hat es, wenn sich Wirtschaftsförderungen mit dem Thema Crowdfunding beschäftigen?

Knorr/Popp: Durch das Thema Crowdfunding kann eine Wirtschaftsförderung Zielgruppen erreichen, die sonst eher weniger den Kontakt zu solchen Einrichtungen suchen – etwa Gründer*innen aus der Kultur- und Kreativwirtschaft oder von Sozialunternehmen (Social Business). Sie werden – z. B. aufgrund ihrer Kleinteiligkeit – von den bestehenden Wirtschaftsförderinstrumenten oft nicht erfasst oder fühlen sich von den bestehenden Angeboten nicht angesprochen. Crowdfunding kommt aus der Kultur- und Kreativwirtschaft, ist also die Antwort einer Branche auf fehlende Finanzierungs- und Vermarktungsinstrumente und wird auch in dieser Branche am stärksten genutzt. Ihre Angebote richten sich oft an Endkunden – Zuhörer, Fans, Zuschauer, Leser – und eignen sich deshalb besonders gut für Crowdfunding. Aber auch im Bereich der Sozialunternehmen nimmt Crowdfunding in den letzten Jahren zu – nicht zuletzt auch deshalb, weil die Involvierung einer Community hier mit zum Geschäftsmodell gehört. Aber auch technische Innovationen finden den Weg in den Markt immer häufiger über Crowdfunding. Eine aktive und qualitative Besetzung des Themas durch eine Wirtschaftsförderung ermöglicht es deshalb auch, die Bedürfnisse der Start-up-Szene in der Stadt oder Region besser verstehen und mit dieser zusammen passgenaue Instrumente und Angebote der Wirtschaftsförderung entwickeln zu können.

Crowdfunding Campus

Die Gründer des Crowdfunding Campus glauben daran, dass Ideen mithilfe der Gemeinschaft besser umgesetzt werden können. Sie möchten Menschen und Unternehmen deshalb dazu befähigen, ihr Vorhaben mithilfe von Crowdfunding in die Tat umzusetzen.

Aus mehr als sechs Jahren Erfahrung in der Beratung von über 1000 Crowdfundingrojekten wissen sie, wie wichtig eine hochwertige Beratung für den Erfolg der Kampagne ist. Dafür haben sie den Crowdfunding Campus gegründet: Als erster zertifizierter Bildungsträger in Deutschland bietet der Crowdfunding Campus ein gefördertes Angebot für Gründungen aus der Arbeitslosigkeit und die Qualifizierung von Crowdfundingspezialisten und -spezialistinnen.

Stephan Popp

Stephan Popp hat 2010 die Crowdfundingplattform visionbakery.com gegründet und seitdem mehr als 500 Projekte aktiv betreut. 2016 gründete er den Bildungsträger Crowdfunding Campus und leitet diesen als Geschäftsführer. Er ist Spezialist für die Beratung und Analyse von Crowdfundingprojekten. Seine fachliche Kompetenz und das in der Praxis erprobte Wissen gibt er regelmäßig in Workshops und Seminaren weiter.

Mona Knorr

Mona Knorr ist Crowdfundingspezialistin und Referentin bei Crowdfunding Campus. Zuvor war sie zwei Jahre als Mitarbeiterin der Wirtschaftsförderung in München für das Thema Crowdfunding zuständig, hat das städtische Förderprogramm für Crowdfunding mitentwickelt, Kampagnen beraten und ihr Wissen bei Workshops und Vorträgen weitergegeben.

2.4.3 Mikrokreditfonds Deutschland

Zusätzlich zu den klassischen Finanzierungsinstrumenten will der Mikrokreditfonds Deutschland insbesondere solchen Gründerinnen und Gründern sowie Kleinunternehmen, die beispielsweise aufgrund fehlender Sicherheiten über keinen Zugang zum konventionellen Bankkredit verfügen, eine Alternative bieten. Dafür wurden aus Mitteln des Bundeshaushaltes und des Europäischen Sozialfonds (ESF) insgesamt 100 Millionen € zur Verfügung gestellt. Der Mikrokreditfonds wird nicht von den „klassischen" Kreditinstituten, also Sparkassen, Genossenschaftsbanken oder privaten Banken, sondern von sogenannten Mikrokreditinstituten angeboten. Mit der Etablierung dieses Finanzangebotes ging der Aufbau einer alternativen Finanzinfrastruktur einher. Entsprechend ihrer Aufgabenstellung, inhaltlichen Ausrichtung und Etikettierung ist das Finanzvolumen je Kredit recht überschaubar. So beträgt das maximale Kreditvolumen 25.000 €. Die Rückzahlung des Darlehens muss innerhalb von höchstens vier Jahren erfolgen (vgl. Bundesministerium für Wirtschaft und Energie 2018).

Zu den Konditionen findet sich auf der Homepage des Bundesministeriums für Arbeit und Soziales (2017) die folgende Aussage:

> Der Zinssatz beträgt 7,9 % plus eine Abschlussgebühr in Höhe von 100 Euro pro Kredit. Die finanzielle Belastung kann den jeweiligen Möglichkeiten angepasst werden. Beispielsweise beträgt bei einem Kredit in Höhe von 6000 Euro und einer Laufzeit von 3 Jahren die monatliche Rate weniger als 200 Euro. Mein Mikrokredit hat eine Laufzeit von bis zu vier Jahren. Die Laufzeit wird individuell an die Möglichkeiten des Unternehmens angepasst. In vielen Fällen sind Referenzen bzw. kleine Bürgschaften aus dem persönlichen und geschäftlichen Umfeld Voraussetzung.

Weiterhin wird die Zielgruppe des Mikrodarlehens wie folgt beschrieben:

> Mein Mikrokredit ist für alle kleinen und jungen Unternehmen gedacht, die über ihre Banken keine Kredite erhalten. Insbesondere von Frauen oder von Menschen mit Migrationshintergrund geführte Unternehmen sollen unterstützt werden. Mein Mikrokredit schließt keine Personengruppe aus. Betriebe, die ausbilden oder ausbilden wollen, sollen bei der Kreditvergabe ebenfalls besonders berücksichtigt werden.

Die Notwendigkeit zur Schaffung gerade eines kleinen Finanzierungsinstrumentes ergibt sich insbesondere daraus, dass viele Kreditinstitute die Vergabe von Kleinstdarlehen an Gründer und Kleinstunternehmen als nicht oder kaum margenträchtig einschätzen. Der im Vorfeld einer Kreditvergabe durch das jeweilige Kreditinstitut zu leistende administrative und organisatorische Aufwand ist in Relation zu den mit der Vergabe eines Kleinstdarlehens zu erwartenden Umsatz- und Gewinnchancen äußerst überschaubar. Zudem sind die zu erwartenden Zahlungsausfälle und die damit verbundenen Abschreibungen durch die Banken bei Gründern und Kleinstunternehmen weit überdurchschnittlich. Deshalb erscheint es nicht unbedingt verwunderlich, dass der privatwirtschaftliche „Finanzmarkt" hier keine adäquate Lösung bereitstellt. Das beantragte Kreditvolumen wird von den betroffenen Kreditinstituten teilweise auch als zu gering erachtet. Bei der Gewinnmarge handelt es sich um die je Produkteinheit beschriebene Differenz zwischen den jeweiligen Erlösen und Kosten (vgl. Wirtschaftslexikon24.com 2018).

Vor diesem Hintergrund ist denn auch die Entwicklung der Mikrofinanzinstitute zu sehen, die ihre Vorläufer in lokal, regional oder landesweit ausgerichteten Mikrofinanzfonds, beispielsweise für das Bundesland Brandenburg, hatten. Eine Liste der akkreditierten Mikrokreditinstitute ist unter www.mein-mikrokredit.de zu finden. Aufgrund dieser Auswahl können interessierte Gründerinnen und Gründer sowie Kleinunternehmerinnen und Kleinunternehmer Kontakt zu dem jeweils ausgewählten Institut aufnehmen. Die Mikrofinanzierer verfügen über eine sehr transparente Kostenstruktur, da lediglich zum Zeitpunkt der Auszahlung eines Darlehens eine Bearbeitungsgebühr in Höhe von 100 € fällig wird. Wie bereits beschrieben, liegt der Zinssatz für die Mikrodarlehen bei 7,9 % (Stand: Oktober 2018).

Neben der Bearbeitungsgebühr und den Zinsen fallen keine weiteren Kosten für die Inanspruchnahme des Darlehens an. „Mikrofinanzinstitute dürfen hierfür keine Gebühren erheben. Wird ein Kredit vertragsgemäß zurückgezahlt, fallen neben den Zinsen für den Kreditnehmer keine weiteren Kosten an" (Bundesministerium für Wirtschaft und Energie 2016, S. 10).

Allerdings haben manche Mikrofinanzinstitute zusätzliche Dienstleistungen wie Monitoring im Angebot, die auch zusätzliche Kosten für den Darlehnsnehmer nach sich ziehen (vgl. Bundesministerium für Wirtschaft und Energie 2016, S. 10).

2.5 Der Businessplan und „seine Zahlenwerke"

Der klassische Businessplan besteht aus einer Mixtur von Prosa und Zahlenwerk. In Textform erhält er Informationen zur Gründerin bzw. zum Gründer oder aber zum Gründungsteam, den zu erstellenden Produkten bzw. Dienstleistungen, dem USP („unique selling proposition" bzw. „unique selling point", übersetzt Alleinstellungsmerkmal), der spezifischen Wettbewerbssituation bzw. dem Markt, den Marketinginstrumenten und Vertriebsformen sowie der Organisations- und Rechtsform. Daneben werden noch diverse Zeugnisse und Bestätigungen der Gründerinnen und Gründer benötigt. Selbstverständlich korreliert der Umfang eines Businessplans mit der Komplexität und Größe des zukünftigen Geschäftsmodells. Bei schwer einschätzbaren, oftmals auch hochtechnologisch ausgerichteten Geschäftsideen mit einem hohen Forschungs- und Entwicklungsanteil rückt die Person des Gründers bzw. der Gründerinnen und Gründer noch stärker in den Mittelpunkt. Anhand der bisherigen Biografie(n) gilt es, Anhaltspunkte dafür zu finden, ob man ihm oder ihnen die erfolgreiche Umsetzung der Geschäftsidee zutraut. In den Augen vieler Finanzierender gibt es etwas wie das Gesetz der Serie. Getreu dem Matthäus-Evangelium („Denn wer da hat, dem wird gegeben, dass er die Fülle habe; wer aber nicht hat, dem wird auch das genommen, was er hat" (Mt 25,29 LUT)), wird geprüft, welche (wirtschaftlichen) Erfolge das Gründungspersonal bereits vorweisen kann.

Doch sollen diese prosaischen Ausführungen zu den oben genannten Inhalten eines Businessplans nicht im Mittelpunkt der vorliegenden Publikation liegen. Viel eher soll „das Zahlenwerk" erschlossen und einer kritischen Analyse unterzogen werden. Dabei stehen folgende Tabellen im Mittelpunkt des Interesses:

- Kapitalbedarfsplan,
- Rentabilitätsvorschau,
- Liquiditätsvorschau.

In den ersten Wochen und Monaten nach der Gründung stellen viele Gründerinnen und Gründer fest, dass sie zwar über beträchtliche Ausgaben, aber über keine oder nur sehr wenige Einnahmen verfügen. Das liegt oftmals daran, dass das avisierte Produkt oder die avisierte Dienstleistung zunächst in den Markt eingeführt werden muss. Dazu bedarf es einer intensiven Kommunikation mit den potenziellen Kunden, die in der Regel teuer und/ oder langwierig ist. Gleichgültig, ob sich die Kommunikation in Form von konventionellen Anschreiben, Einwurfflyern, Presseanzeigen, Internetwerbung oder aber in den sozialen Medien wie Facebook oder Xing vollzieht, werden Neulinge in der Regel auf „die Folter gespannt", ob es für ihr Produkt oder ihre Dienstleistung tatsächlich einen Markt gibt. Eine ausgiebige Marktrecherche mit vielfältigen Kundenbefragungen mag eine gewisse Orientierung bezüglich der hier aufgeworfenen Frage geben, eine abschließende Sicherheit und Gewissheit kann jedoch auch die beste vorgeschaltete Recherche und Analyse nicht leisten.

Konkret lautet die Frage: „Gibt es für das jeweilige Produkt oder die relevante Dienstleistung einen Markt?"

Vor diesem Hintergrund kann man Neulingen am Markt nur empfehlen, ihre Finanzreserven nicht zu knapp zu gestalten und zunächst ihr „Finanzpulver trocken zu halten". Dies ist jedoch leichter gesagt als getan, da zahlreiche Gründerinnen und Gründer gerade zu Beginn nur über geringe Eigenkapitalreserven verfügen und auch Schwierigkeiten haben, an genügend Fremdkapital zu gelangen. Wohl dem, der an dieser Stelle über Verwandte oder Freunde verfügt, die im Falle eines Falles über die Anfangsklippen der Geschäftswelt hinweghelfen können.

Der Kapitalbedarfsplan stellt auf die erste Phase nach der Gründung ab, in welcher durch die Gründerin bzw. den Gründer keine oder nur geringe Einnahmen generiert werden können. Ob es sich bei diesem Zeitraum um 2, 3, 4 oder mehr Monate handelt, ist abhängig von der konkreten Gründung und insbesondere in den in der avisierten Branche praktizierten Zahlungsgewohnheiten zu sehen. Generell bleibt jedoch festzuhalten, dass viele Gründer ihre Einnahmen gerade für die ersten Monate zu optimistisch planen und sie bereits hier, aufgrund einer unzureichenden Planung und Reservebildung, in ernsthafte Liquiditätsschwierigkeiten geraten können. Häufiger als meist zunächst antizipiert, treffen die Zahlungen der Kunden nicht, in einem zu geringen Umfang oder zumindest verspätet ein. Ein systematisches Forderungsmanagement mit einem gut strukturierten Mahnwesen vermag hier teilweise Abhilfe zu schaffen. Da sich Gründer notwendigerweise meist mit einer Vielzahl von Gründungsthemen beschäftigen, kommt dem Mahnwesen vor der

Geschäftsaufnahme aber oft nicht die Bedeutung zu, die ihm eigentlich zustehen müsste. Wichtige Informationen zum Thema Förderungsmanagement finden sich beispielsweise in den *GründerZeiten* Nr. 8. (vgl. Bundesministerium für Wirtschaft und Energie 2018).

Gerade hier sollten Gründungsberater ansetzen und die notwendige Sensibilisierung für die tatsächlich erzielbaren Liquiditätsflüsse vornehmen. Es gilt, eine defensive und mit Reserven versehene Finanzplanung zu entwickeln und neben dem sogenannten „A-Plan" auch einen „B- und C-Plan" zu einem frühen Zeitpunkt zu entwickeln. All dies erfordert vor der Gründung ein beträchtliches Maß an Engagement, Systematik und Organisationsvermögen, das sich aber im späteren betrieblichen Alltag auszahlen wird.

Werden diese Empfehlungen ignoriert und kommt dann eine „auf Kante genähte Finanzplanung" zum Tragen, begeben sich Gründerinnen und Gründer gleich zu Beginn ihrer Aktivitäten in eine extrem ungünstige Verhandlungssituation, als sie dann, quasi mit dem Rücken zur Wand, bei ihrem Kreditinstitut oder sonstigen potenziellen Darlehnsgebern um (weiteres) Fremdkapital nachsuchen müssen. Dabei spielen die Zeit und die damit oftmals verbundene rasant abnehmende Liquidität immer gegen sie.

Vor dem hier skizzierten Hintergrund ist es für Gründerinnen und Gründer daher immens wichtig, einen Aufschluss darüber zu erhalten, welche finanziellen Mittel in den ersten Monaten nach der Gründung notwendig sind. Ein Kapitalbedarfsplan hat in der Regel die in Tab. 2.2 dargestellte Struktur.

Verglichen mit der Rentabilitätsvorschau und der Liquiditätsvorschau lassen sich die im Kapitalbedarfsplan dargelegten Zahlen noch relativ gut antizipieren.

Bei der Rentabilitätsvorschau geht es darum zu ermitteln, ob die Existenzgründung auf Basis der vorgelegten Zahlen voraussichtlich erfolgreich verlaufen wird. Dies wird in der Regel zu bejahen sein, wenn das Unternehmen nach einer hoffentlich nicht allzu langen Zeit bereits Gewinne generieren kann oder zumindest keine Verluste einfährt. Die zu überbrückende, meist verlustreiche Anfangszeit ist einmal mehr vor dem Hintergrund der konkreten Gründung, dem finanziellen Polster der Gründerin bzw. des Gründers, der Höhe der zu tätigenden Investitionen und zahlreicher weiterer Variablen zu sehen.

Bei einzelnen Gründungsaktivitäten, die beispielsweise besonders kostenintensiv sind oder aber mit aufwendigen Forschungs- und Entwicklungsaufgaben einhergehen, müssen die Gründer und ihre Kapitalgeber teilweise sehr hohe finanzielle Engagements eingehen. Exemplarisch seien die Unternehmen SpaceX und Tesla genannt.

Die Struktur einer Rentabilitätsvorschau findet sich in Tab. 2.3, die auf 3 Jahre angelegt ist.

Die der Rentabilitätsvorschau zugrunde liegenden Aufwendungen sind in der Regel relativ gut planbar. Weitaus schwieriger ist es aber, die möglichen Umsatzerlöse zu antizipieren. Gründerinnen und Gründer tendieren meist dazu, die Umsätze zu hoch einzuschätzen. Ebenso werden oftmals mögliche Verzögerungen bei den Zahlungseingängen zu wenig oder gar nicht beachtet. Ein gutes Forderungsmanagement kann dazu beitragen, die Zeiträume zwischen der Leistungserbringung und dem tatsächlichen Zahlungseingang zu reduzieren. Die Maxime, nach der Liquidität vor Rentabilität geht, sollte gerade hier beherzigt werden.

Tab. 2.2 Kapitalbedarf: Finanzierung der Gründung und der betrieblichen Anlaufphase. (Quelle: Bundesministerium für Wirtschaft und Energie 2019a)

	Euro
Gründungskosten	
Beratungen	
Anmeldungen/Genehmigungen	
Eintragung ins Handelsregister	
Notar	
Sonstige	
Gesamt	
Kosten für Anlaufphase (Ausgaben bis zum ersten Geldeingang aus Umsatz für bestimmten Zeitraum, z. B. 3 Monate)	
Personalkosten, inkl. eigenes Geschäftsführergehalt bei Kapitalgesellschaften (alle Kosten inkl. Lohnnebenkosten)	
Beratung	
Leasing	
Miete/Pacht	
Werbung	
Vertrieb	
Betriebliche Steuern	
Versicherung	
Reserve für Startphase, Folgeinvestitionen und Unvorhergesehenes	
Sonstige	
Gesamt	
Unternehmerlohn (bei Einzelunternehmen und Personengesellschaften zur Sicherstellung der privaten Lebenshaltungskosten)	
Anlagevermögen	
Patent-, Lizenz-, Franchisegebühren u. Ä.	
Grundstücke/Immobilien einschl. Nebenkosten	
Produktionsanlagen, Maschinen, Werkzeuge	
Betriebs-, Geschäftsausstattung	
Fahrzeug	
Gesamt	
Umlaufvermögen	
Material- und Warenlager, Roh-, Hilfs- und Betriebsstoffe	
Kapitaldienst	
Zinsen für Existenzgründungsdarlehen/Bankkredite	
Tilgung	
Kapitalbedarf	

Auch sollte in der Rentabilitätsvorschau für jedes Jahr neben einer Spalte für den im Voraus geplanten Soll-Zustand eine Spalte für den tatsächlichen Ist-Zustand eingefügt werden. Mittels dieser einfachen Maßnahme ist am jeweiligen Jahresende ein Soll-Ist- bzw. Ist-Soll-Abgleich möglich. Unternehmerinnen und Unternehmer erhalten so die Möglichkeit, ihren tatsächlichen Geschäftsverlauf zu erkennen und gegebenenfalls gegenzusteuern.

2.5 Der Businessplan und „seine Zahlenwerke"

Tab. 2.3 Rentabilitätsvorschau; alle Beträge in Euro und ohne MwSt. (Quelle: Bundesministerium für Wirtschaft und Energie 2019b)

	1. Jahr	2. Jahr	3. Jahr
Erwartete Umsatzerlöse			
• Wareneinsatz (entfällt für Dienstleistungen)			
= Rohgewinn			
Plus sonstige betriebliche Erträge (z. B. Mieten)			
Aufwendungen			
• Personalkosten inkl. Nebenkosten u. inkl. Geschäftsführergehalt bei GmbH			
Raumkosten			
Betriebliche Steuern			
Versicherungen, Beiträge			
Kraftfahrzeugkosten			
Werbe- und Reisekosten			
Werbung, Repräsentation			
Reparaturen und Instandhaltung			
Leasinggebühren			
Telefon, Fax, Internet			
Bürobedarf			
Rechts- und Beratungskosten			
Sonstige Aufwendungen			
Zinsaufwendungen			
Abschreibungen			
= Summe Aufwendungen			
= Betriebsergebnis			

Bleibt für unsere Gründerinnen und Gründer zu hoffen, dass die antizipierten Einnahmen und Ausgaben für die Zukunft jeweils positive Betriebsergebnisse erwarten lassen. „Das Betriebsergebnis sollte Ihnen ermöglichen, sowohl Ihren Unternehmerlohn (bei Einzelunternehmen und Personengesellschaften) zu decken als auch eine Liquiditätsreserve zu schaffen" (Bundesministerium für Wirtschaft und Energie 2019b).

Ist das Betriebsergebnis positiv und der Kapitalbedarfsplan aus Eigenmitteln bzw. zur Verfügung stehendem Fremdkapital finanzierbar, lohnt es sich, einen Liquiditätsplan zu erstellen. Dabei handelt es sich um eine Prognose der zukünftigen Zahlungseingänge und Zahlungsausgänge. Anders als die Rentabilitätsvorschau, die lediglich Aufschluss über die Rentabilität ganzer Jahre gibt, bildet die Liquiditätsplanung sämtliche Kapitalflüsse ab. Alle Zahlungen werden dabei einzelnen Monaten zugeordnet. Ein „recht verbreiteter Fehler" liegt darin, sämtliche Ausgaben durch zwölf zu teilen und diese Durchschnittszahlen den einzelnen Monaten zuzuweisen. Ist beispielsweise für einen Pkw jeweils im Monat Mai eine Kfz-Steuer in Höhe von 240 € zu leisten, wird ein solcher Betrag gerne durch zwölf geteilt. Entsprechend kämen in die Rubrik Kfz-Steuer monatliche Ausgaben in Höhe von 20 €. Richtig wäre natürlich, die 240 € vollständig dem Monat Mai zuzuschlagen und in der entsprechenden Zeile bei den elf anderen Monaten jeweils null Ausgaben darzustellen. Die hinter dem Liquiditätsplan liegende Idee stellt darauf ab, frühzeitig zu erkennen, ob die flüssigen Mittel tatsächlich ausreichen, um alle anfallenden Kosten zu bedienen. Sollte dies nicht der Fall sein, könnte man dies rechtzeitig erkennen und beispielsweise mit der Aufnahme von Fremdkapital oder einer Steigerung der Einnahmen einer solchen ungünstigen Situation entgegenwirken. Derart gerüstet, gilt es nun, einen Blick auf eine solche Liquiditätsvorschau zu werfen (vgl. Tab. 2.4).

Auch bei der Liquiditätsvorschau sollte im Nachgang für jeden Monat eine zusätzliche Spalte eingerichtet werden, die dann, nach Ablauf des Monats, den Ist-Zustand wiedergibt. Mit dieser relativ einfachen Maßnahme lässt sich die Liquiditätsvorschau zusätzlich zu ihrem „Standardnutzen" in ein hervorragendes Controllingwerkzeug verwandeln. Dabei soll nicht unerwähnt bleiben, dass sowohl der Kapitalbedarfsplan als auch die Rentabilitätsvorschau und die Liquiditätsvorschau mittels einer Excel-Datei erstellt und gepflegt werden können. Für diejenigen Leser, die zum derzeitigen Zeitpunkt noch nicht so versiert in Excel sind, bleibt anzumerken, dass es neben einer vielfältigen Ratgeberliteratur zu Excel auch eine Vielzahl von YouTube-Lernvideos gibt, mittels derer sich die notwendigen Excel-Kenntnisse schnell und unproblematisch aneignen lassen.

Tab. 2.4 Liquiditätsvorschau. (Bundesministerium für Wirtschaft und Energie 2019c)

	09/2020	10/2020	11/2020	12/2020
Verfügbare Mittel pro Monat				
Bestand an flüssigen Mitteln (Kasse, Bank)				
Zahlungseingänge (Umsatzerlöse, sonstige Einnahmen, Privateinlagen) inkl. Mehrwert-/Umsatzsteuer				
Ausgaben (pro Monat)				
Zahlungsausgänge				
Löhne, Gehälter				
Sozialabgaben				
Lieferanten				
Bareinkäufe				
Marketing				
Vertrieb				
Investitionen				
Kreditzinsen				
Kredittilgung				
Miete, Nebenkosten				
Mehrwert-/Umsatzsteuer				
Versicherung				
Privatentnahmen				
Sonstige Ausgaben				
+/− Überschuss/Fehlbetrag vom Vormonat				

Anmerkung: Das Beispiel für die Liquiditätsvorschau ist als Zitat der Vorlage des Bundesministeriums für Wirtschaft und Energie entnommen. Die Anpassung der Monate und die Einfügung in eine Tabelle wurde von den Autoren vorgenommen

Mittels einer in Excel vorhandenen Funktion lassen sich auch bestimmten Werten spezifische Farben zuweisen. So ist es beispielsweise möglich, die Unterschreitung bestimmter Werte im Betriebsergebnis in dem betroffenen Monat automatisch in roter Farbe und mit gelber Hinterlegung anzeigen zu lassen. Dadurch werden bestimmte Entwicklungen noch klarer. Obendrein kann ein solches Controlling-Tool gerade Gründerinnen und Gründern „das gute Gefühl" vermitteln, ihre Prozesse und ihre Finanzen im Griff zu haben.

So wäre es beispielsweise denkbar, dass eine Liquidität von mindestens 3000 € am Ende des Monats in grüner Farbe abgebildet wird. Sollte die Liquidität zwischen 1000 € und 2999,99 € liegen, so könnte die Zahl gelb hinterlegt werden. Ein Wert von unter 1000 € hingegen würde in roter Farbe dargestellt werden.

In der Praxis treten bei der Erstellung der Liquiditätspläne durch Gründerinnen und Gründer immer wieder Fehler auf. Sei es, dass die Gründerinnen und Gründer zwar die vorgegebenen Excel-Tabellen nutzen, aber aufgrund ihrer mangelnden Kenntnisse von Zellverknüpfungen letztendlich doch zum Taschenrechner greifen und die Ergebnisse manuell eingeben oder aber sämtliche Einnahmen, aber insbesondere auch Ausgaben, zwölfteln. Daher sind aus der Perspektive eines Gründungsberaters die von seinen Kunden vorgelegten Excel-Tabellen immer mit einer „gewissen Vorsicht zu genießen".

Da es auch in der Betriebswirtschaftslehre die berühmte Auskunft über die Zukunft gebende Glaskugel nicht gibt, liegt das Hauptaugenmerk innerhalb eines Liquiditätsplans auf der Frage, ob die Planung plausibel oder aber nicht plausibel ist. So sind innerhalb des Liquiditätsplans u. a. saisonale Effekte zu berücksichtigen. Sind beispielsweise bei einem Eiscafé in Deutschland die monatlichen Einnahmen innerhalb eines Jahres völlig identisch, so wäre dies sicherlich kritisch zu hinterfragen. Umgekehrt gibt es natürlich auch Geschäftsmodelle, die keine oder nur eine geringe saisonale Ausprägung haben.

Steht der Liquiditätsplan aber erst einmal und hat er auch die Kritik durch die (kommunale) Wirtschaftsförderung erfahren, bietet er einen mehr oder weniger alternativlosen Kompass für das zukünftige Engagement der Gründerinnen und Gründer. Nachdem so die „Soll-Welt" mit ihren entsprechenden Zahlen entwickelt wurde, bietet es sich an, für jeden Monat eine zweite Spalte einzuziehen und diese mit der Überschrift „Ist" zu versehen. Dadurch wird es möglich, direkt nach Abschluss eines Monats die „Ist-Zahlen" in die Spalte einzutragen und somit jeweils einen direkten „Soll-Ist-Abgleich" durchzuführen. Eine solche Vorgehensweise gibt dem Gründer die Möglichkeit, das eigene Engagement zeitnah und selbstständig abzubilden und in einen größeren Rahmen zu setzen.

Fasst man die drei in einem Businessplan normalerweise enthaltenen Zahlenwerke zusammen, wird deutlich, dass sie im Vorfeld nicht über richtig oder falsch, sondern lediglich über plausibel oder aber nicht plausibel Auskunft geben können. So lässt sich bei der Liquiditätsvorschau beispielsweise erkennen, ob saisonale Effekte im Businessplan berücksichtigt wurden. Handelt es sich um eine Branche mit einer traditionell starken saisonalen Ausprägung, wie beispielsweise beim Verkauf von Speiseeis oder dem Vertrieb von Lebkuchen zutreffend, müssten solche Effekte bei der Liquiditätsplanung unbedingt berücksichtigt werden. Umgekehrt können Finanzplanungen nur nach bestem Wissen und Gewissen und auf Grundlage des bestehenden Zahlenmaterials vorgenommen werden.

Durch geopolitische Verwerfungen oder aber Wirtschaftskrisen, wie beispielsweise nach dem Niedergang der Bank Lehman Brothers am 15.09.2008, können Finanzplanungen aller Art ganz schnell zur Makulatur werden. Doch aller berechtigten Kritik zum Trotz gibt es keine Alternative zur sorgfältigen Finanzplanung. Wer einen solchen Finanzplan aufstellt, kann scheitern, wer ohne Finanzplan ein Business startet, ist bereits (fast) schon gescheitert.

2.6 Fazit

Bereits Johann Wolfgang von Goethe stellt in seinem Werk *Faust* den Bezug zu Gold und Geld her. Im ersten Teil findet sich die Aussage: „Nach Golde drängt, Am Golde hängt Doch alles."

Man muss sich eine solche materialistische Grundeinstellung nicht zu eigen machen, um zu erkennen, dass eine Beteiligung am Wirtschaftsleben immer auch an ein gewisses Eigenkapital oder einen bestimmten Kredit geknüpft ist. Nur Unternehmen, die in der Lage sind, ihre offenen Rechnungen zu begleichen, werden dauerhaft als Produzent von Gütern oder Dienstleistungen, als Arbeitgeber, als Ausbildungsbetrieb, als Kunde und als Steuerzahler bestehen bleiben und in vielen weiteren Rollen und Funktionen am Wirtschaftsleben teilnehmen. Für diejenigen Unternehmen, denen dies nicht (mehr) gelingt, sieht unser Wirtschaftssystem die „Höchststrafe" vor. Diese „Höchststrafe" liegt in dem ökonomischen Tod, also dem Ausscheiden aus dem Wirtschaftssystem. So haben beispielsweise die Geschäftsführer einer GmbH die Pflicht, bei einer Insolvenzreife rechtzeitig einen Insolvenzantrag zu stellen. Die entsprechenden Regelungen zur Haftung des GmbH-Geschäftsführers finden sich in § 64 GmbHG. Bereits die Überschrift des Gesetzes „Haftung für Zahlungen nach Zahlungsunfähigkeit oder Überschuldung" stellt auf die umfassenden Pflichten des GmbH-Geschäftsführers, insbesondere in Zeiten drohender Zahlungsunfähigkeit der Gesellschaft, ab.

Das für die betroffenen Unternehmen, ihre Leitungen und Belegschaften sehr schmerzhafte Ausscheiden aus dem Wirtschaftsleben ist nach dem Ökonomen Schumpeter jedoch der Quell einer Erneuerung von Volkswirtschaften. Folgt man den Ausführungen von Markus Krall, so schieden in Deutschland bis zum Eintritt der Finanz- und Wirtschaftskrise im Jahr 2008 jährlich etwa 1,5–2 % der Unternehmen aus dem Wirtschaftsleben aus. Die seit der Finanzkrise erfolgte Reduktion der Zinssätze führte u. a. dazu, dass sich der an klassischen Zinszahlungen orientierende Kapitaldienst selbst für stark angeschlagene Unternehmen deutlich reduzierte. Krall geht davon aus, dass derzeit jährlich lediglich ca. 0,5 % der Unternehmen aus dem Wirtschaftsleben ausscheiden. Tatsächlich sank die Zahl der Firmeninsolvenzen in Deutschland seit 2003 von 39.320 auf 20.276 im Jahr 2017 (vgl. CRIF Bürgel GmbH 2018).

Die Zeitreihe gibt insofern einen eindeutigen Trend wieder, als dass sich die Zahl der Insolvenzen im genannten Zeitraum deutlich reduziert hat. Allerdings steht zu befürchten, dass bei einem zukünftigen Wiederanstieg der Zinsen mit einhergehendem Kapitaldienst in „klassischer Höhe", sich der in Form von Insolvenzen manifestierende Marktaustritt zahlreicher Unternehmen in einer dann kumulierten Form vollziehen dürfte. Entsprechende Kreditausfälle könnten hier zu einer beträchtlichen Belastung für den Bankensektor und im Weiteren für die Gesamtökonomie heranwachsen.

Literatur

Bendel, D., Demary, M., & Voigtländer, M. (2016). Entwicklung der Unternehmensfinanzierung in Deutschland. In *Institut der deutschen Wirtschaft Köln. IW-Trends 1. 2016*. Vierteljahresschrift zur empirischen Wirtschaftsforschung, Jg. 43. https://www.iwkoeln.de/fileadmin/publikationen/2016/264487/IW-Trends_2016-01-03_Bendel-Demary-Voigtlaender.pdf. Zugegriffen am 10.11.2018.

Bieg, H., Kußmaul, H., & Waschbusch, G. (2016). *Finanzierung* (3. Aufl.). München: Franz Vahlen.

Bundesministerium für Arbeit und Soziales. (2017). *Mein Mikrokredit*. https://www.bmas.de/DE/Themen/Arbeitsmarkt/Arbeitsfoerderung/Mikrokredit/mikrokredit.html. Zugegriffen am 11.11.2018.

Bundesministerium für Wirtschaft und Energie. (2016). Forderungsmanagement. *GründerZeiten 08*. https://www.existenzgruender.de/SharedDocs/Downloads/DE/GruenderZeiten/Gruender-Zeiten-08.pdf?__blob=publicationFile. Zugegriffen am 09.02.2019.

Bundesministerium für Wirtschaft und Energie. (2018). Existenzgründungsfinanzierung. *Gründer-Zeiten 06*. https://www.existenzgruender.de/SharedDocs/Downloads/DE/GruenderZeiten/GruenderZeiten-06.pdf?__blob=publicationFile. Zugegriffen am 09.02.2019.

Bundesministerium für Wirtschaft und Energie. (2019a). *Kapitalbedarf: Finanzierung der Gründung und der betrieblichen Anlaufphase*. https://www.existenzgruender.de/SharedDocs/Downloads/DE/Checklisten-Uebersichten/Businessplan/04_check-Kapitalbedarfsplan.pdf?__blob=publicationFile. Zugegriffen am 04.04.2019.

Bundesministerium für Wirtschaft und Energie. (2019b). *Rentabilitätsvorschau*. https://www.existenzgruender.de/SharedDocs/Downloads/DE/Checklisten-Uebersichten/Businessplan/05_check-Rentabilitaetsvorschau.pdf?__blob=publicationFile. Zugegriffen am 04.04.2019.

Bundesministerium für Wirtschaft und Energie. (2019c). *Liquiditätsvorschau*. https://www.existenzgruender.de/SharedDocs/Downloads/DE/Checklisten-Uebersichten/Businessplan/06_check-Liquidaetsvorschau.pdf?__blob=publicationFile. Zugegriffen am 04.04.2019.

Bundesverband Deutscher Kapitalbeteiligungsgesellschaften. (2018). *Der deutsche Beteiligungskapitalmarkt im ersten Halbjahr 2018*. https://www.bvkap.de/sites/default/files/page/20181023_prasentation_halbjahresstatistik_2018_final.pdf. Zugegriffen am 04.11.2018.

CRIF Bürgel GmbH. (2018). *Erneut weniger Firmeninsolvenzen in Deutschland*. https://www.crifbuergel.de/de/aktuelles/studien/Firmeninsolvenzen2017. Zugegriffen am 09.02.2019.

Crowdfunding.de. (2017). *Crowdfunding Barometer 2017. 3. Befragung zur Akzeptanz von Crowdfunding in Deutschland*. https://www.crowdfunding.de/wp-content/uploads/2017/05/Crowdfunding-Barometer-2017-crowdfunding.de_.pdf. Zugegriffen am 07.04.2019.

Crowdfunding.de. (2019). *Crowdfunding-Plattformen*. https://www.crowdfunding.de/plattform-suche/. Zugegriffen am 07.04.2019.

DStGB. (2008). *Wirtschaftsförderung. Aufgaben, Organisation und Schwerpunkte der kommunalen Wirtschaftsförderung*. https://www.dstgb.de/dstgb/Homepage/Publikationen/Dokumentationen/Nr.%20118%20-%20Wirtschaftsförderung%20-%20Aufgaben,%20Organisation%20und%20Schwerpunkte%20der%20kommunalen%20Wirtschaftsförderung/Doku118_Wirtschaft_k.pdf. Zugegriffen am 08.11.2018.

Ernst & Young GmbH (Hrsg.). (2013). *Agenda Mittelstand. Wege zum Wachstum. Finanzierungsverhalten im deutschen Mittelstand*. https://www.ey.com/Publication/vwLUAssets/EY_Agenda_Mittelstand_-_Wege_zum_Wachstum_2013/%24FILE/EY-Studie-Wege-zum-Wachstum.pdf. Zugegriffen am 04.11.218.

Friedag J. (2018). *Öffentliche Venture-Capital-Geber*. https://www.foerderland.de/gruendung/news-gruenderszene/artikel/oeffentliche-venture-capital-geber/. Zugegriffen am 01.11.2018

Gabler Wirtschaftslexikon. (2018a). *Finanzierung*. https://wirtschaftslexikon.gabler.de/definition/finanzierung-33079/version-256607. Zugegriffen 26.10.2018.

Gabler Wirtschaftslexikon. (2018b). *Crowdfunding*. https://wirtschaftslexikon.gabler.de/definition/crowdfunding-53556/version-276638. Revision von Crowdfunding vom 19.02.2018 – 13:18. Zugegriffen am 01.11.2018.

Investitions- und Strukturbank Rheinland-Pfalz. (2018). *Zuschuss zu Beratungskosten für Existenzgründungen oder Unternehmensnachfolgen*. https://isb.rlp.de/foerderung/134.html. Zugegriffen am 08.09.2018.

KfW Bankengruppe (Hrsg.). (2016). *KfW-Mittelstandspanel 2016. Mittelstand nutzt sein finanzielles Polster – Investitionsaufschwung bleibt trotzdem aus*. Frankfurt am Main.

Olfert, K. (2001). *Finanzierung. Kompendium der praktischen Betriebswirtschaft* (11. Aufl.). Ludwighafen: Friedrich Kiehl.

Skopa, U., & Urban, T. (2017). *Investition und Finanzierung. Lehr- und Übungsbuch für Bachelor-Studierende*. Berlin: Springer Gabler.

Steinrücken, T. (2013). *Wirtschaftsförderung & Standortpolitik: Eine Einführung in die Ökonomie*. Erfurt: Books on Demand.

Weber, H., & Vogelgesang, M. (2019). Wirtschaftsförderung und Soziologie: Navigationsassistenz in gesellschaftlichen Untiefen. In J. Stember, A. Fink, P. Pongratz & M. Vogelgesang (Hrsg.), *Handbuch Innovative Wirtschaftsförderung. Moderne Konzepte kommunaler Struktur- und Entwicklungspolitik*. Wiesbaden: Springer.

wirtschaftslexikon24. (2018). *Gewinnmarge*. http://www.wirtschaftslexikon24.com/d/gewinnmarge/gewinnmarge.htm. Zugegriffen am 28.10.2018.

Witte, E. (1963). *Die Liquiditätspolitik der Unternehmung*. Tübingen: Mohr.

Unternehmensförderung 3

> **Zusammenfassung**
>
> Der Bereich der Unternehmensförderung gehört zu den Basisthemen von Wirtschaftsförderungseinrichtungen, gleichgültig ob sich diese Förderung auf den Ebenen der Europäischen Union, des Bundes, der Bundesländer, der Regionen oder der Kommunen vollzieht. Das folgende Kapitel gibt einen Überblick über zentrale Förderorganisationen und deren Formen, Strukturen und Aufgaben. Zudem informiert es über das Prozedere der Unternehmensförderung. Dabei werden besonders wichtige Förderprogramme vorgestellt, u. a. Gründungszuschuss und Einstiegsgeld, EXIST, Gemeinschaftsaufgabe Verbesserung der regionalen Wirtschaftsstruktur und Zentrales Innovationsprogramm Mittelstand (ZIM). Für eine ganzheitlichere Betrachtung des Themas Unternehmensförderung soll eine Differenzierung in materielle und immaterielle Unternehmensförderung vorgenommen werden. Dabei gilt es insbesondere, auch die zahlreichen Instrumente der immateriellen Unternehmensförderung vorzustellen und einer kritischen Reflexion zu unterziehen.

Obgleich die Förderung von Unternehmen beträchtlichen Einfluss auf deren wirtschaftliche Situation und die Lage der jeweils involvierten Belegschaften hat, gibt es doch vergleichsweise wenig Literatur zu dieser Thematik. Falls überhaupt, wird auf die materielle Unternehmensförderung eingegangen. Mit „materiell" sind in diesem Zusammenhang regelmäßige Finanztransfers von der öffentlichen Hand an Unternehmen, vergleichbar mit einer Art von umgekehrter Steuer, gemeint. Das vorliegende Lehrbuch möchte von dieser einseitigen Betrachtungsweise abrücken und zwischen einer materiellen und einer immateriellen Unternehmensförderung unterscheiden. Ohne den jeweiligen Definitionen vorzugreifen, soll bereits jetzt angemerkt werden, dass es sich bei diesen beiden Förderarten um zwei Seiten einer Medaille handelt, die darauf abstellen, die Standortattraktivität für Unternehmen zu erhöhen und damit im Idealfall Steuermittel zu generieren und Arbeitsplätze zu schaffen oder zumindest zu erhalten. Diese Unternehmensförderung erfolgt an der Schnittstelle der Systeme Wirtschaft, Politik und Verwaltung.

Unabhängig von den Vorschriften einzelner Förderprogramme gilt es, einige zentrale Aspekte der Förderung zu kennen und zu verinnerlichen. Die Industrie- und Handelskammern in Baden-Württemberg haben dazu im Sommer 2018 Empfehlungen abgegeben, die wir Ihnen an dieser Stelle nicht vorenthalten möchten. Im Einzelnen heißt es dazu (Industrie- und Handelskammern in Baden-Württemberg 2018, S. 2):

> Förderanträge müssen grundsätzlich vor Beginn eines Investitionsvorhabens mit den jeweiligen Antragsvordrucken gestellt werden.
> Die Antragstellung erfolgt in der Regel bei der jeweiligen Hausbank (Kreditinstitut).
> Die Gesamtfinanzierung Ihres Vorhabens muss gesichert sein. Nachfinanzierungen oder Umschuldung werden in der Regel nicht gefördert.
> Die Darlehen müssen Sie in der Regel banküblich absichern. ...
> Die Bearbeitungsdauer der Anträge ist je nach Programm sehr unterschiedlich; sie kann zwischen einer Woche und 12 Monaten (FuE-Projektförderung) betragen.
> Sie haben in aller Regel keinen Rechtsanspruch auf die Gewährung öffentlicher Darlehen, Zuschüsse und Bürgschaften.
> Sie müssen die öffentlichen Mittel für den festgelegten Zweck verwenden und darüber einen Nachweis führen.
> Soweit eine Landesförderung vorgesehen ist, muss Ihr Vorhaben in Baden-Württemberg verwirklicht werden; bei den Förderprogrammen für Forschung und Entwicklung wird zumeist verlangt, dass der Sitz des Unternehmens in Deutschland liegt.
> Bei den Förderdarlehen bleibt der Zinssatz in aller Regel während der ersten Phase der Laufzeit unverändert (Festzinssatz).
> Sie sind verpflichtet, bei Finanzhilfeanträgen den Tatsachen entsprechende Angaben zu machen und die zugesagten Mittel zweckentsprechend einzusetzen; im anderen Fall droht ein Strafverfahren wegen Subventionsbetrug nach § 264 Strafgesetzbuch.

Bei Forschungs- und Entwicklungsvorhaben ist die Förderfähigkeit von der Marktnähe des jeweiligen Forschungs- und Entwicklungsvorhabens abhängig. Daraus ergibt sich, dass ein Vorhaben zum Zeitpunkt der Antragstellung die höchste Förderung erhalten kann, wenn es noch sehr marktfern ist. Anders ausgedrückt: Mit zunehmender Marktnähe reduzieren sich die Chancen auf eine Förderung und der potenziell erreichbare Fördersatz (vgl. PricewaterhouseCoopers GmbH 2010).

Vor einer Beschäftigung mit den aktuellen Formen und Inhalten materieller und immaterieller Unternehmensförderung gilt es jedoch, einen kurzen Blick auf die diesbezügliche Wirtschaftsgeschichte im deutschsprachigen Raum zu werfen.

3.1 Historie

Anders als beispielsweise eine in Form eines Lehnswesens organisierte Gesellschaft, brachte die in Teilen Europas ab dem 12. Jahrhundert verstärkt einsetzende Geldwirtschaft für die jeweils Herrschenden eine Verknüpfung von Wirtschaftsleistung und als Steuern deklarierte Geldeinnahmen mit sich. Dabei wurde schnell sichtbar, dass eine quantitative und qualitative Ausdehnung der ökonomischen Basis Auswirkungen auf die Gestaltungsmöglichkeiten, gleichgültig ob im zivilen oder aber militärischen Bereich, hatte. Exemplarisch sei die preußische Wirtschaftspolitik unter Friedrich Wilhelm (1620–1688) erwähnt, der nach dem 30-jährigen Krieg die Wurzeln für den späteren politischen und wirtschaftlichen Aufstieg Preußens legte. Zu den von Friedrich Wilhelm durchgeführten Modernisierungsmaßnahmen gehörte neben einer Verbesserung der Infrastruktur und der Förderung des Ackerbaus auch eine proaktive Anwerbepolitik von zumeist wohlhabenden bzw. gut qualifizierten Familien. So gelangten beispielsweise jüdische Familien aus Wien und hugenottische Einwanderer aus Frankreich nach Preußen.

Zu den im Preußen des 18. Jahrhunderts eingesetzten Fördermitteln gehörten Steuerprivilegien und vergünstigte Darlehen. Der Staat versuchte so aktiv, Einfluss auf die in seiner Einflusssphäre liegende Wirtschaftsleistung und damit, in einem zweiten Schritt, auf seine zukünftigen Ertragsquellen und Finanzkraft zu nehmen.

In Frankreich hatte bereits im ausgehenden 16. Jahrhundert unter Heinrich IV. und dessen Finanzminister Maximilian von Béthune, Herzog von Sully, eine ausgeprägte staatliche Wirtschafts- und Finanzpolitik Einfluss auf die Wirtschaft des Landes genommen. Neben einer deutlichen Verbesserung der Infrastruktur, u. a. durch den Bau von Straßen und Kanälen, und der Errichtung staatlicher Manufakturen wurde auch aktiv Einfluss auf die Arbeitsbedingungen genommen, u. a. durch eine Begrenzung der Löhne und die Reduktion der Feiertage. Umgekehrt sollten zahlreiche Standardisierungen zur Konkurrenzfähigkeit der Produkte beitragen und auch einen positiven Einfluss auf die Qualität der produzierten Güter entfalten. Flankiert wurde diese unter der Bezeichnung Merkantilismus bekannt gewordene Politik durch hohe Einfuhrzölle und auf den Export ausgerichtete staatliche Aktivitäten.

Zusammenfassend lässt sich Merkantilismus wie folgt umschreiben (Gabler Wirtschaftslexikon 2019):

> Sammelbegriff für die vom 16. bis 18. Jh. durch Interventionismus und Dirigismus gekennzeichneten wirtschaftspolitischen Eingriffe des Staates in den Wirtschaftsprozess. Diese praktisch-politischen Ansätze mit dem Ziel der Steigerung der nationalen Wirtschafts- und Handelskraft basieren auf keiner (da zu dieser Zeit noch nicht ausformulierten) in sich geschlossenen wirtschaftstheoretischen und -politischen Konzeption.

Obgleich wir das Zeitalter des Merkantilismus längst hinter uns gelassen haben, ist der nicht innerhalb der Wirtschaft intervenierende „Nachtwächterstaat", der lediglich die Regeln des Wettbewerbs definiert und überwacht und ansonsten seine Kernaufgabe in der Verteidigung nach außen und der Sicherstellung des Rechts nach innen sieht, im frühen 21. Jahrhundert keineswegs das dominierende Wirtschaftsmodell. Doch dazu später mehr.

3.2 Materielle Unternehmensförderung

Materielle Unternehmensförderung kennt viele Facetten und zahlreiche Ebenen. So gibt es für Gründer und Unternehmen beispielsweise Fördergelder von der EU und von der Bundesrepublik Deutschland (Bund). Aber auch die 16 deutschen Bundesländer beteiligen sich an der materiellen Unternehmensförderung. Neben den genannten drei Ebenen stellen auch vereinzelt Kommunen den Gründern bzw. Unternehmen vor Ort zusätzliche Fördermittel zur Verfügung und schalten sich somit aktiv in die materielle Unternehmensförderung mit ein. Während die Fördermittel von EU, Bund und Bundesländern über verschiedene Datenbanken zentral abgerufen werden können, sind Informationen zu möglichen kommunalen Fördermitteln nur mit einem weit größeren Rechercheaufwand zu erhalten.

Insofern bleibt Interessentinnen und Interessenten oftmals nur, die Webauftritte der relevanten Kommunen und insbesondere auch ihrer kommunalen Wirtschaftsförderungen auf die Existenz von Förderprogrammen zu überprüfen. Alternativ sollte ein telefonischer oder persönlicher Kontakt zu den Ansprechpartnerinnen und Ansprechpartnern der kommunalen Wirtschaftsförderungseinrichtung gesucht und diese direkt nach kommunalen Fördermitteln gefragt werden. Dabei bleibt festzuhalten, dass Unternehmensfördermittel in Deutschland nur selten von Kommunen zur Verfügung gestellt werden. Allerdings können kommunale Fördermittel nochmals gezielt Anreize für Gründerinnen und Gründer sowie Unternehmen schaffen. Einen interessanten Ansatz bietet beispielsweise die bayerische Landeshauptstadt München mit dem „Förderprogramm Crowdfunding-Kampagne". Dabei offeriert sie einen 50-prozentigen Zuschuss (Nettokosten) für Kreativleistungen, die bei Unternehmerinnen und Unternehmern in München eingekauft werden. Der Zuschuss kann maximal 3000 € betragen. Beispiele für förderungsfähige Kreativleistung sind: „Fotos, Videos, Texte, Lektorat, Übersetzungen, Grafikdienstleistungen …, Unterstützung im Bereich Storytelling, Kommunikation, PR, Social Media" (München.de 2018).

Die Zielgruppe des Programms umfasst Unternehmen sowie freie Berufe, die innerhalb der letzten fünf Jahre gegründet wurden und sich in München angesiedelt haben. Je Antragsteller und Kalenderjahr können maximal zwei Projektförderungen erfolgen. Weitere Informationen zu dem Programm finden sich in der Förderrichtlinie Crowdfunding-Kampagne vom 01.03.2018. Ansprechpartner für das Programm ist das Referat Arbeit und Wirtschaft der Stadtverwaltung München (vgl. München.de 2018).

Unternehmen verfügen über recht unterschiedliche Möglichkeiten, sich mit Finanzmitteln zu versorgen. Der „traditionelle Weg" führt sie mittels spezifischer Geschäftsmodelle an ihren jeweiligen Markt. Ein zentraler Unternehmenszweck liegt nicht nur darin, am Markt Geld zu verdienen, also einen Gewinn zu erwirtschaften, sondern diesen jeweils noch zu maximieren.

Neben einer Marktfokussierung verfügen viele Unternehmen auch über eine Fördermittelfokussierung, d. h., sie recherchieren mehr oder weniger proaktiv nach Finanzquellen der öffentlichen Hand. Ob es sich dabei um Gelder der Europäischen Gemeinschaft, des Bundes, eines Bundeslandes oder um kommunale Finanzmittel handelt, sei zunächst unerheblich. Das Wissen um die pure Existenz öffentlicher Mittel führt bei vielen eigentlich eher marktorientierten Unternehmen dazu, zu versuchen, in den Genuss dieser Subventionen zu kommen. Das Eingebundensein in spezifische Wettbewerbsstrukturen lässt den jeweiligen Unternehmensleitungen hier auch kaum Spielraum, da eine reine Marktorientierung und eine ausbleibende „Mitnahme" öffentlicher Mittel das Unternehmen – relativ gesehen zu seinen wahrscheinlich markt- und zusätzlich subventionsorientierten Mitbewerbern – schnell in eine ungünstigere Wettbewerbssituation führen würde.

Doch wenden wir uns zunächst dem Begriff der materiellen Wirtschaftsförderung zu. Darunter sollen im Folgenden Finanzleistungen wie Zuschüsse, zinsverbilligte Darlehen, Bürgschaften oder die Gewährung sonstiger finanzieller Vorteile verstanden werden, welche öffentliche Einrichtungen wie Förderbanken in ihrem Zuständigkeitsbereich für Gründer und Unternehmen erbringen.

Im Mittelpunkt der materiellen Unternehmensförderung steht die Subvention. Der Begriff hat seinen Ursprung im lateinischen „subvenire", was sich mit „zu Hilfe kommen" umschreiben lässt.

Eine Legaldefinition findet sich im bundesdeutschen Strafgesetzbuch, genauer in dessen § 264 Abs. 7 (Dejure.org 2018):

> Eine Subvention im Sinne dieser Vorschrift ist eine Leistung aus öffentlichen Mitteln nach Bundes- oder Landesrecht an Betriebe oder Unternehmen, die wenigstens zum Teil ohne marktmäßige Gegenleistung gewährt wird und der Förderung der Wirtschaft dienen soll; eine Leistung aus öffentlichen Mitteln nach dem Recht der Europäischen Gemeinschaften, die wenigstens zum Teil ohne marktmäßige Gegenleistung gewährt wird.

Das Europarecht nutzt den Begriff der staatlichen Beihilfe bei der Regelung der subventionsrelevanten Inhalte. Die rechtlichen Normierungen von Subventionen innerhalb der Europäischen Gemeinschaft finden sich in Art. 107 I des Vertrages über die Arbeitsweise der Europäischen Union (AEUV).

Neben den juristischen Definitionen von Subvention bzw. staatlicher Beihilfe gibt es zahlreiche weitere ökonomisch-finanzwissenschaftliche Definitionen. Beispielsweise definiert Crößmann den Begriff wie folgt: „Subventionen sind geldliche oder geldwerte Vorteile, die der Staat bestimmten Wirtschaftsunternehmen gewährt, von denen er keine marktfähige Gegenleistung erwartet und die eigenmächtig über die Mittelverwendung bestimmen können. Der Begriff Subvention wird mit dem der Beihilfe synonym verwendet" (Crößmann 2015, S. 35).

Die von Crößmann vorgelegte Definition soll auch im Folgenden Anwendung finden. In Abhängigkeit von politischen und ökonomischen Grundüberzeugungen wird man dem Staat oder aber dem Markt eine spezifische Steuerungswirkung und oftmals auch eine Dominanz einräumen. Im Denken des „Vaters der modernen Volkswirtschaftslehre", Adam Smith, findet der Markt jeweils die beste Lösung. Sehr gerne wird in diesem Zusammenhang von „der unsichtbaren Hand" gesprochen, die dazu führt, dass sich der Egoismus des Einzelnen in etwas für die gesamte Gesellschaft Sinnvolles und Nützliches verwandelt. In einem solchen Weltbild findet sich kein Platz für staatliche Eingriffe und eine Subventionierung von Regionen, Branchen und Unternehmen. Vielmehr wäre bei einem solchen staatlichen Handeln zu befürchten, dass die Effizienz des Marktes zumindest partiell leidet und damit der „Wohlstand der Nationen" negative Auswirkungen erfahren würde.

Zu ganz anderen Ergebnissen kommt man, wenn man dem Staat bei der Nachfrage oder aber dem Angebot eine stärkere Rolle zuschreibt.

Bei der Diskussion über den Sinn von Subventionen für Unternehmen wird jedoch oftmals außer Acht gelassen, dass es die „Stunde null" im Wirtschaftsleben nicht mehr gibt. Konkret wird es in der heutigen Zeit immer Staaten geben, die bestimmte Regionen, Branchen oder Unternehmen besonders fördern. Damit entsteht regelmäßig eine Marktverzerrung zu Ungunsten der anderen Marktteilnehmer. Die die Wettbewerber der subventionierten Unternehmen beherbergenden Staaten haben dann lediglich die Wahl, mit ähnlichen Subventionsprogrammen zu reagieren oder aber dem Sterben der „eigenen Unternehmen" mehr oder weniger tatenlos zuzusehen. Somit setzen subventionierende Staaten etwas in Gang, was dann schwerlich von anderen Staaten ignoriert werden kann.

Von Subventionsbefürwortern wird weiterhin gerne angeführt, dass durch die Subventionen nachhaltige positivere Wirtschaftsstrukturen geschaffen werden können. An dieser Stelle wird dann gerne auf die bayerische Wirtschaftspolitik insbesondere der 1950er-, 1960er- und 1970er-Jahre verwiesen, die eine höchst erfolgreiche Transformation von einem ehemals agrarisch dominierten Staat in einen wissensbasierten Industriestaat zur Folge hatte. Leuchttürme dieser strukturpolitischen Maßnahmen waren:

- der im Jahr 1963 erfolgte Bau einer Pipeline von Genua nach Ingolstadt zur Reduktion der Mineralölpreise,
- die Anbindung Bayerns an das Ferngasnetz der BRD,
- die Gründung der „Deutschen Airbus AG" im Jahr 1970,
- die Fokussierung auf die Elektroindustrie, Luft- und Raumfahrtindustrie,
- der Bau des Flughafens München,
- die Ansiedlung bzw. der Ausbau zahlreicher DAX-Unternehmen in München wie Siemens, BMW, Münchener Rück und Allianz,
- die Ansiedlung und Erweiterung von Audi in Ingolstadt.

Selbstverständlich gibt es auch eine Vielzahl anderer Subventionsleistungen innerhalb der bundesdeutschen Wirtschaftsgeschichte, welche längst nicht die nachhaltigen Erfolge feiern konnten. Das Siechtum ganzer Wirtschaftsbranchen konnte häufig nicht aufgehalten werden. Der Niedergang wurde nicht verhindert, sondern mit oftmals hohen öffentlichen Mitteln nur in die Länge gezogen. Es kam dabei zu einem Tausch, der sich mit „Zeit gegen Geld" umschreiben lässt. Exemplarisch für derartige Subventionen stehen Zahlungen im Bereich des Steinkohlebergbaus.

Noch immer fließen zahlreiche Subventionen in den Bereich der fossilen Energien. So führt das Umweltbundesamt aus, dass allein im Jahr 2012 umweltschädliche

Subventionen von mehr als 57 Milliarden € gezahlt wurden. Zu den Subsubventionsempfängern gehören die Sektoren Verkehr, Energiebereitstellung und -nutzung, Land- und Forstwirtschaft, Fischerei sowie Bau- und Wohnungswesen (vgl. Umwelt Bundesamt 2016).

Vor dem Hintergrund der heutigen globalen und epochalen Umwälzungen und insbesondere auch der derzeitigen chinesischen Industrie- und Wirtschaftspolitik mit einer Fokussierung auf sieben Schlüsselbranchen wäre eine völlige Abkehr von sämtlichen Subventionen nur schwer denkbar. Wahrscheinlich hätte sie zur Folge, dass zahlreiche bundesdeutsche Branchen massiv an Konkurrenzfähigkeit verlieren und die darin involvierten Unternehmen aus dem Markt ausscheiden müssten. Allerdings sollte man sich auch von Subventionen keine umfassende Genesung ganzer Branchen versprechen. Zum einen sind die Subventionszahlungen in ein recht starres Korsett von gesetzlichen Vorgaben gepackt, zum anderen können sie innovatives Engagement und unternehmerisches Geschick niemals ausgleichen. So gesehen sind sie eher ein notwendiges Übel als ein Medium zur nachhaltigen positiven Veränderung von Wirtschaftssystemen.

Die sieben von China besonders geförderten Industrien umfassen (Bertelsmann Stiftung 2016):

- Energieeinsparung und Umweltschutz,
- neue Informationstechnologien,
- Bio-Technologie,
- hochwertige Ausrüstungen,
- neue (nichtfossile) Energien,
- neue Materialien,
- alternative Kfz-Antriebstechniken.

Überdies gibt die Bertelsmann-Studie einen guten Ausblick auf das China des Jahres 2030 und versucht auch, die Auswirkungen dieser chinesischen Entwicklungslinien für Deutschland zu eruieren. Dabei werden jeweils verschiedene Szenarien entwickelt und in einem größeren Kontext eingeordnet.

Ob China mit seiner Fokussierung auf die sieben Schlüsselbranchen tatsächlich „richtig liegt", bleibt abzuwarten. Gleichgültig, wie man diesem Engagement gegenübersteht, dürfte es entscheidende Implikationen auch auf das Wirtschaftsgeschehen in Europa und den USA haben.

Ohnehin lassen sich Erfolge und Misserfolge im Bereich der Wirtschaftspolitik weitaus besser anhand langer, oftmals über Generationen andauernder Wirtschaftsverläufe erkennen. Eine großartige Beschreibung u. a. der Wirtschaftsentwicklungen und Konkurrenzbeziehungen verschiedener Staaten legte der Historiker Paul Kennedy im Jahr 1987 mit seinem Werk *Aufstieg und Fall der großen Mächte. Ökonomischer Wandel und militärischer Konflikt von 1500–2000* vor. Das englische Original trägt den

Titel: *The Rise and Fall of Great Powers*. Dabei analysierte und beschrieb Kennedy den immer wieder gleichen Rhythmus in der Entwicklung ihre Umwelt zeitweise dominierender Staaten.

> Im sechzehnten Jahrhundert war es das Haus Habsburg, das nach der Vormacht in Europa strebte, im siebzehnten waren es die Könige Frankreichs, und im achtzehnten begann der Aufstieg Großbritanniens zur kolonialen Hegemonialmacht in der Welt. Im 20. Jahrhundert schlug Deutschlands kurze Stunde, ehe sich das bipolare System der letzten fünfzig Jahre herausbildete. Im ökonomischen und militärischen Wandel der Jahrhunderte spürte der britische Historiker Paul Kennedy einen gleichbleibenden Rhythmus auf: Aufstieg, Überdehnung, Erschöpfung, Abstieg – von den Habsburgern im 16. Jahrhundert bis zur UdSSR und den Vereinigten Staaten an der Schwelle zum 21. Jahrhundert (Kennedy 1991, S. 2).

Bereits jetzt sind die Übernahmen deutscher Traditionsunternehmen durch chinesische Investoren Gegenstand zahlreicher öffentlicher Diskussionen und teilweise auch politischer Verbote. Der Augsburger Roboter- und Maschinenbauer Kuka AG (https://www.kuka.com/de-de) steht exemplarisch für diese Diskussion. Obgleich Käufe chinesischer Investoren in Deutschland in den vergangenen Jahren stark zugenommen haben und somit eine hohe Dynamik aufweisen, sind sie absolut gesehen bislang jedoch in einem eher überschaubaren Rahmen anzusiedeln. „Insgesamt ist das Investitionsvolumen Chinas aber noch sehr klein: Im Jahr 2016 hielten chinesische Unternehmen nur 0,4 % der Direktinvestitionsbestände in Deutschland. Aber sie steigen stark: Die Deutsche Bundesbank hat ausgerechnet, dass sich die chinesischen Direktinvestitionsbestände in nur drei Jahren von 2013 bis 2016 verdoppelt haben" (SPIEGEL ONLINE 2018).

Abschließend sollen die Vor- und Nachteile staatlicher Subventionen gegenübergestellt werden.
Tab. 3.1 bietet dazu eine Übersicht.

Jede Subvention an private Gründer oder Unternehmen löst jedoch eine Umverteilung aus. Während sich die Subventionsempfänger über zusätzliche, außerhalb ihres Marktes generierte Einnahmen freuen können, muss sich der öffentliche Subventionsgeber die notwendigen Mittel beschaffen. Eine mögliche Finanzbeschaffung könnte beispielsweise durch die Einnahmen aus Steuern und/oder Gebühren erfolgen. Alternativ wäre an eine Finanzmittelbeschaffung an den Kapitalmärkten zu denken, was eine Erhöhung des Schuldenstandes zur Folge hätte.

Über die Höhe der vom Bund jährlich getätigten Subventionen gibt es recht unterschiedliche Angaben. Während der Kieler Subventionsbericht sie für das Jahr 2016 bei 49,9 Milliarden € veranschlagt, weist der Subventionsbericht der Bundesregierung für dasselbe Jahr lediglich 7,5 Milliarden € an Subventionen aus (vgl. Laaser und Rosenschon 2018).

Der vom Bundesministerium für Finanzen publizierte Subventionsbericht kann auf eine rund 50-jährige Geschichte zurückblicken. Der erste Subventionsbericht des Ministeriums wurde im Dezember 1967 veröffentlicht. Der aktuellste Bericht trägt die Nummer

Tab. 3.1 Vor- und Nachteile staatlicher Subventionen. (Quelle: Geiger 2018)

Vorteile	Nachteile
1.) Chancengleichheit für Wirtschaftsräume in strukturschwachen Regionen (Standorten)	1.) Oft nur nach den Lobbybranchen ausgerichtet (z. B. Kohle, Gas)
2.) Förderung von kleinen und mittleren Unternehmen und Existenzgründern (Chancen für Marktzutritt und -verbleiben)	2.) Kosten Steuergelder und führen letztlich zu höheren Steuern
3.) Schaffung von Wirtschaftsstrukturen in den unter 1.) genannten Regionen	3.) Mehrbelastungen des Staates, der Unternehmen und privaten Haushalte -> höhere Steuern = Wohlfahrtsverlust für alle Beteiligten
4.) Schaffung von Arbeitsplätzen in diesen Regionen	4.) Marktverfälschung, da Angebot und Nachfrage „künstlich" über den Preis verändert werden
5.) Soziale Ausgewogenheit (z. B. Europäischer Sozialfonds und Arbeitsmarktförderung)	5.) Schwerer Marktzugang für etablierte Unternehmen und Unternehmen, die nicht unter diese Subventionen fallen -> müssen Kosten senken, um unter 4.) erwähnte Preise zu erreichen (siehe Agrarsubventionen der EU)
6.) Teilweise Kompensation von regionalen Unterschieden (Wirtschafts- und Sozialstruktur)	6.) Stellenabbau und mehr Arbeitslosigkeit

26 und informiert u. a. über die vom Bund gewährten Finanzhilfen und Steuervergünstigungen im Zeitraum 2015–2018. Das 392 Seiten umfassende Werk gibt in Kapitel 5.2 einen Überblick über die durch die Subventionen geförderten Wirtschaftszweige.

Dabei handelt es sich um:

- Ernährung und Landwirtschaft,
- gewerbliche Wirtschaft,
- Verkehrswesen,
- Wohnungswesen,
- Sparförderungen, Vermögensbildung; Förderung der Altersvorsorge.

Entsprechend der Ausrichtung der vorliegenden Publikation sollen im Folgenden lediglich Subventionen im Bereich der gewerblichen Wirtschaft Erwähnung finden. Dazu stehen die im Subventionsbericht der Bundesregierung auf den Seiten 36–40 vorgenommenen Darstellungen im Fokus.

Zunächst finden sich dabei die folgenden Ausführungen: „Bei der Förderung der gewerblichen Wirtschaft stehen horizontale Ziele wie beispielsweise die rationelle Energieverwendung, die Forschungsförderung oder die strukturelle Förderung im Vordergrund" (Bundesministerium für Finanzen 2017, S. 36).

Auf Seite 43 wird die besondere Bedeutung des Förderprogramms „Verbesserung der regionalen Wirtschaftsstruktur" (GRW) betont. Wörtlich heißt es dazu: „Das wichtigste nationale Instrument der regionalen Wirtschaftsförderung ist die Gemeinschaftsaufgabe ‚Verbesserung der regionalen Wirtschaftsstruktur' (GRW)" (Bundesministerium für Finanzen 2017, S. 43).

Äußerst instruktiv für eine Einschätzung von Umfang und Entwicklung der staatlichen Förderungen sind auch die Veröffentlichungen des VÖB, also des Bundesverbands Öffentlicher Banken Deutschlands (2018). Bei der Beschreibung des Fördergeschäfts in Deutschland in den Jahren 2008–2017 behandelt der VÖB zusätzlich zu der gewerblichen Förderung auch die kommunale Förderung, die Förderung des Wohnungs- und Städtebaus, die Förderung der Landwirtschaft und sonstige Förderungen (vgl. VÖB o. J., S. 4).

Die vom VÖB vorgelegten Förderstatistiken beruhen auf den Angaben von insgesamt 19 Bundes- bzw. Landesförderinstituten.

In der Zeit von 2008 bis 2017 sank danach die durch Zuschüsse geleistete gewerbliche Förderung in Deutschland von 3.851.200.000 € auf 3.486.500.000 €. Ihren Zenit erreichte diese Förderung innerhalb des genannten Zeitraums mit 4.611.400.000 € im Jahr 2009. Es bleibt zu vermuten, dass die überdurchschnittliche Förderhöhe im Jahr 2009 eine unmittelbare Reaktion auf die Finanzkrise des Jahres 2008 war, die durch die Insolvenz des Unternehmens Lehman Brothers am 15. September 2008 in das öffentliche Bewusstsein katapultiert wurde. Der geringste Wert lag im Jahr 2015 mit einer gewerblichen Förderung in Höhe von 2.563.800 € vor.

Ein anderes Bild ergibt sich bei der in Form von Darlehen in der Zeit von 2008 bis 2017 geleisteten gewerblichen Förderung. Diese stieg von 21.402.4000.000 im Jahr 2008 auf 28.177.500.000 € im Jahr 2017. Der höchste Wert innerhalb des beschriebenen Zeitraums wurde im Jahr 2010 mit 32.473.200.000 Euro erreicht.

Die durch die Vergabe von Globaldarlehen an die Geschäftsbanken erreichte gewerbliche Förderung reduzierte sich in der Zeit von 2008 bis 2017 erheblich. Während sie 2008 noch 1.816.400.000 Euro betragen hatte, sank der entsprechende Wert bis zum Jahr 2017 auf lediglich 299.900.000 €. Allerdings verlief die Reduktion keinesfalls linear, sondern mit deutlichen jährlichen Schwankungen.

Bei der Förderung der gewerblichen Wirtschaft durch Bürgschaften und Haftungsfreistellung kam es in der Zeit von 2008 bis 2017 ebenfalls zu einer deutlichen Reduktion. Während die gewerbliche Förderung in diesem Bereich im Jahr 2008 noch bei 1.791.200.000 € lag, betrug der entsprechende Wert im Jahr 2017 lediglich 907.900.000 Euro. Auch hier kam es im Jahr 2009 mit einer gewerblichen Förderung in Höhe von 6.232.200.000 Euro zu dem höchsten Wert.

Die Angaben machen deutlich, dass es durch die mittels verschiedener Instrumente geleisteten Zuschüsse gerade in der für viele Unternehmen durch massive Umsatzrückgänge, Zahlungsausfälle, und Zukunftsängste geprägten Zeit gelungen war, eine monetäre Antwort auf die tagesaktuellen Herausforderungen zu geben. Die von vielen Kritikern dieser Subventionen angeführten Bedenken bezüglich einer möglichen Verstetigung hoher staatlicher Finanztransaktionen an Unternehmen lassen sich zumindest aus den hier vorgelegten Zahlen des VÖB nicht herauslesen. Vielmehr scheinen die Zahlen auf ein von Keynes propagiertes staatliches Engagement in Phasen ökonomischer Rezessionen hinzuweisen.

Interessant ist auch eine Beschäftigung mit der gewerblichen Förderung auf der Ebene der 16 Bundesländer. Dabei wird deutlich, dass im Jahr 2017 die Bundesländer Sachsen mit Zuschüssen für die gewerbliche Wirtschaft in Höhe von 874.700.000 Euro und Baden-Württemberg mit entsprechenden Zuschüssen in Höhe von 778.700.000 Euro an der Spitze der deutschen Bundesländer liegen. Bis auf das Saarland, das in diesem Bereich keinerlei Zuschüsse erhielt, hatte die gewerbliche Wirtschaft aller anderen Bundesländer hier Einnahmen zu verzeichnen.

Bei einer gewerblichen Förderung durch den Erhalt von Darlehen belegten die drei Bundesländer Bayern mit 5.781.300.000 €, Baden-Württemberg mit 5.227.300.000 € und Nordrhein-Westfalen mit 5.063.300.000 € die jeweiligen Spitzenplätze. Da es sich bei den genannten Zahlen jedoch um absolute Werte handelt, wären für eine weitere Analyse Bezugsgrößen wie Einwohnerzahl oder Beschäftigtenzahl heranzuziehen.

Bei der Förderung durch Bürgschaften und Haftungsfreistellung lagen im Jahr 2017 im bundesdeutschen Vergleich Nordrhein-Westfalen mit 393.700.000 € und Bayern mit 171.400.000 € an der Spitze.

3.2.1 Förderorganisationen

3.2.1.1 Form, Struktur und Aufgaben von Förderorganisationen

Förderorganisationen weisen hinsichtlich ihrer Form und Struktur beträchtliche Unterschiede auf. So gibt es bereits bei der Rechtsform und der Eigentümerstruktur erhebliche Differenzen. Die Rechtsform reicht von staatlichen Institutionen über öffentlich-rechtliche Körperschaften bis hin zu privatwirtschaftlichen Unternehmensformen. Die Eigentümer können sowohl staatliche Institutionen als auch private Personen sein. Weiterhin sind auch Mischformen von privaten Investoren und öffentlichen Beteiligungen möglich. Da sich Volkswirtschaften ebenso wie Unternehmen und deren Belegschaften häufig in Wettbewerbsstrukturen bewegen, unterliegen auch viele Förderorganisationen hinsichtlich ihrer Wandlungsnotwendigkeit einem erheblichen Druck. Insofern sind die hier beschriebenen Formen und Strukturen von Förderorganisationen eher eine Momentaufnahme als eine auf Dauer angelegte Beschreibung.

3.2.1.2 Europäische Investitionsbank und Europäischer Investmentfonds

Auf europäischer Ebene gibt es verschiedene Banken und Fonds zur Umsetzung und Durchführung europäischer Förderpolitik.

Zu den Wichtigsten gehören die

- Europäische Investitionsbank (EIB) mit Sitz in Luxemburg sowie der
- Europäische Investitionsfonds (EIF), der seinen Sitz ebenfalls in Luxemburg hat.

In der Zeit von 1958 bis 1968 war die EIB zunächst in Brüssel angesiedelt. 1968 kam es zu einer Verlegung der Bank nach Luxemburg, wo sie sich auch noch heute befindet. Allerdings erfolgte in der Zwischenzeit eine Umsiedlung des Hauptsitzes in das luxemburgische Kirchberg (vgl. Europäische Investitionsbank 2018a).

Die Europäische Investitionsbank kann im Jahr 2018 auf eine 60-jährige Tradition zurückblicken. Die Bank befindet sich im Eigentum der verschiedenen EU-Mitgliedstaaten. Mittels der Bereitstellung von Finanzierungshilfen und spezifischem Wissen sollen Projekte dazu beitragen, die von der EU formulierten Ziele auch tatsächlich einzuhalten.

Die Strukturen der EIB werden recht anschaulich auf deren Homepage beschrieben (vgl. auch Tab. 3.2). Dabei finden sich die folgenden Ausführungen zu den Organen der EIB: „Drei Entscheidungsorgane: Rat der Gouverneure, Verwaltungsrat und Direktorium. Ein Kontrollorgan: Prüfungsausschuss."

Nach eigenen Angaben konzentriert sich die EIB auf die vier im Folgenden vorgestellten Förderbereiche (Europäische Investitionsbank 2018c)

- Innovation und Wissen,
- kleine und mittlere Unternehmen,
- Infrastruktur,
- Klima und Umwelt.

Weitere Informationen zur EIB finden sich in deren jeweiligen Financial Reports. Den Report für das Jahr 2016 findet man unter http://www.eib.org/attachments/general/reports/fr2016en.pdf (vgl. Europäische Investitionsbank 2016).

Zur Umsetzung ihrer Kohäsionspolitik verfügt die EU über fünf zentrale Fonds. Dazu gehören (vgl. Europäische Kommission 2019a):

- Europäischer Fonds für regionale Entwicklung (EFRE),
- Europäischer Sozialfonds (ESF),
- Kohäsionsfonds (KF),
- Europäischer Landwirtschaftsfonds für die Entwicklung des ländlichen Raums (ELER),
- Europäischer Meeres- und Fischereifonds (EMFF).

Tab. 3.2 Strukturen der EIB. (Quelle: Europäische Investitionsbank 2018b)

Satzungsmäßiges Organ	Wichtigste Aufgaben
Rat der Gouverneure	• Festlegung von übergeordneten Grundsätzen und Zielen
	• Genehmigung der Jahresabschlüsse
	• Bestellung und Vergütung der Mitglieder der anderen Führungsgremien
Verwaltungsrat	• Genehmigung der Finanzierungsoperationen
	• Genehmigung der Grundsätze und Strategien der Bank
	• Kontrolle des Direktoriums
Direktorium	• Tagesgeschäft der EIB unter Leitung des EIB- Präsidenten
Prüfungsausschuss	• Prüfung der Jahresabschlüsse
	• Überprüfung, ob EIB-Tätigkeit in Einklang mit den Best-Practices im Bankwesen steht

3.2 Materielle Unternehmensförderung

Jeder der fünf genannten Fonds weist eine spezifische Schwerpunktbildung auf. So umfasst beispielsweise der Europäische Fonds für regionale Entwicklung (EFRE) die folgenden Themen (Europäische Kommission 2019a):

- Forschung und Innovation,
- digitale Agenda,
- Unterstützung kleiner und mittlerer Unternehmen (KMU),
- CO2-arme Wirtschaft.

Hingegen weist der ESF die nachfolgend genannten Schwerpunkte auf (Europäische Kommission 2019b):

- Förderung der Beschäftigung und der Mobilität der Arbeitskräfte,
- Förderung der sozialen Eingliederung und Bekämpfung der Armut,
- Investitionen in Bildung, Qualifikationen und lebenslanges Lernen,
- Verbesserung der institutionellen Kapazitäten und effiziente öffentliche Verwaltung.

3.2.1.3 Kreditanstalt für Wiederaufbau (KfW)

Die als Körperschaft des öffentlichen Rechts organisierte Kreditanstalt für Wiederaufbau (KfW) ist eng mit der bundesdeutschen Wirtschafts- und Finanzgeschichte verknüpft. Die KfW und ihre Tochtergesellschaften „Deutsche Investitions- und Entwicklungsgesellschaft" (DEG), „KfW IPEX-Bank GmbH" und „Finanzierungs- und Beratungsgesellschaft mbH" (FuB) bilden die KfW-Bankengruppe. Die Rechtsaufsicht über die KfW-Bankengruppe erfolgt durch das Bundesministerium der Finanzen.

Die am 18. November 1948 vollzogene Gründung der Bank erfolgte fünf Monate nach Einführung der D-Mark (21. bzw. 24. Juni 1948) und kurz vor der Gründung der Bundesrepublik Deutschland am 23. Mai 1949. Am 21. Juni 1948 erfolgte die Einführung der D-Mark in der Trizone. Drei Tage später wurde die neue Währung dann auch gesetzliches Zahlungsmittel in den drei Westsektoren Berlins. Bis zu diesem Zeitpunkt galt noch die Reichsmark als gesetzliches Zahlungsmittel in den genannten Gebieten. Aufgrund der immensen Wertverluste der Reichsmark hatte sich jedoch nach dem Zweiten Weltkrieg eine parallele Form von „Zigarettenwährung", also eine Flucht in mobile und relativ leicht vergleichbare Sachwerte, herausgebildet. Ebenso war es zur Etablierung eines Schwarzmarktes gekommen. Die Gründung der KfW wurde auf der rechtlichen Ebene mit dem sogenannten KFW-Gesetz flankiert.

Bereits im Vorfeld hatten sich die Alliierten auf die Gründung einer „Reconstruction Loan Corporation" verständigt. Die Bank konnte bereits in ihrer Anfangsphase auf öffentliche Gelder zurückgreifen. „Denn die Hauptfinanzierungsquelle zu jener Zeit – und noch für viele Jahre – sind die Mittel aus der Marshallplanhilfe, die den Grundstock für das 1953 geschaffene ERP-Sondervermögen bilden. Es ist noch heute eine zentrale Säule der Wirtschaftsförderung" (KfW Bankengruppe 2018a).

Die KfW steht im Eigentum der Bundesrepublik Deutschland und der Bundesländer. Konkret verfügen die Bundesrepublik Deutschland über 80 % und die Bundesländer über 20 % ihres Kapitals. Insbesondere durch eine Haftungszusage der Bundesrepublik Deutschland, welche in § 1a des KfW-Gesetzes ihre rechtliche Normierung findet, erfreut sich die KfW einer sehr guten Bonität.

Gemäß § 5 des Gesetzes über die Kreditanstalt für Wiederaufbau verfügt die Kreditanstalt über zwei Organe, nämlich einen Vorstand und einen Verwaltungsrat. Zu den Aufgaben des Verwaltungsrates gehören die Überwachung und Beratung des Vorstands. § 7a des Gesetzes über die Kreditanstalt für Wiederaufbau sieht daneben einen Mittelstandsrat vor. Seine Aufgaben werden in Abs. 2 beschrieben: „Der Mittelstandsrat konkretisiert den staatlichen Auftrag der Mittelstandsbank nach § 2 Abs. 2.2. Er berät und beschließt über Vorschläge zur Förderung des Mittelstandes unter Berücksichtigung der Gesamtgeschäftsplanung der Anstalt" (KfW Bankengruppe 2013).

Der Sitz der KfW ist in Frankfurt am Main. Daneben gibt es noch verschiedene Niederlassungen. Bereits in den fünfziger Jahren des 20. Jahrhunderts verfügte die KfW über verschiedene Förderprogramme zur Unterstützung von Unternehmen. Exemplarisch seien an dieser Stelle die Exportfinanzierungsförderung (1950) und das Mittelstandsprogramm (1952) genannt (vgl. KfW Bankengruppe 2018a).

Die KfW erfuhr seit ihrer Gründung im Jahr 1948 eine breite Expansion, die sich beispielsweise an der Entwicklung ihrer Bilanzsummen, ihres Zusagevolumens und an der Anzahl ihrer Mitarbeiterinnen und Mitarbeiter ablesen lässt.

So stieg die Bilanzsumme von 390 Millionen € im Jahr 1949, 1,84 Milliarden € 1970, 68,8 Milliarden € im Jahr 1990 auf 472,3 Milliarden € im Jahr 2017 (vgl. KfW Bankengruppe 2018a).

Während die KfW-Belegschaft im Jahr 1949 lediglich 105 Personen umfasste, waren es 1970 bereits 524, 1990 insgesamt 954 und im Jahr 2017 insgesamt 6284 Mitarbeiterinnen und Mitarbeiter (vgl. KfW Bankengruppe 2019).

Jenseits der hier beschriebenen „Leistungsdaten" lässt sich die Entwicklung der Bank auch recht gut an der Erweiterung ihrer Aufgaben erkennen. Diese sind breit gefächert. Eine Beschreibung findet sich in § 2 des Gesetzes über die Kreditanstalt für Wiederaufbau, der auszugsweise wiedergegeben werden soll (KfW Bankengruppe 2015):

(1) Die Anstalt hat die Aufgabe, im staatlichen Auftrag Fördermaßnahmen, insbesondere Finanzierungen, in folgenden Bereichen durchzuführen:

a) Mittelstand, freie Berufe und Existenzgründungen,
b) Risikokapital,
c) Wohnungswirtschaft,
d) Umweltschutz,
e) Infrastruktur,
f) technischer Fortschritt und Innovationen,
g) international vereinbarte Förderprogramme,

h) entwicklungspolitische Zusammenarbeit,
i) in anderen in Gesetzen, Verordnungen oder veröffentlichten Richtlinien zur staatlichen Wirtschaftspolitik präzise benannten Förderbereichen, die der Anstalt vom Bund oder von einem Land übertragen werden.

Ein weiteres Spezifikum der KfW liegt darin, dass sie Förderprogramme für sehr unterschiedliche Zielgruppen anbietet. Dabei handelt es sich um

- Privatpersonen,
- Unternehmen,
- öffentliche Einrichtungen.

Die Zielgruppe Unternehmen lässt sich hinsichtlich der von der KfW genannten Förderprogramme wie folgt differenzieren (KfW Bankengruppe 2018b):

- Innovationen vorantreiben,
- Energie sparen,
- Erweitern und Festigen,
- erneuerbare Energien nutzen,
- Bauen und Sanieren,
- Umwelt schonen,
- Gründen und Nachfolgen,
- im Ausland investieren.

Zu jedem der oben genannten Bereiche stehen verschiedene Förderprogramme der KfW zur Verfügung. Beispielsweise ist die Rubrik „Innovationen vorantreiben" unterlegt mit dem Förderprogramm „ERP-Digitalisierungs- und Innovationskredit". Dessen maximales Finanzvolumen reicht je Förderung bis zu 5 Millionen €. Die Fördermittel können für Investitionen und Betriebsmittel eingesetzt werden. Der effektive Jahreszins betrug im September 2018 innerhalb dieses Programms mindestens ein Prozent.

Mögliche Vorgehensweise zum Erhalt von Fördermitteln durch die KfW
Es empfiehlt sich zunächst, einen Blick auf die Homepage der KfW zu werfen, um sich dort einen ersten Eindruck zu potenziell infrage kommenden Förderprogrammen zu verschaffen. Dazu ist in einem ersten Schritt die bereits beschriebene Zuordnung in die Kategorien „Privatpersonen", „Unternehmen" oder „öffentliche Einrichtungen" notwendig (KfW Bankengruppe 2018b).

Auf Basis der so erhaltenen Informationen könnten Sie Kontakt zu den Mitarbeiterinnen und Mitarbeitern der KfW herstellen und weit gezielter mit diesen in das Gespräch kommen. Für Anfragen zu unternehmensspezifischen Förderungen nennt die KfW die folgende Telefonnummer: 0800-5399001. Auskünfte zu allgemeinen Themen gibt die Telefonnummer 069-7431-0. Ebenso ist es möglich, sich mittels eines Kontaktformulars schriftlich an die KfW zu wenden. Der entsprechende Zugang findet sich unter KfW Bankengruppe (2018c).

3.2.1.4 Förderbanken auf Landesebene

Der dem Aufbau der Bundesrepublik Deutschland immanente Föderalismus findet seine Entsprechung in der Verteilung und der Struktur der Förderbanken auf Landesebene. Zunächst ist festzustellen, dass sämtliche 16 Bundesländer eine eigene Förderbank unterhalten. Obgleich sich die Aufgaben dieser Förderbanken zumeist ähneln, gibt es doch spezifische Ausprägungen. Exemplarisch sei der § 3 der Satzung der Investitions- und Strukturbank Rheinland-Pfalz (ISB) (2016) genannt:

§ 3 Aufgaben

(1) Die Bank ist das zentrale Förderinstitut des Landes Rheinland-Pfalz und hat insbesondere den staatlichen Auftrag, das Land Rheinland-Pfalz bei seiner Finanz-, Wirtschafts-, Wohnungsbau-, Städtebau-, Verkehrs-, Umwelt- und Arbeitsmarktpolitik im Einklang mit den Beihilfevorschriften der Europäischen Gemeinschaft zu unterstützen. Zur Erfüllung ihres Auftrags kann die Bank Fördermaßnahmen, insbesondere Finanzierungen, insbesondere in den folgenden Bereichen durchführen:

(a) Mittelstand,
(b) Technologie und Innovation,
(c) Wohnungs- und Städtebau,
(d) Regionale Strukturpolitik,
(e) Vorhaben mit besonderer struktur- oder arbeitsmarktpolitischer und sozialer Bedeutung,
(f) Umweltschutz,
(g) Infrastruktur,
(h) Risikokapital,
(i) Standortwerbung und Akquisition sowie
(j) Handels- und Kooperationsförderung.

Die Nennung von zehn Punkten mit ein bis zwei Begriffen steht für einen relativ breiten Ansatz der ISB in Mainz.

Ein direkter Darlehnsvertrag zwischen den die Fördermittel in Anspruch nehmenden Unternehmen und der zuständigen Landesförderbank ist nicht vorgesehen (Tab. 3.3). Vielmehr gilt das sogenannte Hausbankprinzip. An Fördermitteln interessierte Unternehmen müssten also zunächst einen direkten Kontakt zu einem privatwirtschaftlichen Kreditinstitut herstellen, gleichgültig, ob dieses aus dem Bereich der Sparkassen, genossenschaftlichen Banken oder der Privatbanken entstammt.

Zu dem Serviceangebot zahlreicher Landesförderbanken gehören

- Bonitätsrechner,
- Tilgungsrechner,
- Beihilferechner,
- Förderwegweiser,
- Konditionenübersichten.

Exemplarisch dafür sei das Angebot der LfA Förderbank Bayern genannt (vgl. LfA Förderbank Bayern 2019).

Tab. 3.3 Förderbanken auf Landesebene. (Quelle: Geschäftsberichte der Förderbanken für das Jahr 2017)

Bundesland	Name	Sitz	Bilanzsumme 2017 in Millionen Euro	Organe
Baden-Württemberg	Landeskreditbank Baden-Württemberg – Förderbank (L-Bank)	Karlsruhe Stuttgart	70.670	Vorstand Verwaltungsrat
Bayern	LfA Förderbank Bayern	München	21.475	Vorstand Verwaltungsrat
Berlin	Investitionsbank Berlin (IBB)	Berlin	17.671,6	Vorstand Verwaltungsrat
Brandenburg	Investitionsbank des Landes Brandenburg (ILB)	Potsdam	13.533,4	Vorstand Verwaltungsrat Hauptversammlung
Bremen	Bremer Aufbau-Bank	Bremen	1156,2	Geschäftsführung Aufsichtsrat
Hamburg	Hamburgische Investitions- und Förderbank	Hamburg	5144,2	Vorstand Verwaltungsrat
Hessen	Wirtschafts- und Infrastrukturbank Hessen (WIBank)	Offenbach am Main	17.626,7	Trägerversammlung Verwaltungsrat Vorstand
Mecklenburg-Vorpommern	Landesförderinstitut Mecklenburg-Vorpommern	Schwerin	1545,3	Geschäftsleitung Kuratorium
Niedersachsen	Investitions- und Förderbank Niedersachsen (NBank)	Hannover	3820,5	Vorstand Verwaltungsrat
Nordrhein-Westfalen	NRW Bank	Düsseldorf Münster	147.583,8	Vorstand Verwaltungsrat Gewährträgerversammlung
Rheinland-Pfalz	Investitions- und Strukturbank Rheinland Pfalz (ISB)	Mainz	9178,4	Vorstand Verwaltungsrat Trägerversammlung
Saarland	Saarländische Investitionskreditbank AG	Saarbrücken	1525,6	Vorstand Verwaltungsrat
Sachsen	Sächsische Aufbaubank	Dresden	7567,7	Vorstand Verwaltungsrat
Sachsen-Anhalt	Investitionsbank Sachsen-Anhalt	Magdeburg	1872,5	Vorstand Verwaltungsrat
Schleswig-Holstein	Investitionsbank Schleswig-Holstein	Kiel	19.056,3	Vorstand Verwaltungsrat
Thüringen	Thüringer Aufbaubank	Erfurt	3857,2	Vorstand Verwaltungsrat

Für die gezielte Kontaktaufnahme zu den jeweils relevanten Landesförderbanken ist es ratsam, sich zuvor das jeweilige Organigramm der Bank anzusehen. Neben den Zuständigkeiten finden sich darauf in der Regel auch die konkreten Ansprechpartner für Förderthemen und/oder Förderprogramme. Das Organigramm gibt somit auch den Kunden der Förderbanken Orientierung und dient dem gezielten Auffinden der für sie relevanten Personen. In der Regel finden Sie das Organigramm durch eine entsprechende Eingabe in eine Suchmaschine wie Google, beispielsweise also „Organigramm Landesförderbank Bayern".

3.2.1.5 Wirtschaftsförderungsgesellschaften auf Landes- und Bundesebene

Auf Landes- und Bundesebene gibt es zahlreiche auf Wirtschaftsförderung ausgerichtete Gesellschaften. So verfügt beispielsweise Nordrhein-Westfalen über die in Düsseldorf angesiedelte NRW.INVEST GMBH. Die Gesellschaft beschreibt ihren Service für Investoren wie folgt (NRW.INVEST 2018a):

> NRW.INVEST unterstützt Sie bei Ihren Ansiedlungsvorhaben in Nordrhein-Westfalen, damit Sie die Standortvorteile optimal nutzen und ausschöpfen. Als landeseigene Wirtschaftsförderungsgesellschaft stehen wir Ihnen während des gesamten Prozesses als zentraler, kompetenter und vertraulicher Ansprechpartner bei allen Fragen rund um Ihr Projekt zur Seite. Schon während Ihrer Analyse- und Planungsphase stellen wir Ihnen unser Expertenwissen und ein bewährtes Netzwerk von Ansprechpartnern aus Wirtschaft, Wissenschaft, Verwaltung und Politik zur Verfügung. Sollten Sie bereits in NRW aktiv sein, stehen wir Ihnen ebenfalls mit Rat und Tat zur Seite, insbesondere bei der Erweiterung Ihrer Niederlassung, Neu- oder Ausgründungen.

Konkret umfasst der Service der Landesgesellschaft u. a. die folgenden Bereiche:

- Hilfe bei Investitionsplanungen,
- Fördermittelberatung,
- Hilfe bei der Erstellung von Businessplänen,
- Unterstützung bei der Standortfindung,
- Standortbesichtigungen,
- Bereitstellung von Marktdaten,
- Vernetzung mit passenden Kooperationspartnern,
- Hilfe bei Genehmigungsverfahren,
- Unterstützung bei der Personalrekrutierung,
- Unterstützung bei Öffentlichkeitsarbeit „… bis zur offiziellen Eröffnung Ihrer Niederlassung in NRW. Gerne beraten wir Sie, wie Sie – entsprechend Ihrer Bedürfnisse – die Öffentlichkeit und die Presse einbinden und informieren können" (NRW.INVEST 2018a).

Auch die Zusammenarbeit mit den kommunalen und regionalen Wirtschaftsförderungseinrichtungen wird dabei gegenüber den Investoren hervorgehoben.

3.2 Materielle Unternehmensförderung

Weiterhin verfügt NRW.INVEST über verschiedene Länder- und Branchenteams. Dies ermöglicht eine zielgruppenspezifische Investorenansprache in den verschiedensten Landessprachen.

Auf der Homepage der Landesgesellschaft findet sich eine Unterteilung in die folgenden Länder bzw. Kontinente: „Mitteleuropa [,] Russland [,] Türkei [,] Nahost [,] Afrika [,] Asien [,] Australien [,] Südamerika [,] Westeuropa [,] Nordamerika [,] Greater China" (NRW.INVEST 2018b).

Auch Hessen unterhält mit der HA Hessen Agentur GmbH in Wiesbaden eine Landeswirtschaftsförderungsgesellschaft. Nach eigenen Angaben ist die

> Hessen Agentur … eine 100 %ige Landestochter mit öffentlich ausgerichtetem Auftrag, die nach privatwirtschaftlichen Grundsätzen arbeitet. Gemeinsam mit den Tochtergesellschaften, der Hessen Trade & Invest GmbH und der HA Stadtentwicklungsgesellschaft mbH, bilden wir [die HA Hessen Agentur GmbH] die nichtmonetäre Säule der hessischen Wirtschaftsförderung ab (HA Hessen Agentur GmbH 2018).
>
> Ihr Profil beschreibt die Gesellschaft wie folgt: „Die Hessen Agentur ist die Dienstleistungsgesellschaft des Landes. Wir setzen Projekte, Kampagnen und Förderaktivitäten um und fungieren zudem als Berater und ‚Thinktank'. Unsere Ziele sind die zukunftsorientierte Positionierung Hessens im nationalen und globalen Wettbewerb, die Sicherung und Mehrung des Wohlstands der Bürgerinnen und Bürger in unserem Bundesland sowie die nachhaltige Entwicklung des Standorts Hessen" (HA Hessen Agentur GmbH 2018).

Abschließend soll mit der Germany Trade and Invest – Gesellschaft für Außenwirtschaft und Standortmarketing mbH mit dem Hauptsitz in Berlin eine auf Bundesebene angesiedelte Wirtschaftsförderungsgesellschaft Erwähnung finden.

Die Gesellschaft beschreibt sich dabei wie folgt: „Germany Trade & Invest (GTAI) ist die Wirtschaftsförderungsgesellschaft der Bundesrepublik Deutschland. Mit über 50 Standorten weltweit und einem starken Partnernetzwerk unterstützt GTAI deutsche Unternehmen bei ihrem Weg ins Ausland, wirbt für den Standort Deutschland und begleitet ausländische Unternehmen bei der Ansiedlung in Deutschland" (Germany Trade & Invest 2019a).

Die Gesellschaft verfügt somit über eine klare Fokussierung auf die Außenwirtschaft. Ihre Aufgaben umfassen dabei (Germany Trade & Invest 2019b):

- den Erfolg des Mittelstands im globalen Wettbewerb sichern,
- den Standort Deutschland durch die Ansiedlung ausländischer Direktinvestitionen stärken,
- Deutschland als einen der attraktivsten Wirtschaftsstandorte international positionieren,
- die Internationalisierung der Wirtschaft in den neuen Bundesländern vorantreiben.

3.2.1.6 Kommunale Wirtschaftsförderung

Nach Dallmann und Richter blickt die kommunale Wirtschaftsförderung auf eine inzwischen mehr als 100-jährige Geschichte zurück. Ausgehend von dem Hafen- und Betriebsamt der bereits im frühen 20. Jahrhundert stark industrialisierten und mit vielen fortschrittlichen und innovativen Firmen ausgestatteten Stadt Mannheim, engagierten sich in der Folgezeit zahlreiche Kommunen für die jeweils innerhalb ihrer Stadtgrenzen angesiedelten Unternehmen. Das Ende des Ersten Weltkrieges und die damit verbundenen politischen und sozialen Verwerfungen und Herausforderungen führten zu zahlreichen weiteren kommunalen Engagements. Zu denken wäre beispielsweise an den kommunalen Wohnungsbau sowie die Betätigung zahlreicher Kommunen in der Erwachsenenbildung, u. a. durch den Aufbau oder die Erweiterung von Volkshochschulen.

Mit dem Ende des Nationalsozialismus und insbesondere der Gründung der Bundesrepublik Deutschland am 23. Mai 1949 erhielten auch die gewählten Repräsentanten der Kommunen wieder den rechtlichen Rahmen für eine kommunale Selbstverwaltung und damit auch für die Ausgestaltung einer kommunalen Wirtschaftsförderung. Ihre gesetzliche Grundlage findet kommunale Wirtschaftsförderung nunmehr in Art. 28 Abs. 2 Grundgesetz (GG). Hieraus ergibt sich der „… Grundsatz der Allzuständigkeit der Gemeinden. Dort wird den Gemeinden und Gemeindeverbänden explizit das Recht gewährleistet, alle Angelegenheiten der örtlichen Gemeinschaft im Rahmen der Gesetze in eigener Verantwortung zu regeln" (Dallmann and Richter 2012, S. 27).

Doch noch immer gibt es weder eine Legaldefinition für Wirtschaftsförderung im Allgemeinen noch für kommunale Wirtschaftsförderung im Besonderen. Aus der Vielzahl von Wirtschaftsförderungsdefinitionen soll aufgrund der Kürze und Prägnanz die entsprechende Beschreibung von Steinrücken Erwähnung finden.

> Als Wirtschaftsförderung werden verschiedene Maßnahmen des Staates zur Begünstigung bestimmter wirtschaftlicher Tatbestände oder Verhaltensweisen bezeichnet. Konkret bezeichnet man als Wirtschaftsförderung die Summe aller staatlichen Maßnahmen, die unmittelbar für betriebliche Investitions- und Standortentscheidung von Bedeutung sind (Steinrücken 2011, S. 11).

Das Leistungsangebot und das Engagement der bundesdeutschen kommunalen Wirtschaftsförderungseinrichtung sind jedoch sehr heterogen. Laut einer vom Deutschen Städte- und Gemeindebund (DStGB) in Kooperation mit der Kienbaum Management Consultants GmbH im Jahr 2013 vorgelegten Übersicht über zentrale Aufgaben beinhaltet es u. a.

- Bestandspflege,
- Unternehmensansiedlung und Akquisition,
- Existenzgründung,
- Sonstiges.

Die tatsächliche Vielfalt des Engagements zahlreicher kommunaler Wirtschaftsförderungen wird auch anhand der von diesen für ihre zukünftige Arbeit als besonders wichtig erachteten Themenfelder sichtbar. Diese umfassen (Deutscher Städte- und Gemeindebund 2008, S. 11):

- Entwicklung von Gewerbe- und Industrieflächen,
- Vermittlung von Gewerbe- und Industrieflächen,
- Fachkräftemangel,

- Standortmarketing,
- Bewältigung des Strukturwandels
- Verbesserung wirtschaftsnaher Infrastruktur,
- Einzelhandelsentwicklung,
- lokale Arbeitsmarkt- und Beschäftigungspolitik,
- Technologie- und Innovationsförderung,
- Tourismusförderung,
- Unternehmensnachfolge
- Regionalmarketing/Regionalmanagement,
- PPP-Infrastrukturprojekte,
- Clusterpolitik,
- Migrantenökonomie,
- nachhaltiges Wirtschaften (z. B. Ökoprofit),
- Wissensgesellschaft; Kultur- und Kreativwirtschaft,
- Sonstiges,
- Fördermittelberatung,
- Corporate Social Responsibility,
- lokale Ökonomie.

Bei der vom DStGB in Kooperation mit der Kienbaum Management Consultants GmbH im Jahr 2012 durchgeführten Befragung von Wirtschaftsförderern nach den „gegenwärtig drei wichtigsten Themen der Wirtschaftsförderung" gaben jedoch lediglich 7 % der befragten Personen Fördermittelberatung an. Für die Zukunft sahen sogar nur 3 % diesen Bereich unter den drei wichtigsten Themenfeldern. Für die Autoren und Autorinnen der DStGB-Studie ist die geringe Nennung der Fördermittelberatung „… insoweit überraschend, als die Klage über den „Förderdschungel" zum Allgemeingut zu gehören scheint. Oftmals ist die Fördermittelberatung aber auch nicht auf örtlicher Ebene, sondern bei den Landkreisen angesiedelt" (DStGB 2008, S. 11).

Ganz vorne bei der Befragung lagen die Themen „Vermittlung von Gewerbe- und Industrieflächen" (56 %), „Entwicklung von Gewerbe- und Industrieflächen" (46 %), „Einzelhandelsentwicklung" (32 %) sowie „Standortmarketing" (30 %). Dabei handelt es sich jeweils um die Einschätzung für das Jahr 2012. Für die Zukunft sahen die befragten Personen deutliche Verschiebungen bei den dann wichtigsten Themenfeldern. So wird die „Entwicklung von Gewerbe- und Industrieflächen" mit 33 % Nennung als das wichtigste Themenfeld gesehen. Danach folgen dann die „Vermittlung von Gewerbe- und Industrieflächen" (30 %), „Standortmarketing" (28 %) und „Fachkräftemangel" (28 %). Überhaupt scheint die Thematik Fachkräftemangel für kommunale Wirtschaftsförderung zunehmend an Wert zu gewinnen. Eine intensive Verzahnung kommunaler arbeitsmarktpolitischer Aktivitäten mit den Aktivitäten der Bundesagentur für Arbeit sowie der Arbeitsministerien auf Bundes- und Landesebene erscheint hier empfehlenswert.

Obgleich der Bereich der Fördermittelberatung bei der oben genannten Befragung nur selten unter den drei wichtigsten Themenfeldern gesehen wird, handelt es sich doch um einen Kernbereich vieler kommunaler Wirtschaftsförderungen. Da deren Mitarbeiterinnen und Mitarbeiter jedoch in der Regel keine auf Wirtschaftsförderung ausgerichtete standardisierte Ausbildung durchlaufen, sind die tatsächlichen Fördermittelkenntnisse dieser Belegschaften nur schwer einzuschätzen.

Ebenso sind die Informationsflüsse über Fördermittel, beispielsweise von den einschlägigen Bundes-oder Landesministerien und den Bundes- und Landesförderbanken zu den kommunalen Wirtschaftsförderungseinrichtungen, nicht standardisiert.

Nichtsdestotrotz ist davon auszugehen, dass sich allein durch die Beschäftigung mit Fördermitteln bei vielen Mitarbeiterinnen und Mitarbeitern kommunaler Wirtschaftsförderung zumindest im Laufe der Zeit ein entsprechendes Spezialwissen ansammelt.

Anders als die Mitarbeiterinnen und Mitarbeiter von Förderbanken oder aber privaten Kreditinstituten entscheiden die Mitarbeiter kommunaler Wirtschaftsförderungseinrichtung in der Regel aber nicht über die Vergabe von Fördermitteln oder Darlehen. Sie dienen zum einen als Bindeglieder zwischen Unternehmen, privatwirtschaftlichen Kreditinstituten und staatlichen Förderbanken sowie zum anderen als Lotsen und als Beraterinnen und Berater. Sie befinden sich somit in einer klassischen „Sandwichposition" zwischen den potenziellen oder realen Fördermittelgebern und möglichen Fördermittelnehmern. Sehr wichtig ist für sie eine institutionalisierte Kommunikation mit den Vertreterinnen und Vertretern der Förderbanken. Dies erscheint umso notwendiger, als dass die einschlägigen Förderprogramme vielfältigen Wandlungen und Modifikationen unterworfen sind, deren Kenntnis als existenziell für die in der Fördermittelberatung involvierten Akteure einzuschätzen ist.

Eine mögliche Form des regelmäßigen Austauschs zwischen kommunalen Wirtschaftsförderungseinrichtungen und Förderbanken bieten Weiterbildungen, Netzwerktreffen und bilaterale Gespräche. Teilweise ist es den Mitarbeiterinnen und Mitarbeitern kommunaler Wirtschaftsförderungseinrichtungen auch möglich, für eine bestimmte Zeit bei der für sie zuständigen Landesförderbank zu hospitieren und Impressionen aus dem Innenleben dieser Organisationen zu erhalten. Ein solches Erfahrungswissen hat sich in der Praxis als besonders zielführend für die kommunale Fördermittelberatung erwiesen. Umgekehrt ist es für die Mitarbeiterinnen und Mitarbeiter der Förderbanken sinnvoll, einen direkten Kontakt zu den kommunalen Wirtschaftsförderungseinrichtungen zu haben, da diese in der Regel „näher am Kunden sind". Auch hier könnte eine Hospitation wichtige Impulse geben.

3.2.1.7 Universalbanken (Privatwirtschaftliche Kreditinstitute)
Die Legaldefinition für ein Kreditinstitut findet sich in § 1 des Kreditwesengesetzes (KWG). Grundsätzlich ist in Deutschland zu unterscheiden zwischen der Zentralbank, Universalbanken und Spezialbanken.

Zu den Universalbanken gehören die Privatbanken, die Sparkassen und Landesbanken sowie die Genossenschaftsbanken. Aufgrund der beschriebenen Struktur spricht man auch von dem sogenannten Drei-Säulen-Modell.

In der betrieblichen Praxis werden sowohl Gründerinnen und Gründer als auch Unternehmerinnen und Unternehmer mit mindestens einer der drei genannten Formen von Universalbanken Geschäftskontakte eingehen und dort insbesondere ihre Geschäftskonten führen. Die konkrete Auswahl dürfte von vielen Faktoren abhängig sein, beispielsweise von den durch das Kreditinstitut angebotenen Preisen, Leistungen, Konditionen, Services, der räumlichen Verbreitung sowie der Reputation.

Bei den Privatbanken handelt es sich um Kreditinstitute mit nicht öffentlichen Gesellschaftern und ohne genossenschaftliche Organisationsform. Dazu gehören beispielsweise die Deutsche Bank und die Commerzbank. Die beiden genannten Privatbanken sind im DAX bzw. MDAX gelistete Aktiengesellschaften.

Die meisten Genossenschaftsbanken sind eingetragene Genossenschaften. Diese Rechtsform verfügt in Deutschland über eine lange Tradition. Viele Genossenschaften wurden um 1850 gegründet. Mittels einer Bündelung von Interessen und Kapital sollten einzelne Personen in die Lage versetzt werden, bessere Konditionen am Markt zu erhalten. Illustriert wird dieser Gedanke bereits in einer Formulierung von Friedrich Schiller: „Verbunden werden auch die Schwachen mächtig." Schiller legt die Formulierung in seinem *Wilhelm Tell* aus dem Jahre 1804 Stauffacher in einem Dialog mit Tell in den Mund (Schiller 2018).

Der Dichter nimmt hier Bezug auf das dem Menschen immanente Potenzial zu einem gemeinsamen zielgerichteten Handeln. Diese Idee und Handlungsmaxime erwies sich als überaus anschlussfähig für das Aufkommen zahlreicher Genossenschaften. Besonderen Wert legten die Gründer der deutschen Genossenschaften wie Franz Hermann Schulze Delitzsch und Friedrich Wilhelm Raiffeisen auf Prinzipien wie Selbsthilfe, Selbstverantwortung und Selbstverwaltung.

Die erste Genossenschaftsbank wurde 1862 in Darmstadt unter der Bezeichnung „Volksbank Darmstadt" gegründet. Somit machte der genossenschaftliche Gedanke auch vor dem Bankenbereich nicht halt. Von besonderer Bedeutung waren daneben beispielsweise die nach 1889 stark expandierenden Wohnungsgenossenschaften, Einkaufsgenossenschaften und Verkaufsgenossenschaften.

Ein weiteres Spezifikum bei den Genossenschaftsbanken liegt darin, dass sie eine egalitäre Struktur aufweisen. Konkret ist die Zahl der Geschäftsanteile pro Person einer starken Limitierung unterworfen. Dies soll verhindern, dass besonders finanzstarke Personen innerhalb der Organisation eine herausragende Stellung erhalten, wie dies beispielsweise bei einer Aktiengesellschaft möglich wäre.

Im Jahr 2017 gab es in ganz Deutschland ca. 900 Genossenschaftsbanken mit mehr als 18 Millionen Mitgliedern sowie ca. 146.500 Mitarbeiterinnen und Mitarbeitern. Die Bilanzsumme der hier organisierten Genossenschaften betrug ca. 891 Milliarden € (vgl. Bundesverband der Deutschen Volksbanken und Raiffeisenbanken 2018).

Die Interessen der Genossenschaftsbanken werden durch den Bundesverband der Deutschen Volksbanken und Raiffeisenbanken (BVR) nach außen vertreten. Während die Genossenschaftsbanken ihre Wurzeln im Eigenengagement und der Kooperation von Individuen haben, ist die Entstehungsgeschichte der Sparkassen weit mehr geprägt durch staatliches Engagement.

Die ersten deutschen Sparkassen entstanden in Hamburg (1778), in Oldenburg (1786) und in Kiel (1796). Seit 1816 entstanden in fast allen deutschen Städten Sparkassen (Löffelholz and Müller 1983, S. 279 f.).

Zumeist sind die Sparkassen in Deutschland in Form einer Anstalt des öffentlichen Rechts in der Trägerschaft einer Gebietskörperschaft wie Stadt oder Landkreis organisiert. Die Organe von Sparkassen sind Vorstand und Verwaltungsrat. Entsprechend ihrer jeweiligen parteipolitischen Stärke sind die Vertreter der Gebietskörperschaften, z. B. von Stadtrat oder Kreistag, in den jeweiligen Verwaltungsräten der Sparkassen vertreten. Die Aufgaben des Veraltungsrates der Sparkassen regelt beispielsweise in Baden-Württemberg der § 12 des dortigen Sparkassengesetzes (vgl. Sparkassengesetz 2019).

3.2.1.8 Business Angels
Business Angels kombinieren die Bereitstellung von Finanzmitteln für Gründer und Unternehmen mit einer Bereitstellung von Know-how und oftmals auch sozialem Kapital. Der Begriff des sozialen Kapitals geht auf den französischen Soziologen Pierre Bourdieu zurück. Im Wesentlichen handelt es sich dabei um Kontakte und Beziehungsgeflechte, die von dem jeweiligen Business Angel im Rahmen seines finanziellen und oft auch emotionalen Engagements geöffnet und den unterstützten Gründerinnen und Gründern bzw. Unternehmerinnen und Unternehmern offeriert werden. Eine ausführliche Beschreibung zu dem Begriff „soziales Kapital" findet sich in Bourdieus Werk mit dem Titel *Die feinen Unterschiede*.

Da gerade das gründungsspezifische Wissen nur bedingt aus Medien wie Büchern, Zeitschriften und Filmen entnommen werden kann, ist bei mit Gründungen einhergehenden Fragestellungen ein Rückgriff auf eine erfahrene Gründerin bzw. auf einen erfahrenen Gründer sehr vorteilhaft. Eine solche institutionalisierte Rückgriffsform eröffnet beispielsweise eine Kooperation mit einem Business Angel.

Die Vielfalt des bundesdeutschen Föderalismus spiegelt sich auch im Bereich der Business Angels wider. So ist die jeweilige regionale Präsenz und Perforation der bundesweit ca. 40 Business-Angel-Netzwerke recht heterogen. Die Netzwerke verstehen sich u. a. als Matchingorganisationen, die durch Veranstaltungen, Plattformen und sonstige Kommunikationsforen Business Angels und an Business-Angels-Unterstützungen interessierte Personen und Organisationen miteinander in Kontakt bringen möchten. Bei der Verbindung von Angebot und Nachfrage an Business-Angel-Dienstleistungen kommt auch den von den Business-Angel-Netzwerken organisierten Wettbewerben eine große Bedeutung zu.

Da es sich bei den Kunden der Business Angels oftmals um Gründerinnen und Gründer handelt, weist das entsprechende Engagement der Business Angels strukturell hohe Risiken auf. Diese hohen Risiken gehen in der Regel mit einer erhöhten Risikoentschädigung in Form einer Unternehmensbeteiligung einher.

Eine entsprechende Beschreibung findet sich in der Wirtschaftswoche vom 27.07.2015 (Köneke 2015):

Business Angels hingegen sind Einzelpersonen, die sich mit persönlichem Einsatz für die Idee des Gründers oder Gründer-Teams engagieren. Meist handelt es sich um Unternehmer, die ihre Erfahrung gerne weitergeben möchten. Sie setzen ihr eigenes Kapital ein, bringen unternehmerisches Können sowie Kontakte mit. Und sie investieren ganz am Anfang, wenn es anderen Investoren noch zu riskant erscheint. Als Gegenleistung erhalten die Business-Engel einen Anteil am Unternehmen.

Eine recht ausführliche Beschreibung zu dem Geschäftsmodell der Business Angels in Deutschland geben Günther und Kirchhof mittels ihrer Publikation mit dem Titel *Leitfaden für Business Angels* aus dem Jahr 2012. Ein Link zu den relevanten regionalen Netzwerken findet sich unter: https://www.business-angels.de/mitglieder/mitgliederverzeichnis/.

3.2.1.9 Sonstige Förderorganisationen

Nicht zuletzt aufgrund der weltweit sehr hohen Kapitalkonzentrationen gibt es zahlreiche Gesellschaften und Fonds, welche global nach attraktiven Anlagemöglichkeiten Ausschau halten. Aus Sicht eines großen Fonds sind jedoch kleinere Engagements, wie sie beispielsweise bei vielen Start-ups notwendig wären, bereits aus organisatorischen Gründen wenig attraktiv. Somit wird dieses Feld oftmals den sogenannten Venture-Capital-Gesellschaften überlassen, die sich ein deutlich erhöhtes Risiko mit einem Mehr an Sicherheiten, beispielsweise in Form von Geschäftsanteilen, vergüten lassen. Da der Markt dieses Segment nicht vollständig abbilden kann oder will, versuchen auch zahlreiche öffentliche Venture-Capital-Gesellschaften dieses Feld zu füllen.

3.2.2 Instrumente der Förderung

Die Hauptinstrumente der materiellen Unternehmensförderung sind Zuschüsse, Förderkredite, Beteiligungen und Bürgschaften. Sämtliche vier Instrumente stehen, konkretisiert mittels einer Vielzahl von Programmen, im Mittelpunkt der folgenden Abschnitte. Weiterhin werden in Abschn. 3.2.2.5 Wettbewerbe für Gründerinnen und Gründer sowie Unternehmen als ein „sonstiges Instrument" der Unternehmensförderung vorgestellt.

Zunächst soll jedoch am Beispiel des Stadtstaats Berlin die tatsächliche Relevanz verschiedener wirtschaftsförderungsrelevanter Förderprogramme vorgestellt werden.

Trotz oder wegen der Vielzahl an Förderprogrammen ist die praktische Relevanz der einzelnen Instrumente für potenzielle Fördermittelempfänger ohne entsprechendes Hintergrundwissen oftmals nur schwer oder aber überhaupt nicht erkennbar. Die bloße Durchsicht verschiedener Förderprogramme oder das Recherchieren in verschiedenen Förderdatenbanken gibt in der Regel keinen Aufschluss darüber, wie häufig und in welchem Umfang diese Instrumente tatsächlich zum Einsatz gelangen.

Wesentlich instruktiver ist es daher, die entsprechenden Geschäftsberichte der relevanten Förderbanken diesbezüglich zu Rate zu ziehen. Exemplarisch soll eine solche Recherche im Stadtstaat Berlin mittels des Geschäftsberichts der Investitionsbank Berlin vorgenommen werden.

Danach wurden in Berlin im Jahr 2017 insgesamt 1515 wirtschaftsförderungsrelevante Finanzierungszusagen durch diese Förderbank gegeben. Die meisten der genannten Programme beinhalten als Förderinstrumente Darlehen, Beteiligungen und Bürgschaften. Lediglich fünf der 17 genannten Förderinstrumente sind als Zuschussprogramme aufgeführt. Bei diesen Zuschussprogrammen dominierte in Berlin im Jahr 2017 die „Gemeinschaftsaufgabe (GRW)" mit 82,8 Millionen €. Weitere Zuschussprogramme waren „PRO FIT" (17,2 Million €), „Innovationsassistent" (4,4 Million €), „Programm für Internationalisierung" (3,5 Millionen €) und die „IBB Business Team GmbH" (1,8 Million €).

In Tab. 3.4 findet sich die Gesamtübersicht der Investitionsbank Berlin.

Tab. 3.4 Die Wirtschaftsförderung 2017 in Zahlen. (Quelle: Investitionsbank Berlin 2018b)

Programme Stand: 31.12.2017		Finanzierungszusagen		
	Anzahl	Volumen (in Mio. Euro)		
		D, B, B	Zuschüsse	Summe
Berlin Start	86	10,1	–	10,1
Berlin Kredit	4	1,0	–	1,0
Berlin Kapital	2	0,8	–	0,8
Berlin Infra	1	25,0	–	25,0
Berlin Innovativ	10	3,9	–	3,9
Berlin Mittelstand	1	2,4	–	2,4
Gemeinschaftsaufgabe (GRW)	203	–	82,8	82,8
KMU-Fonds	3	1,1	–	1,1
KMU-Fonds Mikrokredite bis 25 Tsd. Euro	106	2,4	–	2,4
IBB-Wachstumsprogramm	19	111,0	–	111,0
Pro FIT	124	23,1	17,2	40,3
Innovationsassistent	218	–	4,4	4,4
Zwischenfinanzierung Film	14	5,4	–	5,4
Programm für Internationalisierung	239	–	3,5	3,5
Liquiditätshilfen	1	0,3		0,3
Zwischensumme Förderprogramme	**1031**	**186,3**	**107,9**	**294,2**
IBB Beteiligungsgesellschaft mbH	36	10,9	–	10,9
IBB Business Team GmbH	448	–	1,8	1,8
Gesamtsumme IBB-Gruppe	**1515**	**197,2**	**109,7**	**306,9**
Clusteranteil an Förderprogrammen	696	130,2	85,5	215,7
Clusteranteil in %	67,5	69,9	79,2	73,3
Clusteranteil an Förderprogrammen	384	25,1	15,2	40,3
Gründeranteil in %	37,2	13,5	14,1	13,7

Die Tabelle wurde dem Geschäftsbericht 2017 der Investitionsbank Berlin entnommen. Partielle optische Veränderungen wurden von den beiden Autoren vorgenommen
Erläuterung: D, B, B = Darlehen, Beteiligungen, Bürgschaften

Obgleich trotz all dieser Zahlen potenzielle Antragsteller ihre jeweiligen Erfolgsaussichten noch immer nicht exakt einschätzen können, vermitteln diese Angaben doch eine Vorstellung von der Größe und der Relevanz der verschiedenen Förderprogramme. Wenn beispielsweise, wie in Berlin für das Förderprogramm „Berlin Mittelstand" im Jahr 2017, lediglich eine Förderzusage gegeben wurde, könnte dies unter Umständen potenzielle Antragsteller von ihrem Vorhaben abschrecken. Wenn aber allein für das Förderprogramm „Gemeinschaftsaufgabe" im Jahr 2017 in Berlin 203 Finanzierungszusagen für Zuschüsse in einem Gesamtumfang von 82,8 Millionen € vergeben wurden, was einem Durchschnittszuschuss in Höhe von mehr als 407.000 € entspricht, dann wird auch für potenzielle Antragsteller schnell deutlich, dass hier einem Recherche- und Beantragungsaufwand gegebenenfalls ein sehr hoher Ertrag gegenüberstehen könnte. Wie so oft geht es auch hier um eine möglichst vorteilhafte Kosten-Nutzen-Relation. Selbstverständlich wären auch Angaben über die Zahl der Ablehnungen bei den verschiedenen Förderprogrammen instruktiv. Allerdings wurden diesbezügliche Angaben in der vorliegenden Tabelle nicht zur Verfügung gestellt.

3.2.2.1 Zuschüsse

Aus Sicht eines Fördermittelempfängers handelt es sich bei den Zuschüssen um das attraktivste und lukrativste Förderinstrument. Während beispielsweise durch die Förderbanken vergebene Darlehen unter Umständen durch unter dem Marktwert liegende Zinsen einen gewissen Subventionswert aufweisen können und Bürgschaften unter Umständen den Zugang zum Kapitalmarkt erst ermöglichen und/oder sicherstellen können, handelt es sich bei den Zuschüssen um lukrative und außerhalb des Marktes zu generierende Erträge, die entscheidend zu dem wirtschaftlichen Erfolg eines Unternehmens beitragen können. Doch anders als die am Markt im Wettbewerb mit zahlreichen Konkurrenten zu erwirtschaftenden Gewinne sind die Zuschüsse der Lohn für die erfolgreiche Platzierung eines entsprechenden Fördermittelantrags. Da es sich bei dem Fördermittelgeschäft in der Regel jedoch nicht um das sogenannte Kerngeschäft eines Unternehmens handelt, sind die entsprechenden Kenntnisse der unternehmerischen Entscheidungsträger in diesem Bereich sehr heterogen. Wurden bereits in der Vergangenheit Föderanträge gestellt und gegebenenfalls bereits attraktive Förderangebote in Anspruch genommen, so erscheint es als sehr wahrscheinlich, dass sich in dem Unternehmen entsprechendes Wissen angesammelt hat und eine hohe Sensibilisierung für mögliche Förderprogramme und deren für die bezuschussten Unternehmen in der Regel nützliche Wirkung besteht. Allerdings ist es auch denkbar, dass Unternehmen durch eine einseitige Ausrichtung auf Fördermittel ihren traditionellen Markt aus den Augen verlieren und damit auch an Wettbewerbsfähigkeit verlieren.

Umgekehrt gibt es noch immer zahlreiche Unternehmer, die über keinerlei oder nur marginale Kenntnisse der einschlägigen Fördermittelinstrumente verfügen.

Für die handelsrechtliche Bilanzierung öffentlicher Zuschüsse sind unterschiedliche, vom Einzelfall abhängende Varianten geboten.

Unbedingt rückzahlbare Zuschüsse sind als Verbindlichkeiten zu passivieren. Bei bedingt rückzahlbaren Zuschüssen hängt die Bilanzierung von der Gestaltung der Bedingungen im Einzelfall ab. Fällt die Rückzahlungsverpflichtung z. B. bei Eintritt einer bestimmten Bedingung (etwa Misserfolg des bezuschussten Objekts) weg, so ist, solange die auflösende Bedingung nicht eingetreten ist, eine Verbindlichkeit auszuweisen. Nicht rückzahlbare Zuschüsse, die als Aufwands- oder Ertragszuschüsse gewährt werden, sind erfolgswirksam zu behandeln. Für nicht rückzahlbare Zuschüsse als Zuwendungen zur Anschaffung oder Herstellung einer Investition besteht ein Wahlrecht. Die Zuschüsse können als Anschaffungs- bzw. Herstellungskostenminderung oder Ertrag der Periode, in der sie vereinnahmt wurden, behandelt werden (Gabler Wirtschaftslexikon 2018).

Nachfolgend sollen einige Zuschussprogramme, welche auch in der Praxis von erheblicher Bedeutung sind, Erwähnung finden. Die Programme stehen exemplarisch für eine Vielzahl von Zuschussinstrumenten, deren Vorstellung den Rahmen dieser Publikation bei Weitem sprengen würde. Dazu gehören u. a.

- „Pro FIT",
- „Programm für Internationalisierung",
- „Arbeitsmarktprogramm Flüchtlingsintegrationsmaßnahmen",
- „Auslandsmesseprogramm",
- „Beratung landwirtschaftlicher Unternehmen vor und während einer Umstellung des Betriebes auf ökologischen Landbau",
- „Betriebliche Beratung zur Erhöhung der grenzüberschreitenden Mobilität von Auszubildenden und jungen Fachkräften (Berufsbildung ohne Grenzen)",
- „Betriebliches Mobilitätsmanagement",
- „BioÖkonomie 2030",
- „Neue biotechnologische Prozesse auf der Grundlage mariner Ressourcen (BioProMare)",
- „BioÖkonomie 2030 – Pflanzenwurzeln und Bodenökosysteme: Bedeutung der Rhizosphäre für die Bioökonomie",
- „develoPPP.de",
- „Entwicklungspartnerschaften mit der Wirtschaft",
- Sonderprogramm „Energieeffizienz und Erneuerbare Energien in Unternehmen".

Obgleich es sich bei den exemplarisch vorgestellten Zuschussprogrammen nur um eine verhältnismäßig kleine Zahl an Förderinstrumenten handelt, werden die thematische Vielfalt und die Heterogenität dieser Programme schnell deutlich. Wie bereits ausgeführt, kann ein auf Fördermittel ausgerichtetes Lehrbuch immer nur einzelne Akzente setzen und besonders wichtig erscheinende Programme exemplarisch vorstellen. Dies entbindet Leserinnen und Leser jedoch gerade nicht von einer nachgelagerten eigenen Fördermittelrecherche in den vorgestellten Fördermitteldatenbanken. Nach diesen grundlegenden Informationen soll nun eine ausführlichere Darstellung ausgewählter Fördermittelprogramme erfolgen.

3.2 Materielle Unternehmensförderung

Für Gründungen aus der Arbeitslosigkeit (Gründungszuschuss und Einstiegsgeld)
Für Gründerinnen und Gründer, die Arbeitslosengeld I oder Arbeitslosengeld II beziehen, stehen zwei gründungsspezifische Förderinstrumente zur Verfügung.

Wer bei der Bundesagentur für Arbeit arbeitslos gemeldet ist und von dieser auch Arbeitslosengeld I bezieht, kann unter Umständen in den Genuss des Gründungszuschusses kommen. Seine rechtliche Normierung findet der Gründungszuschuss im § 93 f des SGB III.

Die mit dem Gründungszuschuss einhergehende Förderung unterteilt sich in die folgenden zwei Phasen (Bundesministerium für Wirtschaft und Energie 2019a):

> Phase 1: In den ersten sechs Monaten nach dem Unternehmensstart erhalten Sie einen Zuschuss in Höhe Ihres individuellen monatlichen Arbeitslosengeldes sowie ebenfalls monatlich eine Pauschale von 300 Euro für ihre soziale Absicherung (Kranken-, Pflegeversicherung, Altersvorsorge).
> Phase 2: Nach Ablauf der ersten sechs Monate kann sich eine zweite Förderphase von weiteren neun Monaten anschließen. In diesem Zeitraum wird nur noch die Pauschale von 300 Euro für die Sozialversicherung gezahlt. Um diese Förderpauschale zu erhalten, müssen Sie Ihre Geschäftstätigkeit und Ihre hauptberuflichen unternehmerischen Aktivitäten nachweisen.

Allerdings ist der Gründungszuschuss seit Dezember 2011 keine Pflichtleistung mehr. Die Vergabe der Zahlungen steht vielmehr im Ermessen der Bundesagentur für Arbeit.

Um in den Genuss einer Förderung zu gelangen, müssen die folgenden Voraussetzungen gegeben sein:

a. Die Person muss bei der Bundesagentur für Arbeit arbeitslos gemeldet sein.
b. Sie benötigt einen Anspruch von mindestens 150 Tagen auf Arbeitslosengeld.
c. Die Stellungnahme einer sogenannten fachkundigen Stelle ist bei der Bundesagentur für Arbeit vorzulegen.
d. Die persönliche und fachliche Eignung muss gegeben sein.
e. Das Nichtvorliegen eines Leistungsausschlusses ist gegeben.

Um von der fachkundigen Stelle eine Stellungnahme zu erhalten, müssen die Antragsteller dieser die folgenden Unterlagen vorlegen (Bundesministerium für Wirtschaft und Energie 2019c):

- Kurzbeschreibung des Existenzgründungsvorhabens zur Erläuterung der Geschäftsidee,
- Lebenslauf (einschließlich Zeugnissen und Befähigungsnachweisen),
- Kapitalbedarfsplan,
- Finanzierungsplan (Nachweis über eigene Mittel oder Kreditzusagen),
- Umsatz- und Rentabilitätsvorschau,
- fachkundige Stellungnahme,
- ggf. Begründung der letzten Geschäftsaufgabe,

- ggf. Bescheinigung über Teilnahme an einem Existenzgründungsseminar,
- Gewerbeanmeldung oder Anmeldung der freiberuflichen Tätigkeit beim Finanzamt (Bundesministerium für Wirtschaft und Energie 2019c).

Bei den meisten der oben genannten Unterlagen handelt es sich um integrale Bestandteile eines Businessplans.

Konkret findet sich in § 93 SGB III die folgende Formulierung: „Zum Nachweis der Tragfähigkeit der Existenzgründung ist der Agentur für Arbeit die Stellungnahme einer fachkundigen Stelle vorzulegen; fachkundige Stellen sind insbesondere die Industrie- und Handelskammern, Handwerkskammern, berufsständische Kammern, Fachverbände und Kreditinstitute" (SGB III, § 93).

Das Wort insbesondere zeigt jedoch, dass die im Gesetz genannten Stellen nicht abschließend zu verstehen sind. Tatsächlich ist die Abgabe von fachkundigen Stellungnahmen durch Mitarbeiterinnen und Mitarbeiter kommunaler Wirtschaftsförderungseinrichtungen nicht ungewöhnlich.

Da ohnehin zahlreiche Wirtschaftsförderungseinrichtungen auch im Bereich der Gründungsberatung tätig sind, empfiehlt sich insbesondere für diese Wirtschaftsförderer eine intensive Beschäftigung mit der Form und dem Inhalt von Businessplänen.

Da die Ausbildungs- und Studiengänge der Belegschaften von Wirtschaftsförderungseinrichtungen äußerst heterogen sind, ist darauf zu achten, dass gründungsspezifisches Wissen auch im Rahmen von wirtschaftsförderungsspezifischen Personalentwicklungsmaßnahmen angeboten wird.

Um ein erstes Orientierungswissen zu erlangen, könnte, wie bereits beschrieben, zunächst auf die Publikationen des Bundesministeriums für Wirtschaft und Energie zurückgegriffen werden. Hier ist die derzeit 28-bändige Schriftenreihe mit dem Titel *GründerZeiten* erste Wahl. Band 7 der *GründerZeiten* behandelt ausführlich das Thema Businessplan.

Um in den Genuss eines Gründungszuschusses zu kommen, ist es weiterhin notwendig, dass der oder die Gründer ohne den Zuschuss ihre Existenzgründung nicht realisieren könnten. Wenn Sie beispielsweise über so viele finanzielle Mittel verfügen, dass Sie die Gründung auch ohne den Gründungszuschuss vornehmen könnten, wäre dies ein Grund, den Zuschuss zu versagen. Umgekehrt muss das Geschäftsmodell in absehbarer Zeit jedoch in der Lage sein, seinen Gründer bzw. seine Gründerin mit den für den individuellen Lebensunterhalt benötigten finanziellen Mitteln zu versehen. In der Praxis findet sich in zahlreichen Liquiditätsplänen in den Monaten 4 bis 6 zum ersten Mal ein positives Monatsergebnis. Eine solche Finanzplanung ist in zahlreichen Fällen auch realistisch und steht zumindest einer Finanzierung durch den Gründungszuschuss der Bundesagentur für Arbeit nicht im Wege.

Hat die Gründung den erhofften positiven Verlauf genommen, kann, wie bereits ausgeführt, sich im Anschluss an die erste Phase des Gründungszuschusses in den Monaten 7 bis 15 noch eine zweite Zuschussphase anschließen. In diesem Falle ist ein weiterer An-

3.2 Materielle Unternehmensförderung

trag bei der Bundesagentur für Arbeit zu stellen. Wird der Antrag positiv beschieden, erhält der Antragsteller auf die Dauer von neun weiteren Monaten jeweils 300 € pro Monat als Gründungszuschuss. Leider gibt es jedoch auch immer wieder Einzelfälle, in denen die beabsichtigten Gründungsaktivitäten nicht in dem notwendigen Umfang umgesetzt werden konnten. Wird dann ein Folgeantrag auf Gründungszuschuss gestellt und bei der Analyse der ersten Gründungsphase festgestellt, dass keinerlei Gründungsaktivitäten erfolgt sind, kann sogar der Gründungszuschuss für die erste Phase von der Bundesagentur für Arbeit zurückgefordert werden. Gründerinnen und Gründern sei daher dringend empfohlen, ihre angezeigten Gründungsaktivitäten auch tatsächlich durchzuführen und etwaige Abweichungen gegenüber der Bundesagentur für Arbeit sofort zu melden. Nur so kann angemessen auf die möglicherweise veränderte Situation reagiert werden.

Bei dem ebenfalls zur Erstellung der fachkundigen Stellungnahme vorzulegenden Nachweis über eigene Finanzmittel bzw. Kreditzusagen ist darauf zu achten, dass diese der fachkundigen Stelle auch tatsächlich vorgelegt werden. Dabei ist durch das Kreditinstitut nicht zu bescheinigen, in welcher Höhe der Gründer dort tatsächlich Finanzmittel hat. Vielmehr genügt es, dass die mit der Existenzgründung einhergehenden notwendigen Finanzmittel tatsächlich vorhanden sind. Eine Bescheinigung könnte wie folgt aussehen:

„Herr Otto Mustermann, geboren am 01.01.1970, hatte zum 01.01.2019 auf seinem bei uns geführten Girokonto mit der Nummer 123456789 ein Guthaben in Höhe von mindestens 20.000 €."

Selbstverständlich ist es auch möglich, dass Herr Otto Mustermann gegenüber dem Ersteller der sogenannten fachkundigen Stellungnahme einen Darlehensvertrag vorlegt. Wichtig ist lediglich eine Information seitens des Kreditinstituts darüber, dass die notwendigen Finanzmittel auch tatsächlich zur Verfügung stehen.

Zuweilen gibt es auch Gründungen, die mit mehr bürokratischen Anforderungen einhergehen. Gründer, die beispielsweise bei ihrer Kommune eine Konzession zum Führen eines Taxis beantragen, müssen bei der Beantragung auch ein Schreiben des zuständigen Finanzamtes vorlegen, aus dem hervorgeht, dass der Gründer bei dem Finanzamt keine Steuerschulden hat. Ein solches Schreiben ist auch jeweils bei der Verlängerung der Taxikonzession in einer aktualisierten Form vorzulegen.

Die meisten marktfähigen Produkte oder Dienstleistungen könnten (grundsätzlich) von zahlreichen Anbietern erstellt werden. Ausnahmen wird es immer geben. Beispielsweise gibt es auch Produkte und Dienstleistungen, deren Herstellung sehr hohe Finanzmittel, Anlagen oder Wissen erfordert. Der Unterschied zwischen erfolgreichen und weniger erfolgreichen Anbietern besteht jedoch oftmals gerade nicht in einem völlig unterschiedlichen Vermögen zur Herstellung oder Generierung von Produkten und/oder Dienstleistungen, sondern eher darin, diese Produkte und Dienstleistungen erfolgreich zu verkaufen. Daher sind Vertrieb und das Marketing für zahlreiche Marktteilnehmer schicksalsträchtig, entscheiden sie doch unmittelbar über unternehmerischen Erfolg und Misserfolg. Vor diesem Hintergrund erscheint es plausibel und sinnvoll, sich intensiv mit Fragen des Marketings und des Vertriebs zu beschäftigen und zu überlegen, ob die hier notwendigen Aktivitäten selbst durchgeführt werden können. Von den Beratern gilt es abzuklären, über welche diesbezüglichen Erfahrungen die Gründerin bzw. der Gründer bereits verfügt, wie die individuelle Vertriebsstärke eingeschätzt wird und ob der gesamte Vertrieb durch den Gründer durchgeführt oder aber an Mitarbeiter oder Kooperationspartner delegiert werden kann und soll.

Wer sich als Bezieherin oder als Bezieher von Arbeitslosengeld II selbstständig machen möchte, kann dazu ein sogenanntes Einstiegsgeld beantragen. Seine gesetzliche Grundlage findet das Einstiegsgeld in § 16 b SGB II und in der Einstiegsgeld-Verordnung, die am 29. Juli 2009 erlassen wurde und letztmalig am 1. April 2011 eine Änderung erfuhr.

Wie beim Gründungszuschuss gibt es beim Einstiegsgeld zahlreiche Anspruchsvoraussetzungen. Anders als der Gründungszuschuss, der an den Regelkreis des Sozialgesetzbuches III angegliedert ist, ist das Einstiegsgeld dem Regelkreis des Sozialgesetzbuches II zugeordnet. Während für den Gründungszuschuss die Bundesagentur für Arbeit zuständig ist, sind die Anträge für den Erhalt des Einstiegsgeldes beim zuständigen Jobcenter zu stellen. Weitere Informationen zu der Thematik finden sich unter Bundesagentur für Arbeit (2018b).

Für Gründungen aus dem Wissenschaftssystem (EXIST)
Das vom Bundesministerium für Wirtschaft und Energie verantwortete Förderprogramm EXIST stellt darauf ab, sowohl das Gründungsklima als auch die Zahl der Gründungen im Bereich der Hochschulen, aber auch der Forschungseinrichtungen außerhalb des Hochschulbereichs zu erhöhen. EXIST unterteilt sich in die Förderprogrammlinien „EXIST-Gründungskultur", „EXIST-Gründungsstipendium" und „EXIST-Forschungstransfer".

Adressaten des Programms EXIST-Gründungskultur sind die bundesdeutschen Hochschulen. Diese werden angehalten eine „… ganzheitliche hochschulweite Strategie zu Gründungskultur und Unternehmergeist zu formulieren und nachhaltig und sichtbar umzusetzen" (Bundesministerium für Wirtschaft und Energie 2018).

Auf seiner Homepage nennt das Bundesministerium für Wirtschaft und Energie insgesamt 22 Hochschulen, die in den Genuss des Programms EXIST-Gründungskultur gekommen sind. Dazu gehören beispielsweise die Universität Bayreuth, die Freie Universität Berlin sowie die Universität zu Köln.

Beim EXIST-Gründerstipendium erfolgt der monatliche Auszahlungsbetrag in Abhängigkeit zum Qualifikationsniveau der jeweiligen Stipendiaten. Konkret beinhaltet das Stipendium für Studierende eine monatliche Zahlung in Höhe von 1000 €. Bei technischen Mitarbeitern liegt das Stipendium bei monatlichen Leistungen in Höhe von 2000 €, bei Hochschulabsolventen bei 2500 € und bei promovierten Stipendiaten bei monatlich 3000 €.

Das Gründerstipendium kann von den Stipendiatinnen und Stipendiaten für die Dauer von maximal zwölf Monaten in Anspruch genommen werden. Zusätzlich zu den genannten Finanzmitteln können im Rahmen des Programms auch Zahlungen für Coachings und Sachmittel geleistet werden. Erfolgt die Gründung im Team, beinhaltet das Projekt Sachmittel in Höhe von maximal 30.000 €.

Das aus Mitteln des Europäischen Sozialfonds (ESF) kofinanzierte Programm „EXIST-Forschungstransfer" lässt sich in die Förderphasen I und II unterteilen. Die Phase I beinhaltet Sachmittel im Wert von maximal 250.000 €. Im begründeten Einzelfall kann dieser Betrag jedoch noch erhöht werden (vgl. Bundesministerium für Wirtschaft und Energie 2018).

„In der Förderphase II, kurz nach der Gründung des innovativen Hightechunternehmens, wird ein höherer Gründungszuschuss von bis zu 180.000 Euro gewährt."

„Ziel der ersten Förderphase von EXIST-Forschungstransfer ist es, Entwicklungsarbeiten zum Nachweis der technischen Realisierbarkeit durchzuführen, Prototypen zu entwickeln, den Businessplan auszuarbeiten und schließlich das Unternehmen zu gründen" (Bundesministerium für Wirtschaft und Energie 2018).

Im Gegensatz dazu sind die Ziele der zweiten Förderphase „weitere Entwicklungsarbeiten, Maßnahmen zur Aufnahme der Geschäftstätigkeit im neu gegründeten Technologieunternehmen sowie die Schaffung der Voraussetzungen für eine externe Unternehmensfinanzierung" (Bundesministerium für Wirtschaft und Energie 2018).

Mit den oben genannten EXIST-Förderprogrammen ist es in den letzten Jahren im Hochschulbereich recht gut gelungen, die Selbstständigkeit als mögliche Alternative zur Anstellung bei einem (renommierten) Unternehmen zu verankern. Dabei erscheint es als besonders vorteilhaft, die Studierenden bereits zu einem frühen Zeitpunkt innerhalb ihres Studiums mit dem Prozedere einer Gründung vertraut zu machen. Diejenigen Hochschulen, welche bereits über erfolgreiche Praxisbeispiele aus dem Gründungsbereich verfügen und diese Praxisbeispiele im Rahmen ihrer Marketingaktivitäten heranziehen, befinden sich im Vorteil.

Die Gründungsideen und Gründungsaktivitäten können im Einzelfall auch durch Hochschulkooperationen mit Gründungs- und Technologiezentren ausgebaut und optimiert werden. So gibt es in Deutschland ca. 350 Gründungs- und Technologiezentren, die sich oftmals auch an Hochschulstandorten befinden. Auf Verbandsebene sind 158 dieser Zentren durch den Bundesverband Deutscher Innovations-, Technologie- und Gründerzentren (BVIZ) organisiert.

Weitere Informationen zum Bundesverband Deutscher Innovations-, Technologie- und Gründerzentren e.V. (BVIZ) finden sich unter https://www.innovationszentren.de/.

Gegen standortbezogene Nachteile (GRW-Förderung)
Gemeinschaftsaufgabe „Verbesserung der regionalen Wirtschaftsstruktur" (GRW).

Die Fördergebietskarte für das Zuschussprogramm Gemeinschaftsaufgabe „Verbesserung der regionalen Wirtschaftsstruktur" für die von 2014 bis 2020 reichende Förderperiode bildet auch die der Bundesrepublik Deutschland immanenten räumlichen Disparitäten ab.

Hinsichtlich der GRW-Relevanz lassen sich insgesamt acht raumbezogene Varianten aufzeigen. Dabei handelt es sich um (Bundesministerium für Wirtschaft und Energie 2019b)

- prädefiniertes C-Fördergebiet,
- prädefiniertes C-Fördergebiet mit Grenzzuschlag gemäß Rz. 176 Regionalleitlinien,
- nicht-prädefiniertes C-Fördergebiet,
- nicht-prädefiniertes C-Fördergebiet (davon Städte/Gemeinden teilweise),
- D-Fördergebiet,
- D Fördergebiet (davon Städte/Gemeinden teilweise),
- teilweise nicht-prädefiniertes C-, teilweise D-Fördergebiet,
- Nicht-Fördergebiet.

Schon ein flüchtiger Blick auf die Gesamtsituation in Deutschland zeigt, dass bis auf wenige Ausnahmen der Süden der Bundesrepublik als sogenanntes „Nicht-Fördergebiet" klassifiziert wird. So ist das Bundesland Baden-Württemberg kein Fördergebiet. Auch Bayern ist weitestgehend ohne GRW-Förderung. Lediglich die unmittelbar an Tschechien grenzenden Regionen weisen einen für das GRW-Förderinstrument relevanten Förderstatus auf.

Insgesamt weisen die alten Bundesländer vergleichsweise wenige GRW-Fördergebiete auf. Diese Fördergebiete liegen häufig in Grenznähe, also nahe Frankreich, Belgien oder den Niederlanden. Ebenso haben noch immer die entlang der ehemaligen deutsch-deutschen Grenze liegenden Regionen weit überproportional häufig den Status eines GRW-Fördergebietes. Dabei wird sichtbar, dass die neuen Bundesländer auch innerhalb der Förderperiode 2014–2020 in einem beträchtlichen Maße Nutznießer der GRW-Förderung sind. Von besonderem Interesse für die zukünftige wirtschaftliche Entwicklung der neuen Bundesländer werden die diesbezüglich für die Förderperiode 2021–2027 vorgesehenen Finanzmittel sein.

Das GRW-Programm stellt auf eine Förderung gewerblicher Investitionen ab. Daneben können „… Investitionen in die kommunale wirtschaftsnahe Infrastruktur gefördert" werden (Bundesministerium für Wirtschaft und Energie 2018d).

Die GRW-Förderung ist hinsichtlich ihrer strukturpolitischen Bedeutung, ihres Umfangs und ihrer jahrzehntelangen Dauer von großer Bedeutung für die Unternehmensförderung in Deutschland.

Zur ersten Orientierung empfiehlt es sich, die Förderdatenbank des Bundesministeriums für Wirtschaft und Energie zurate zu ziehen. Dort findet sich eine Übersicht der Förderprogramme und Finanzhilfen des Bundes, der Bundesländer sowie der Europäischen Union.

Unter der Rubrik GRW weist die Seite folgende Strukturierung auf:

- Übersicht,
- Richtlinie,
- Checkliste.

3.2 Materielle Unternehmensförderung

Die Ausführungen der Rubrik „Übersicht" sollen im Folgenden vorgestellt werden (zitiert aus Bundesministerium für Wirtschaft und Energie 2018e):

Ziel und Gegenstand
Aus Mitteln der Gemeinschaftsaufgabe „Verbesserung der regionalen Wirtschaftsstruktur" (GRW) werden gewerbliche Investitionen und Investitionen in die kommunale wirtschaftsnahe Infrastruktur gefördert. Nicht-investive Maßnahmen der gewerblichen Wirtschaft, wie Beratungsleistungen externer Sachverständiger oder Schulungsmaßnahmen von Mitarbeitern, können in engem, klar definiertem Rahmen ebenfalls unterstützt werden. Sie sind auf kleine und mittlere Unternehmen begrenzt.

Die GRW-Förderung ist auf ausgewählte strukturschwache Regionen beschränkt. Ziel ist es, im Sinne der Hilfe zur Selbsthilfe über die Stärkung der regionalen Investitionstätigkeit dauerhaft wettbewerbsfähige Arbeitsplätze in der Region zu schaffen.

Antragsberechtigte
Antragsberechtigt sind Unternehmen der gewerblichen Wirtschaft und des Fremdenverkehrsgewerbes bei volkswirtschaftlich besonders förderungswürdigen Investitionsvorhaben sowie Gemeinden, Gemeindeverbände und andere Träger, die steuerbegünstigte Zwecke verfolgen bzw. nicht auf Gewinnerzielung ausgerichtet sind, bei wirtschaftsnahen Infrastrukturmaßnahmen.

Für die Bereiche Verarbeitung und Vermarktung landwirtschaftlicher Erzeugnisse und Fischereiprodukte ist die Förderung aufgrund beihilferechtlicher Regelungen eingeschränkt.

Von der Förderung sind insbesondere folgende Bereiche ausgeschlossen: Land- und Forstwirtschaft, Aquakultur, Fischerei (soweit nicht Verarbeitung oder Vermarktung), Eisen- und Stahlindustrie, Bergbau, Abbau von Sand, Kies, Ton und Steinen und vergleichbare Zweige der Urproduktion, Energie- und Wasserversorgung (außer Kraftwerke und Wasserversorgungsanlagen, die überwiegend dem betrieblichen Eigenbedarf dienen), Baugewerbe (mit Ausnahmen der in der Positivliste aufgeführten Bereiche), Einzelhandel (soweit nicht Versandhandel), Transport- und Lagergewerbe, Krankenhäuser, Kliniken, Sanatorien oder ähnliche Einrichtungen, Kunstfaserindustrie, Beihilfen an ein Unternehmen in Schwierigkeiten, mit Ausnahme von Beihilfen zur Bewältigung der Folgen von Naturkatastrophen, Flughäfen.

Voraussetzungen
Gefördert werden nur Vorhaben, die in den ausgewiesenen Fördergebieten der Gemeinschaftsaufgabe durchgeführt werden.

Investitionsvorhaben der gewerblichen Wirtschaft (einschl. Tourismus) können gefördert werden, wenn sie geeignet sind, durch Schaffung von zusätzlichen Einkommensquellen das Gesamteinkommen in dem jeweiligen Wirtschaftsraum unmittelbar und auf Dauer nicht unwesentlich zu erhöhen (sog. Primäreffekt).

Mit den Investitionsvorhaben müssen in den Fördergebieten neue Dauerarbeitsplätze geschaffen oder vorhandene gesichert werden. Ausbildungsplätze können wie Dauerarbeitsplätze gefördert werden.

Investitionszuschüsse werden grundsätzlich nur für Investitionsvorhaben gewährt, die innerhalb von 36 Monaten durchgeführt werden.

Weitere Voraussetzungen: vgl. Bekanntmachung des Koordinierungsrahmens der Gemeinschaftsaufgabe „Verbesserung der regionalen Wirtschaftsstruktur – Teil II".

Die Länder können im vorgegebenen Rahmen die Förderbedingungen durch ergänzende landesinterne Richtlinien konkretisieren und einschränken.

Art und Höhe der Förderung

Die Förderung wird wahlweise in Form von sachkapitalbezogenen Zuschüssen bzw. Zinsverbilligungen oder in Form von lohnkostenbezogenen Zuschüssen gewährt. In den Fördergebieten dürfen Investitionsbeihilfen aus Mitteln der GRW und anderen öffentlichen Fördermitteln maximal in Höhe der nachstehenden Bruttofördersätze gewährt werden:

- Prädefinierte C-Fördergebiete (ehemalige A-Fördergebiete):
  - Betriebsstätten von kleinen Unternehmen: 30 %,
  - Betriebsstätten von mittleren Unternehmen: 20 %,
  - Betriebsstätten von großen Unternehmen: 10 %.

- Nicht-prädefinierte C-Fördergebiete:
  - Betriebsstätten von kleinen Unternehmen: 30 %,
  - Betriebsstätten von mittleren Unternehmen: 20 %,
  - Betriebsstätten von großen Unternehmen: 10 %.
  - In Grenzgebieten, die an ein A-Fördergebiet angrenzen, gelten erhöhte Fördersätze.

- D-Fördergebiete:
  - Betriebsstätten von kleinen Unternehmen: 20 %,
  - Betriebsstätten von mittleren Unternehmen: 10 %,
  - Betriebsstätten von großen Unternehmen: maximal 200.000 Euro Gesamtbetrag innerhalb von drei Steuerjahren.

Die Konkretisierung der Fördersätze liegt im Ermessen der Länder.

Infrastrukturmaßnahmen können grundsätzlich bis zu 60 %, unter bestimmten Voraussetzungen bis zu 90 % der förderfähigen Kosten gefördert werden.

Antragsverfahren

Für die Durchführung der GRW-Förderung sind ausschließlich die Länder zuständig. Sie
- können gezielt Schwerpunkte setzen und die Fördermittel auf bestimmte Projekte, Branchen oder Regionen konzentrieren,
- wählen die förderfähigen Projekte aus,
- erteilen die Bewilligungsbescheide,
- kontrollieren die Einhaltung der Förderbestimmungen durch die Zuschussempfänger.

3.2 Materielle Unternehmensförderung

Anträge müssen vor Beginn des Vorhabens auf den amtlichen Formularen bei einer zur Entgegennahme von Anträgen berechtigten Stelle eingereicht werden (Tab. 3.5).

Mittels einer auf der Homepage der Förderdatenbank vorgestellten Checkliste können interessierte Unternehmen durch die Beantwortung von sieben Fragen abklären, ob sie grundsätzlich in den Genuss der GRW-Finanzmittel gelangen könnten. Werden alle sieben in Tab. 3.6 dargestellten Fragen mit „Ja" beantwortet, so ist davon auszugehen, dass die zentralen Fördervoraussetzungen erfüllt sind.

Wenn Sie für sich oder Ihren Kunden die oben aufgeworfenen sieben Punkte jeweils mit „Ja" beantworten können, dann lohnt sich eine kleinräumigere Recherche, die Aufschluss darüber geben sollte, ob der avisierte Investitionsort innerhalb eines GRW-Fördergebiets liegt.

In der Praxis gibt es immer wieder Gebietskörperschaften, die nicht einheitlich einem bestimmten GRW-Fördergebiet zugeordnet sind. Selbst das Wissen um die Gebietskörperschaft und die relevante Straße bietet hier noch keine verbindliche Klarheit über den jeweiligen Förderstatus. Vielmehr ist es notwendig, auch noch die Hausnummer bzw. die Flurstücksnummer des jeweiligen Investitionsortes zu kennen und mit dem Förderfinder abzugleichen. Hier ist bei den zuständigen Fördermittelberaterinnen und Fördermittelberatern ein beträchtliches Maß an exakter Arbeitsweise und Genauigkeit gefragt. Anders gesagt: Der Teufel steckt wie so oft im Detail und eine fehlerhafte Zuordnung des relevanten Grundstücks und die darauf folgende „Pfadabhängigkeit" kann sehr schnell zu einer fehlerhaften Fördermittelaussage führen. Wenn es schlecht läuft, wecken die Fördermittelberaterinnen und Fördermittelberater bei den betreuten Unternehmen Erwartungen, denen

Tab. 3.5 Für die GRW förderrelevante Fördergebiete inkl. prozentuale Fördersätze im Überblick. (Quelle: Eigene Darstellung 2019 auf Basis von Bundesministerium für Wirtschaft und Energie 2018e)

	Prädefinierte C-Fördergebiete	*Nicht-prädefinierte C-Fördergebiete*	*D-Fördergebiete:*
Betriebsstätten von kleinen Unternehmen	30 %	30 %	20 %
Betriebsstätten von mittleren Unternehmen	20 %	20 %	10 %
Betriebsstätten von großen Unternehmen	10 %	10 %	0
		Anmerkung: In Grenzgebieten, die an ein A-Fördergebiet angrenzen, gelten erhöhte Fördersätze.	Anmerkung: Betriebsstätten von großen Unternehmen: maximal 200.000 Euro Gesamtbetrag innerhalb von drei Steuerjahren.

Tab. 3.6 Prüfung zentraler GRW-Fördervoraussetzungen. (Quelle: Bundesministerium für Wirtschaft und Energie 2018d)

Ja	Nein	Nr.	7 Fragen mit GRW-Relevanz
		1	„Handelt es sich bei dem Vorhaben um eine gewerbliche Investition, eine nicht-investive Maßnahme der gewerblichen Wirtschaft oder eine Investition in die kommunale wirtschaftsnahe Infrastruktur?
		2	Wird das Vorhaben in den ausgewiesenen, strukturschwachen Fördergebieten der Gemeinschaftsaufgabe durchgeführt?
		3	Handelt es sich bei dem Antragsteller um ein Unternehmen der gewerblichen Wirtschaft oder des Fremdenverkehrsgewerbes bei volkswirtschaftlich besonderen Investitionsvorhaben bzw. um eine Gemeinde, einen Gemeindeverband oder einen anderen Träger, der steuerbegünstigte Zwecke verfolgt bzw. nicht auf Gewinnerzielung ausgerichtet ist, bei wirtschaftsnahen Infrastrukturmaßnahmen?
		4	Wird mit dem Investitionsvorhaben durch Schaffung zusätzlicher Einkommensquellen das Gesamteinkommen in dem jeweiligen Wirtschaftsraum unmittelbar und auf Dauer wesentlich erhöht (Primäreffekt)?
		5	Werden mit dem Investitionsvorhaben neue Dauerarbeitsplätze geschaffen oder vorhandene gesichert?
		6	Wird das gewerbliche Investitionsvorhaben innerhalb von 36 Monaten durchgeführt?
		7	Ist sichergestellt, dass mit dem Vorhaben vor Antragstellung nicht begonnen wird?"

sie später nicht entsprechen können. Reputationsverluste und Schadensersatzprozesse sind dann nicht ausgeschlossen.

Doch begeben wir uns bei unserer Fördermittelrecherche zwecks einer exemplarischen Darstellung in die Bundeshauptstadt Berlin. Hier möchten wir eruieren, inwiefern eine GRW-Förderung in dem für die Recherche ausgewählten „Abendrotweg" grundsätzlich möglich wäre.

In der Förderdatenbank findet sich im rechten Teil ein Eingabefeld mit der Aufforderung „Bitte geben Sie die Postleitzahl oder den Ortsnamen ein" (Bundesministerium für Wirtschaft und Energie 2018e).

Das Straßenverzeichnis der Bundeshauptstadt Berlin führt eine GRW-Relevanz für alle Straßennamen auf. Exemplarisch soll dies anhand einer Straße bzw. im konkreten Fall eines Weges gezeigt werden.

So zeigt das durch den entsprechenden Link beigefügte Straßenverzeichnis, dass im Abendrotweg die ungeraden Hausnummern 003–025 sowie die geraden Hausnummern 004–026 dem sogenannten D-Fördergebiet zugeordnet sind. Im Umkehrschluss heißt dies, dass die hier nicht aufgeführten Hausnummern des Abendrotwegs hinsichtlich der GRW-Förderung ohne Relevanz sind. Investitionen in die Grundstücke der nicht aufgeführten Hausnummern des Abendrotwegs sind daher nicht GRW-förderfähig.

3.2 Materielle Unternehmensförderung

Da für die Durchführung der GRW-Förderung die Bundesländer zuständig sind, sollte im nächsten Schritt auf der Seite der zuständigen Förderbank der GRW-Förderantrag heruntergeladen bzw. ein entsprechendes Konto angelegt werden. Für den Standort Berlin ist die zuständige Förderbank die Investitionsbank Berlin (IBB). Auf deren Homepage findet sich eine ausführliche Beschreibung des Ablaufs der Fördermittelbeantragung.

Die Investitionsbank Berlin macht u. a. darauf aufmerksam, dass neben dem papiergebundenen Antragsverfahren nunmehr eine digitale Beantragung möglich ist. Dazu ist es notwendig, bereits im Vorfeld eine Registrierung vorzunehmen.

Unter der Rubrik „Wie verläuft die Antragstellung?" findet sich ein Link zu dem Antragsformular. Dazu schreibt die Investitionsbank Berlin (2018a):

Der Antrag muss mindestens folgende Angaben enthalten:
Name und Größe des Unternehmens
Beschreibung des Vorhabens mit Darstellung des Beginns und des Abschlusses
Standort des Vorhabens
Kosten des Vorhabens
Art der Beihilfe (Zuschuss) und Höhe der für das Vorhaben benötigten öffentlichen Finanzierung
Der Antrag muss vor Beginn des Investitionsvorhabens bei der Investitionsbank Berlin gestellt werden. Bei der „GRW" versteht man unter Beginn grundsätzlich den verbindlichen Abschluss eines zum Vorhaben zählenden Lieferungs- und Leistungsvertrages. Ab diesem Zeitpunkt können Sie mit Ihrem Investitionsvorhaben auf eigenes Risiko beginnen. Damit ist keine Zusage der Förderung verbunden.
Wie geht es nach Antragstellung weiter?
In einem separaten Schreiben werden von uns die grundsätzliche Förderfähigkeit bestätigt und die für Ihr Vorhaben zusätzlich benötigten Unterlagen angefordert.
Nach Eingang dieser Unterlagen erstellen wir eine Beschlußvorlage zu dem Vorhaben. Hierüber wird in der Regel in einem Förderausschuss entschieden.
Nach der Entscheidung erhalten Sie einen entsprechenden Zuwendungsbescheid.
Sobald die im Zuwendungsbescheid enthaltenen Auszahlungsvoraussetzungen erfüllt sind und Investitionen getätigt wurden, können die zugesagten Mittel ausgezahlt werden.
Sprechen Sie uns bitte so früh wie möglich an. Unsere Kundenberatung beantwortet nicht nur Detailfragen zum Programm, wir unterstützen Sie auch gerne bei der Antragstellung!

Im Folgenden gilt es, einen Überblick über die innerhalb der 16 Bundesländer verteilten GRW-Mittel und Bürgschaften zu geben (vgl. Tab. 3.7).

Die bei der ursprünglichen Tabelle nicht berücksichtigten Bundesländer Baden-Württemberg und Hamburg wurden zur Ermöglichung einer ganzheitlicheren Betrachtung nachträglich in die Tabelle eingefügt. Die Bevölkerungszahlen zum Stichtag 31.12.2016 sind den Angaben des Statistischen Bundesamtes (2018) entnommen.

Bei der absoluten Verteilung der Finanzmittel wird schnell deutlich, dass die Hauptempfänger dieser Subvention in den neuen Bundesländern angesiedelt sind. So steht Sachsen mit 19,99 % auf Platz eins, gefolgt von Sachsen-Anhalt (13,85 %), Brandenburg (12,45 %) und Thüringen (12,18 %). Mit Ausnahme von Baden-Württemberg

Tab. 3.7 Verteilung der GRW-Mittel und der Bürgschaften im Überblick. (Quelle: Eigene Darstellung 2019. Sämtliche Angaben entstammen dem Koordinierungsausschuss der Gemeinschaftsaufgabe „Verbesserung der regionalen Wirtschaftsstruktur" 2017, S. 50 f.)

Bundesland	Mittelquote (in %)	Zahl der Einwohner zum 31.12.2016 (in %)	Zahl der Einwohner zum 31.12.2016 (absolut)	Bürgschaften: Gewährleistungen in Millionen Euro
Baden-Württemberg	0	13,27 %	10.951.893	0
Bayern	1,59	15,67 %	12.930.751	31
Berlin	10,85	4,33 %	3.574.830	23
Brandenburg	12,45	3,02 %	2.494.648	148
Bremen	1,51	0,82 %	678.753	10
Hamburg	0	2,19 %	1.810.438	0
Hessen	1,30	7,52 %	6.213.088	36
Mecklenburg-Vorpommern	10,14	1,95 %	1.610.674	110
Niedersachsen	3,46	9,63 %	7.945.685	72
Nordrhein-Westfalen	6,51	21,68 %	17.890.100	89
Rheinland-Pfalz	1,05	4,93 %	4.066.053	51
Saarland	1,38	1,21 %	996.651	18
Sachsen	19,99	4,95 %	4.081.783	253
Sachsen-Anhalt	13,85	2,71 %	2.236.252	151
Schleswig-Holstein	3,74	3,49 %	2.881.926	36
Thüringen	12,18	2,62 %	2.158.128	200
Gesamt			**82.521.653**	

und Hamburg hat dieses Förderinstrument aber auch für sämtliche alten Bundesländer eine Relevanz.

In Zeiten ohnehin niedriger Zinsen kommt dem sogenannten verlorenen Zuschuss der GRW-Förderung eine besondere Bedeutung zu. So können die in den Genuss der GRW-Förderung kommenden Unternehmen bis zu 30 % ihrer förderfähigen Gesamtinvestitionen aus Mitteln der öffentlichen Hand zurückerhalten.

Doch auch hier „steckt der Teufel im Detail". Eine erste Orientierung für eine grundsätzliche Förderfähigkeit bieten Unternehmensausgaben, welche im Anlagevermögen der Unternehmensbilanz aktivierbar sind und nicht unter die Rubrik „Fahrzeuge mit Zulassungspflicht für öffentliche Straßen" fallen. Ebenso ist beispielsweise der Kauf von Grundstücken und gebrauchten Gütern von einer GRW-Förderung ausgenommen. Weiterhin muss eine Identität von Investor und Nutzer vorliegen.

Der Zeitraum, in dem die Investitionen getätigt werden, kann sich auf bis zu 36 Monate erstrecken. Mit der Investition muss jeweils auch ein spezifischer Arbeitsplatzeffekt einhergehen.

Verpflichtet sich ein Unternehmen beispielsweise, durch die Investitionen fünf neue Arbeitsplätze zu schaffen, so sind diese zusätzlichen Arbeitsplätze auch nach Abschluss der Maßnahme vorzuhalten. Die relevante Bindewirkung beträgt dabei fünf Jahre.

Allerdings geht es hier um Stellen und nicht um konkrete Stelleninhaber. Sollte nach Ausscheiden eines Arbeitnehmers innerhalb der Bindewirkung die Stelle nicht mehr besetzt werden können, so müsste das geförderte Unternehmen direkt in Kontakt mit der zuständigen Förderbank treten und diese Abweichung melden.

Ohnehin gibt es zahlreiche mit einer GRW-Förderung einhergehende Nebenpflichten, denen sich die geförderten Unternehmen mit großer Aufmerksamkeit zuwenden sollten. Letztendlich können Fehler bei der Beantragung, Durchführung und abschließenden Dokumentation sowie Abrechnung einer Förderung schnell zur Kürzung oder Streichung von Fördermitteln führen, mit denen das betroffene Unternehmen bereits fest gerechnet hat. Nach erfolgreicher Beantragung mit nachfolgender Vereinnahmung der Finanzmittel wird gerade dieser „zuweilen arbeitsintensive" Punkt von geförderten Unternehmen zuweilen übersehen.

Eine besondere Herausforderung kann es auch mit sich bringen, wenn die mit der Fördermittelbeantragung und -abwicklung beauftragten Personen vor Beendigung der Fördermaßnahme bzw. des Nachlaufzeitraums von fünf Jahren aus dem Unternehmen ausscheiden. Hier sind ein gut funktionierendes Wissensmanagement und eine Verteilung des förderspezifischen Wissens auf mehrere Schultern, oder sollte man besser sagen Köpfe, zu empfehlen. Sind externe Beraterinnen und Berater in das Fördergeschehen involviert, können auch diese dazu herangezogen werden, das notwendige Förder-Know-how für das Unternehmen vorzuhalten. Doch wie so oft bedarf es auch hier einer unternehmerischen Grundsatzentscheidung, ob oder wie viel unternehmensrelevantes Wissen an externe Dienstleister ausgelagert werden soll.

Für Innovationen (Zentrales Innovationsprogramm Mittelstand (ZIM))
Beim Zentralen Innovationsprogramm Mittelstand (ZIM) muss zunächst zwischen Forschungs- und Entwicklungs-Einzelprojekten (FuE), FuE-Kooperationsprojekten von Unternehmen mit jeweils mindestens zwei Unternehmen oder mindestens einem Unternehmen und mindestens einer Forschungseinrichtung sowie ZIM-Kooperationsnetzwerken, die sich auf mindestens sechs Unternehmen erstrecken müssen, unterschieden werden.

Je nach Projektform sind unterschiedliche Projektträger für die Bearbeitung zuständig (Bundesministerium für Wirtschaft und Energie 2018c):

- für FuE-Einzelprojekte die EuroNorm GmbH,
- für Kooperationsnetzwerke sowie FuE-Einzelprojekte und FuE-Kooperationsprojekte aus einem ZIM-Netzwerk die VDI/VDE Innovation + Technik GmbH,
- für FuE-Kooperationsprojekte die AiF Projekt GmbH.

Zu den Aufgaben der Projektträger gehören u. a. die kostenlose Beratung von an ZIM interessierten Personen und Organisationen und die Hilfestellung für diese. Die Anträge sind direkt bei dem zuständigen Projektträger einzureichen.

Über die Art der Antragstellung informiert das Bundesministerium für Wirtschaft und Energie (BMWi) auf seiner Homepage. Konkret finden sich dort die folgenden Empfehlungen (Bundesministerium für Wirtschaft und Energie 2018c):

> Eine Pflicht zur Einreichung einer Skizze besteht nicht. Sofern Sie sich hinsichtlich der Förderwürdigkeit Ihres Projekts unsicher sind, können Sie eine formlose, kurz gefasste Projektskizze (max. vier Seiten) einreichen, die als Basis für ein erstes Gespräch bzw. eine erste unverbindliche Einschätzung Ihres geplanten Projektes dient. ... Das Einreichen einer Skizze hat keinen Einfluss auf das Begutachtungsverfahren der Förderanträge. Eine Vorabprüfung von kompletten Passagen oder Anlagen eines sich in Vorbereitung befindlichen Antrages ist nicht möglich und wird im Interesse einer zügigen Bearbeitung der bereits gestellten Anträge formlos zurückgewiesen. Dies trifft auch auf umfangreiche Skizzen zu, die den beschriebenen Rahmen von vier A4-Seiten deutlich überschreiten.
>
> Bei speziellen Fragen, die sich beim Ausfüllen der Antragsformulare oder bezüglich der Auslegung der Richtlinie ergeben, genügt oftmals ein kurzes Telefonat beim Projektträger.

Aufgrund der Komplexität der Materie sollten interessierte Unternehmen die Empfehlungen des BMWi beherzigen und das für sie kostenfreie Gespräch mit dem Projektträger suchen. Die Einschaltung zusätzlicher Unterstützer, seien es nun (kommunale) Wirtschaftsförderer oder private Fördermittelberater, ist im Normalfall nicht notwendig.

Oftmals stellt sich allerdings die Frage, inwieweit auch Softwareprojekte auf Basis von ZIM gefördert werden können. Das BMWi sieht eine grundsätzliche Förderfähigkeit dieser Projekte, allerdings in Abhängigkeit zu dem damit verbundenen Innovationsgehalt der neu zu entwickelnden Software. „In der Regel gilt: je aktiver/intelligenter die Software desto innovativer. Wichtig ist, dass die Herausforderungen, die mit der Entwicklung verbunden sind, dargestellt werden" (Bundesministerium für Wirtschaft und Energie 2018c).

Für die Inanspruchnahme von Unternehmensberatung (Förderung durch Bafa)
Die Zahl der Unternehmensberaterinnen und Unternehmensberater hat sich in Deutschland während der vergangenen Jahrzehnte deutlich erhöht. Der Bundesverband Deutscher Unternehmensberater e. V. gab im September 2018 die Zahl der in der „Consulting Wirtschaft" arbeitenden Personen mit mehr als 143.000 Mitarbeiterinnen und Mitarbeiter an. Diese seien für mehr als 31,5 Milliarden € Umsatz verantwortlich (vgl. Bundesverband Deutscher Unternehmensberater BDU e.V. 2018).

Obgleich die für die Beratung erhobenen Geldbeträge je nach Größe, Kompetenz und Renommee der Gesellschaft sowie ihrer Belegschaften beträchtlich variieren, übersteigen die Honorare der Beraterinnen und Berater nicht selten die entsprechenden Budgets von Gründerinnen und Gründern sowie kleinerer Unternehmen. Die auf die Inanspruchnahme von Unternehmensberatungsleistungen abstellenden Programme sollen hier für eine gewisse Kompensation sorgen und den genannten Zielgruppen einen Zugang zu einer qualifizierten Beratung ermöglichen.

Die Umsetzung des auf fundierte Unternehmensberatung abstellenden Programms mit dem Titel „Förderung unternehmerischen Know-hows" erfolgt durch das Bundesamt für

3.2 Materielle Unternehmensförderung

Wirtschaft und Ausfuhrkontrolle (BAFA). Die Kofinanzierung wird aus Mitteln des europäischen Sozialfonds (ESF) generiert.

Die Zielgruppe des Programms sind Unternehmen in Abhängigkeit zu ihrem Alter oder ihrer derzeitigen wirtschaftlichen Situation. Konkret erfolgt eine Fokussierung auf (Bundesamt für Wirtschaft und Ausfuhrkontrolle 2018)

- junge Unternehmen, die nicht länger als zwei Jahre am Markt sind (Jungunternehmen),
- Unternehmen ab dem dritten Jahr nach der Gründung (Bestandsunternehmern),
- Unternehmen, die sich in wirtschaftlichen Schwierigkeiten befinden – unabhängig vom Unternehmensalter (Unternehmen in Schwierigkeiten).

Hinsichtlich des Beratungsgegenstandes wird bei dem Programm zwischen „Allgemeinberatung" und „spezieller Beratung" unterschieden. Allgemeine Beratungen umfassen die „… wirtschaftlichen, finanziellen, personellen und organisatorischen Fragen der Unternehmensführung" (Bundesamt für Wirtschaft und Ausfuhrkontrolle 2018).

Die spezielle Beratung weist vielfältige Facetten auf und erstreckt sich beispielsweise auf die Bereiche Nachhaltigkeit, Fachkräftegewinnung und Gleichstellung.

Die Höhe der Förderung ist u. a. abhängig von der Region und dem Alter des Unternehmens. So beträgt der maximale Zuschuss für junge Unternehmen in den meisten neuen Bundesländern 3200 €, während der maximale Zuschuss für Bestandsunternehmen in den meisten alten Bundesländern 1500 € beträgt (vgl. Bundesamt für Wirtschaft und Ausfuhrkontrolle 2018).

Obgleich Existenzgründerinnen und Existenzgründer zu dem hier beschriebenen Programm keinen Zugang haben, lohnt sich für sie doch ein Blick auf ähnliche Angebote der für sie zuständigen Landesförderbank. So weist beispielsweise für Rheinland-Pfalz die dortige Förderbank, also die Investitions- und Strukturbank (ISB), folgendes Förderprogramm auf (Investitions- und Strukturbank Rheinland-Pfalz 2018):

> Beratungsprogramm für Existenzgründung. Zuschuss zu Beratungskosten für Existenzgründungen oder Unternehmensnachfolgen. In dem Programm können Beratungskosten von maximal 800 € je Tag in einem Umfang von bis zu 50 % gefördert werden. Je nach Gründungskonstellation sind 3,6 oder maximal neun abrechnungsfähige Beratungstage einzusetzen. Die mit der Beratung beauftragten Personen müssen als KfW-Berater registriert sein.

Abschließend ein Link zu der Beraterdatenbank der KfW. Danach kann die Auswahl der Beraterinnen und Berater u. a. mittels der Rubriken Unternehmensphase, Branche und Beratungsthema erfolgen: https://beraterboerse.kfw.de/index.php?ac=consultant_search.

Für die Einstellung neuer Mitarbeiter (Eingliederungszuschüsse)
Unter bestimmten Umständen kann die Neueinstellung einer Arbeitnehmerin oder eines Arbeitnehmers durch die Bundesagentur für Arbeit bezuschusst werden. Die Normierung der Eingliederungszuschüsse findet sich in den Paragrafen 88–92 SGB III. Die rechtliche Grundlage der Eingliederungszuschüsse für Langzeitarbeitslose regelt § 16e SGB II (vgl. Haufe 2018).

Dabei ist es jedoch für einen möglichen Erhalt der Eingliederungszuschüsse wichtig, dass die Kommunikation mit der Bundesagentur für Arbeit bzw. dem Jobcenter und die notwendige Antragstellung vor der Unterzeichnung des Arbeitsvertrages erfolgen. Die Zuständigkeit der Bundesagentur für Arbeit erstreckt sich auf die Bezieherinnen und Bezieher von ALG I. Die Leistungen des ALG I werden den für alle Arbeitnehmerinnen und Arbeitnehmer obligatorischen Beiträgen zur Arbeitslosenversicherung von derzeit 3 % des relevanten Arbeitsentgelts entnommen. Neben der während der Bismarckzeit eingeführten Sozialversicherungen wie der Gesetzlichen Krankenversicherung (1883), der Gesetzlichen Unfallversicherung (1884) und der Gesetzlichen Rentenversicherung (1889) handelt es sich bei der 1927 eingeführten Arbeitslosenversicherung um die vierte Sozialversicherungsart mit Pflichtcharakter. Die 1995 eingeführte Pflegeversicherung versucht eine Antwort auf die demografische Entwicklung der bundesdeutschen Bevölkerung zu geben.

Die Bezieher von Arbeitslosengeld II erhalten ihre Finanzleistungen hingegen aus Steuermitteln. Die Zuständigkeit für den Bereich des ALG II hatten nach den sogenannten Hartz-Reformen des Jahres 2002 zunächst die ARGEN. Im Jahr 2011 ging die Zuständigkeit auf die Jobcenter über (vgl. Bundesagentur für Arbeit 2018a).

Der Eingliederungszuschuss kann bis zu zwölf Monate gewährt werden. Die maximale Förderhöhe beträgt 50 % des relevanten Arbeitsentgeltes. Allerdings handelt es sich bei den Eingliederungszuschüssen um sogenannte Ermessensleistungen, d. h., Arbeitgeber haben keinen Rechtsanspruch darauf, die Leistung in jedem Fall zu erhalten. Umso wichtiger ist es, den Kontakt zur Bundesagentur für Arbeit herzustellen und im Rahmen persönlicher oder telefonischer Gespräche zu eruieren, ob das Unternehmen tatsächlich in den Genuss dieser Zahlung kommen könnte.

Bereits im Vorfeld können Arbeitgeber zudem klären, inwieweit sie sich im Rahmen eines für sie kostenfreien Praktikums (betriebliche Trainingsmaßnahmen) einen ersten Eindruck von den jeweiligen Bewerberinnen und Bewerbern verschaffen können. Bezieher von Arbeitslosengeld I erhalten während dieser Zeit von der Bundesagentur für Arbeit weiterhin Transferzahlungen in der gewohnten Höhe. Auch aus Sicht von Arbeitnehmerinnen und Arbeitnehmern kann es sinnvoll sein, zunächst ein Praktikum zu absolvieren. Stellen beide Seiten während des Praktikums fest, dass die jeweiligen Erwartungen erfüllt werden, kann der mit einer Einstellung verbundene organisatorische und administrative Aufwand umso leichter eingegangen werden. Umgekehrt reduziert sich durch ein gegenseitiges Kennenlernen mittels eines Praktikums die Gefahr einer sogenannten Frühfluktuation während der ersten Monate nach der regulären Arbeitsaufnahme.

Arbeitgeber sollten ohnehin den Kontakt zur Bundesagentur für Arbeit und insbesondere deren Arbeitgeberteams pflegen, um auch hier über aktuelle Förderprogramme, Entwicklungen und potenzielle Unterstützungsleistungen regelmäßig informiert zu werden.

Für Unternehmen, die die Eingliederungszuschüsse in Anspruch genommen haben, besteht eine Nachbeschäftigungspflicht.

Die sogenannte „Nachbeschäftigungszeit" entspricht in der Regel der Förderdauer; sie beträgt längstens zwölf Monate. Wenn das Beschäftigungsverhältnis während des Förderzeitraums oder in einer Nachbeschäftigungszeit von Ihnen ohne wichtigen Grund beendet wird, ist der Eingliederungszuschuss – von wenigen Ausnahmen abgesehen – von Ihnen teilweise zurückzuzahlen. Detaillierte Ausführungen zur Rückzahlungspflicht, zu den einschlägigen Rechtsvorschriften und weitere Informationen finden Sie im Internet (Bundesagentur für Arbeit 2018a).

Für Weiterbildung (Aufstiegs-BAföG)
Das Förderprogramm „Aufstiegs-BAföG" (Aufstiegsfortbildungsförderungsgesetz- AFBG) ist eine Kombination aus Zuschuss sowie Darlehen und richtet sich an Privatpersonen im gesamten Bundesgebiet. Der Zuschuss beinhaltet 40 % der förderfähigen Leistungen, die restlichen 60 % werden als Darlehen vergeben. Allerdings werden im Darlehensbereich unter bestimmten Umständen, beispielsweise bei bestandenen Prüfungen oder bei Existenzgründungen, Teilerlasse angeboten. Fortbildungskosten können bis zu einer maximalen Höhe von 15.000 € innerhalb dieses Programms Berücksichtigung finden.

Weiterführende Informationen zum Aufstiegs-BAföG können im Internet unter der Adresse http://www.aufstiegs-bafoeg.de abgerufen oder über die gebührenfreie Hotline unter der Rufnummer (0 800) 6 22 36 34 erfragt werden.

3.2.2.2 Förderkredite für Unternehmen

Um den möglichen Vorteil eines von einer Förderbank vergebenen Darlehens erkennen zu können, gilt es, sich die Struktur der bundesdeutschen Förderbanken in Erinnerung zu rufen. So sind auf Bundesebene die KfW und auf Landesebene die jeweilige Landesförderbank von Relevanz. Die durch die Förderbanken vergebenen Darlehen können folgende spezifischen Vorteile aufweisen (Rohwedder 2013, S. 26):

- günstige Zinssätze und langfristige Zinsbindungen,
- tilgungsfreie Anlaufzeiten,
- Teilschuldenerlass,
- Möglichkeit der vorzeitigen Auslösung ohne Vorfälligkeitsentschädigung.

Allerdings ist es meist nicht möglich, das Darlehen direkt über eine der oben genannten Förderbanken zu beziehen. Vielmehr gilt in Deutschland in der Regel das sogenannte Hausbankprinzip, d. h., der Ansprechpartner „Nummer eins" für den oder die Darlehensnehmer ist zunächst die Hausbank (vgl. KfW Bankengruppe 2018d).

Basierend auf dem dreigliedrigen bundesdeutschen Bankensystem, also privatwirtschaftlichen Banken wie die Deutsche Bank oder die Commerzbank, genossenschaftlichen Banken wie die Volksbanken und Raiffeisenbanken und den Sparkassen, stehen potenziellen Darlehensnehmern grundsätzlich eine Vielzahl möglicher Kreditinstitute zur Verfügung.

In der Praxis kommen aber auch häufig verschiedene Kombinationen von Hausbank und Förderbank in Betracht. So sehen verschiedene von den Förderbanken initiierte Programme eine teilweise Haftungsfreistellung der Hausbank bei der Vergabe von Darlehen vor. Exemplarisch sei in diesem Zusammenhang auf das von der KfW angebotene Programm „ERP-Gründerkredit StartGeld" verwiesen, das für die involvierte Hausbank gar eine Haftungsfreistellung in Höhe von 80 % vorsieht. Kommt es zu einem „Totalausfall" des Darlehensnehmers und einer damit einhergehenden 100-prozentigen Abschreibung für die Bank, so haftet die Hausbank „lediglich" für 20 % der Gesamtsumme. Allerdings ist es nicht möglich, der Hausbank durch die Bereitstellung von „Extra-Sicherheiten" die Risiken aus dem Darlehen abzunehmen und quasi sämtliche Risiken auf die räumlich weit entfernte KfW abzuwälzen. Die Gläubiger sitzen quasi in einem Boot und können somit nicht unterschiedlich „bedient" bzw. „abgesichert" werden.

Die teilweise Haftungsfreistellung kommt insbesondere dann in Betracht, wenn der potenzielle Darlehensnehmer nicht über die üblichen Sicherheiten verfügt und eine Darlehensvergabe durch die Hausbank ohne flankierende Unterstützung der Förderbanken nicht möglich wäre.

Die durch Förderbanken vergebenen Darlehen können unterschiedliche Charaktere aufweisen. So gibt es beispielsweise eigenkapitalersetzende Förderdarlehen, die beträchtliche Vorteile bei der Bilanzierung aufweisen, da sie das Verhältnis zwischen Fremd- und Eigenkapital zugunsten des Eigenkapitals verschieben. Ein weiterer positiver Effekt einer Darlehensvergabe durch eine Förderbank kann in der Nachrangigkeit des Darlehens liegen. Ist eine solche Nachrangigkeit gegeben, verbessert sich die Bonität des Darlehensnehmers (vgl. Rohwedder 2013, S. 26).

Neben dem „ERP-Gründerkredit StartGeld" seien für den Bereich der Förderkredite die Programme „ERP Gründerkredit-Universell", „KfW-Unternehmerkredit", „ERP-Regionalförderprogramm", „Mikrokreditfonds Deutschland", „ERP-Digitalisierungs- und Innovationskredit", „KfW-Energieeffizienzprogramm – Produktionsanlagen/-prozesse" und „KfW-Energieeffizienzprogramm – Energieeffizient Bauen und Sanieren" erwähnt.

Weitere Informationen finden Sie unter: http://www.foerderdatenbank.de/Foerder-DB/Navigation/Foerderrecherche/suche.html?get=7eb623fde5081a30f4f68e461c-c8e368;views;document&doc=13410.

3.2.2.3 Beteiligungen

Neben privaten Beteiligungsgesellschaften gibt es auch sich in der öffentlichen Hand befindliche Beteiligungsgesellschaften. Das staatliche Engagement ist u. a. in dem Wissen begründet, dass gerade Unternehmen mit langen Forschungs- und Entwicklungsphasen oftmals Schwierigkeiten haben, an klassische Bankdarlehen zu gelangen. Gerade wenn zwischen der Forschung und Entwicklung und dem Markteintritt eines neuen Produktes oder einer neuen Dienstleistung sehr viel Zeit liegt, ist es für Darlehensgeber entsprechend schwer zu antizipieren, ob und in welchem Umfang das geschäftliche Engagement erfolg-

3.2 Materielle Unternehmensförderung

reich sein könnte. Doch ist es gerade diese Art von forschungsintensiven und innovativen Unternehmen, die Volkswirtschaften erheblich befruchten und die Wettbewerbsfähigkeit aufrechterhalten können. Da sich nicht hinreichend viele private Beteiligungsgesellschaften finden lassen, die dieses ökonomische Dilemma lösen könnten, sehen sich staatliche Organisationen in der Pflicht, sich dieses Themas anzunehmen. Ein von der KfW publiziertes exemplarisches Beispiel mag die Möglichkeiten von Beteiligungen für Unternehmen verdeutlichen:

Erfolgreich investieren mit dem ERP-Beteiligungsprogramm
Das folgende Investitionsbeispiel zeigt, wie Sie das ERP-Beteiligungsprogramm nutzen können. Bitte beachten Sie: Das Beispiel dient lediglich zur ersten Orientierung.

Refinanzierung einer stillen Beteiligung aus dem ERP-Beteiligungsprogramm
Eine mittelständische Beteiligungsgesellschaft (MBG) möchte an der Maschinen- und Motorenwerke GmbH eine stille Beteiligung in Höhe von 700.000 Euro eingehen. Der Hersteller verspricht sich von der stillen Beteiligung die Stärkung seiner Eigenkapitalbasis und die Finanzierung der zur Betriebserweiterung notwendigen Investitionen.

Bei der Maschinen- und Motorenwerke GmbH handelt es sich um ein Unternehmen mit einem Jahresumsatz von 11 Mio. Euro und 60 Beschäftigten.

Das Vorhaben beinhaltet die Erwerbskosten für ein Baugrundstück, auf dem eine weitere Produktionshalle errichtet werden soll. Hinzu kommen Anschaffungskosten für zusätzliche Maschinen, Ausgaben für Material- und Lagerinvestitionen sowie Markterschließungskosten. Der Maschinen- und Motorenwerke GmbH stehen Eigenmittel in Höhe von 50.000 Euro zur Verfügung.

Kosten	Betrag in Euro
Grunderwerbskosten	150.000
Gewerbliche Baukosten	400.000
Maschinen	350.000
Material- und Lagerinvestitionen	200.000
Markterschließungskosten	50.000
Gesamt	**1.150.000**

Quelle: KfW Bankengruppe 2018e

Die Beteiligungsgesellschaft beantragt die Refinanzierung der gesamten Beteiligungssumme von 700.000 Euro bei der KfW. Weitere 50.000 Euro bringt der Beteiligungsnehmer als Eigenmittel ein. Die Finanzierungslücke von 400.000 Euro kann die Maschinen- und Motorenwerke GmbH über den KfW-Unternehmerkredit (037/047) schließen.

Position	Betrag in Euro
Beteiligung der MBG, die aus dem ERP-Beteiligungsprogramm refinanziert wurde (bis zu 100 % Refinanzierung des Beteiligungsgebers)	700.000
Eigenmittel Beteiligungsnehmer	50.000
KfW-Unternehmenskredit an Beteiligungsnehmer	400.000
Finanzierung gesamt	**1.150.000**

Quelle: KfW Bankengruppe 2018e

An dem Beispiel lässt sich erkennen, dass es in jedem Fall sinnvoll ist, vor einer Investition zusätzlich zu möglichen Fördermitteln auch nach Beteiligungen Ausschau zu halten. Da die Programme jedoch häufigen Änderungen unterworfen sind, empfiehlt es sich in jedem Fall, neben individuellen Recherchen auch Gespräche mit den kommunalen Wirtschaftsförderinnen und Wirtschaftsförderern sowie den Vertreterinnen und Vertretern von Förderbanken zu führen.

Die Beteiligung externer Personen oder Organisationen vermag die Eigenkapitalsituation des so ausgestatteten Unternehmens zu verbessern. Gleichzeitig gibt das Unternehmen jedoch auch einen Teil seiner unternehmerischen Autonomie und seiner Souveränität aus den Händen. Je nach Höhe der externen Beteiligung müssen unternehmerische Entscheidungen mit den neuen Partnern abgestimmt und koordiniert werden. Zudem sind die neuen Miteigentümer auch regelmäßig über den Geschäftsverlauf zu informieren. Inwieweit eine Beteiligung tatsächlich in Betracht kommt, ist im Einzelfall unter den Gesichtspunkten einer „Kosten-Nutzen-Abwägung" und möglicher Alternativen zu diskutieren und zu entscheiden.

3.2.2.4 Bürgschaften

Die Kommunikationsprozesse zwischen Kreditinstituten und (potenziellen) Darlehensnehmern sind häufig beträchtlichen Herausforderungen unterworfen. Dabei treffen oft zunächst Maximalpositionen aufeinander. So möchte das Kreditinstitut ein Maximum an Sicherheiten, beispielsweise in Form von schnell zu veräußernden Wertgegenständen wie Aktien, Anleihen, Edelmetallen etc. Ließe sich die Liquidität dieser Wertgegenstände im Falle eines Zahlungsausfalls nicht oder nur in einem geringeren Umfang darstellen, so wird die Bank auf entsprechende Abschläge bestehen oder aber eine Darlehensvergabe ganz verweigern.

Umgekehrt möchten oder können viele Bankkunden keine oder nur geringe Sicherheiten anbieten. Oftmals verstehen sie auch nicht, weshalb sie zur Absicherung eines Darlehens „so viele" Sicherheiten hinterlegen sollen.

Nicht selten kommen die Verhandlungsprozesse zwischen Kreditinstituten und potenziellen Darlehensnehmern an einen sogenannten „toten Punkt", an dem eine für beide Seiten zufriedenstellende Lösung in weite Ferne rückt.

3.2 Materielle Unternehmensförderung

Hier angelangt kann die Inanspruchnahme einer Bürgschaft ein Ausweg aus dem oben beschriebenen Dilemma bedeuten. Zunächst ist zwischen privaten und staatlichen Bürgschaften zu unterscheiden. Ihre rechtliche Grundlage finden Bürgschaften in den Paragrafen 765 des Bürgerlichen Gesetzbuches (Rechtsrat.ws 2007):

Vertragstypische Pflichten bei der Bürgschaft
Abs. 1

Durch den Bürgschaftsvertrag verpflichtet sich der Bürge gegenüber dem Gläubiger eines Dritten, für die Erfüllung der Verbindlichkeit des Dritten einzustehen.

Abs. 2

Die Bürgschaft kann auch für eine künftige oder eine bedingte Verbindlichkeit übernommen werden.

Persönliche selbstschuldnerische Bürgschaften sind insofern für den Bürgen nicht ungefährlich, da dieser mit seinem ganzen Vermögen für den Fall eines Zahlungsausfalls des Darlehensnehmers eintritt. Dazu bedarf es keiner weiteren administrativen Hürden oder gar Gerichtsverhandlungen. Der Gläubiger kann also ohne Umwege direkt auf das Vermögen des selbstschuldnerischen Bürgen zugreifen und seine vom Darlehensnehmer zuvor nicht bedienten Forderungen einholen.

Da für viele Darlehensnehmer allenfalls nahe Familienangehörige oder aber sehr gute Freunde dazu bereit sein dürften, als Bürge zu fungieren, wird dieser Bereich oftmals gemieden, auch weil finanzielle Verwerfungen nicht unerhebliche Belastungen und Friktionen im privaten Umfeld des nicht mehr zahlungsfähigen Schuldners nach sich ziehen könnten.

Bei staatlichen Bürgschaften entfallen die emotionalen Aspekte, wie sie bei verwandtschaftlichen und freundschaftlichen Verhältnissen oftmals gegeben sind. Ausfallbürgschaften der öffentlichen Hand gehören auch zum festen Repertoire der Förderbanken.

3.2.2.5 Sonstige Instrumente der materiellen Unternehmensförderung

Neben der beschriebenen materiellen Wirtschaftsförderung und der meist auf Zuschüsse, Darlehen, Beteiligungen oder Bürgschaften abstellenden Instrumente gibt es auch für Gründer und Unternehmen die Möglichkeit einer Generierung von Finanzmitteln durch die erfolgreiche Teilnahme an Wettbewerben für Unternehmen oder Gründerinnen und Gründer. Dabei bieten Wettbewerbe neben diesen finanziellen Aspekten auch oftmals die Möglichkeit eines Imagegewinns und/oder die Chance, auf unkonventionellen Wegen auf sich aufmerksam zu machen. In den vergangenen Jahren ist die Zahl der relevanten Wettbewerbe stark angestiegen. Zumeist ist die Beteiligung für die Bewerberinnen und Bewerber kostenfrei. Allerdings gibt es auch einige Träger von Wettbewerbsmaßnahmen, die die Teilnahme an Wettbewerben von Entgelten der teilnehmenden Unternehmen abhängig machen.

Beispielsweise können bei dem Gründerwettbewerb 1,2,3 GO sich Gründerinnen und Gründer aus Frankreich, Belgien, Luxemburg und Deutschland beteiligen. Über alle zehn Finalisten des Wettbewerbs wird dann ein für sie kostenfreier Film gedreht. Sämtliche zehn Imagefilme werden im Finale dann einem größeren Publikum zugänglich gemacht. Auch hier bietet die Teilnahme an dem Wettbewerb neben vielfältigen Unterstützungsleistungen zum Aufbau eines eigenen Unternehmens auch die Möglichkeit, das Unternehmen kostenfrei und unentgeltlich in der Öffentlichkeit bekannt zu machen.

Die Stifter und Veranstalter der Wettbewerbe sind recht heterogen. Sie reichen von einzelnen Kammern und Verbänden über Kreditinstitute bis zu privaten Stiftungen und Vereinen. Oftmals sollen besonders innovative und engagierte Gründer oder Unternehmen prämiert werden.

Mittlerweile gibt es auch zahlreiche übernationale Preise. So vergibt beispielsweise die deutsch-französische Industrie- und Handelskammer einen Wirtschaftspreis in den Kategorien Industrie, Umwelt, Innovation und Start-up.

Weiterhin vergibt die Oskar-Patzelt-Stiftung seit dem Jahr 2002 den Großen Preis des Mittelstandes. Nach Angaben der Stiftung werden jährlich knapp 5000 Unternehmen für den Preis nominiert.

Zu den weiteren „sonstigen Instrumenten der materiellen Unternehmensförderung" gehören die von der Europäische Investitionsbank (EIB) angebotenen Garantien und Projektanleihen sowie Risikoteilungen.

Möglichkeiten zur Auffindung von Fördermitteln (eine Auswahl)

Bei der bisherigen Lektüre sollte deutlich geworden sein, dass die hohe Zahl von Förderprogrammen für Gründerinnen und Gründer sowie Unternehmen auch zu einer gewissen Intransparenz führt. Insofern erscheint es umso wichtiger, sich der Thematik in einer strukturierten und rationalen Art und Weise zu nähern. Zur Klärung der Frage, ob es für ein bestimmtes Projekt bzw. bestimmte Investitionen Fördermittel gibt oder auch nicht, bieten sich die folgenden Herangehensweisen an:

- Internetrecherche mittels ausgewählter Datenbanken,
- telefonische oder schriftliche Kontaktaufnahme mit der Kreditanstalt für Wiederaufbau (KfW) und/oder der zuständigen Landesförderbank,
- telefonische oder schriftliche Kontaktaufnahme mit der lokalen bzw. regionalen Wirtschaftsförderungsgesellschaft bzw. dem zuständigen Amt für Wirtschaftsförderung,
- Lektüre von einschlägigen Fördermittelratgebern,
- optional: Kontaktaufnahme mit einem kommerziellen, auf Fördermittelrecherche und Fördermittelberatung spezialisierten Unternehmen,
- Gespräch mit der Hausbank,
- Google-Suche mittels einer gezielten Texteingabe, wie beispielsweise „Investitionen, Fördermittel, Berlin".

Für die Internetrecherche mittels ausgewählter Datenbanken bieten sich die in Tab. 3.8 genannten Tools an.

3.2 Materielle Unternehmensförderung

Tab. 3.8 Datenbanken für Fördermittelrecherche: Eine Auswahl. (Quelle: Eigene Darstellung 2019)

EU	https://www.eu-foerdermittel.eu/wirtschaft-kmu/
	oder
	http://www.europa-foerdert-kultur.info/kreativwirtschaft.html
	oder
	http://www.foerderdatenbank.de/Foerder-DB/Navigation/Foerderwissen/eu-foerderung.html
Bundesministerium für Wirtschaft und Energie	http://www.foerderdatenbank.de/
	oder
	http://www.foerderdatenbank.de/Foerder-DB/Navigation/Foerderrecherche/inhaltsverzeichnis.html
Kreditanstalt für Wiederaufbau (KfW)	https://www.kfw.de/inlandsfoerderung/Unternehmen/index-2.html
Landwirtschaftliche Rentenbank	https://www.rentenbank.de/foerderangebote/foerderberater/
L-Bank Baden-Württemberg	https://www.l-bank.de/lbank/inhalt/nav/foerderungen-und-finanzierungen/existenzgruendungs-und-wirtschaftsfoerderung/wirtschaftsfoerderung.xml?ceid=125063&uebersicht2=true
LfA Förderbank Bayern	https://lfa.de/website/de/index.php?l=www.lfa.de
Investitionsbank des Landes Brandenburg	https://www.ilb.de/de/wirtschaft/
Investitionsbank Berlin	https://www.ibb.de/de/wirtschaftsfoerderung/foerderfinder-wirtschaftsfoerderung/foerderfinder-wirtschaftsfoerderung.html?etcc_cmp=Wirtschaftsf%C3%B6rderung&etcc_med=Start-Zielgruppeneinstieg-Wirt&etcc_grp=&etcc_ctv=&etcc_par=&etcc_plc=Start-Zielgruppeneinstieg-Wirt&etcc_tar=Klicks
Bremer Aufbau-Bank GmbH	https://www.bab-bremen.de/
Hamburgische Investitions- und Förderbank (IFB)	https://www.ifbhh.de/wirtschaft/

(Fortsetzung)

Tab. 3.8 (Fortsetzung)

Wirtschafts- und Infrastrukturbank Hessen – rechtlich unselbstständige Anstalt in der Landesbank Hessen-Thüringen Girozentrale	https://www.wibank.de/action/wibank/351778/wibproductsearch?state=H4sIAAAAAAAAD2OPQ-CM BRF_8sbTU1AlmBHBxIXZWAThqY8S5PSYj8GQvjvFg0mb7jnDve8Bd4B7QwUDkCAD0xrVLceqA5 KEegNb-YJd5yYwHsYgSYEXoyjd0AXyM6nNC-BPiFLikuaQ0dilxblaeskN7ptj_EGE5zUArqVgDdCK Ky2jev8mLw0epcM0rsabR1dX1HPPFbWjP-fIjdmJ2es_-X1A7Myc6_MAAAA&toggleFacetByOption= 351782%3Aicon%5C-%5C-investment&sort=premium%20asc
Landesförderinstitut Mecklenburg-Vorpommern Geschäftsbereich der Norddeutschen Landesbank Girozentrale	https://www.lfi-mv.de/foerderfinder/
NBank Investitions- und Förderbank Niedersachsen	https://www.nbank.de/Service/Tools/Förderfinder/index.jsp
NRW.BANK	https://www.nrwbank.de/de/foerderprodukte/produktsuche/
Investitions- und Strukturbank Rheinland-Pfalz (ISB) GmbH	https://isb.rlp.de/home.html
SIKB Saarländische Investitionskreditbank AG	https://www.sikb.de/
SAB Sächsische AufbauBank – Förderbank	https://www.sab.sachsen.de/meta/förderfinder.jsp
Investitionsbank Sachsen-Anhalt – Anstalt der Norddeutschen Landesbank Girozentrale	https://foerderprogramme.sachsen-anhalt.de/
Investitionsbank Schleswig-Holstein (IB.SH)	https://www.ib-sh.de/wirtschaft-technologie/
Thüringer Aufbaubank	https://aufbaubank.de/Foerderprogramme/Unternehmensphase

3.2 Materielle Unternehmensförderung

Zunächst empfiehlt es sich, eine regionale Eingrenzung, beispielsweise auf Basis eines Bundeslandes, vorzunehmen. Im vorliegenden Beispiel möchten wir uns auf Bayern konzentrieren:

Hier gilt es, den Förderbereich einzugrenzen. Im vorliegenden Beispiel stehen die folgenden Förderbereiche zur Auswahl:

- Existenzgründung und -festigung,
- Unternehmensfinanzierung,
- Arbeit,
- Aus- und Weiterbildung,
- Außenwirtschaft,
- Beratung,
- Energieeffizienz und erneuerbare Energien,
- Forschung und Innovation,
- Gesundheit und Soziales,
- Infrastruktur,
- Kultur, Medien und Sport,
- Landwirtschaft und ländliche Entwicklung,
- Messen und Ausstellungen,
- Regionalförderung,
- Städtebau und Stadterneuerung,
- Umwelt und Naturschutz,
- Wohnungsbau und -modernisierung.

Je nach Zählweise weisen von den 17 Kategorien etwas mehr als die Hälfte einen Bezug zu unternehmensspezifischen Themen auf. Im vorliegenden Beispiel wollen wir uns dem Thema Unternehmensfinanzierung (also dem zweiten Spiegelstrich) zuwenden.

Im nächsten Schritt werden von der Förderdatenbank für den Freistaat Bayern insgesamt 29 verschiedene Programme angezeigt. Die Beschreibung dieser Programme erfolgt mittels der folgenden Kategorien:

a. Ziel und Gegenstand,
b. Antragsberechtigte,
c. Voraussetzungen,
d. Art und Höhe der Förderung,
e. Antragsverfahren,
f. Quelle.

Eines der 29 Förderprogramme mit dem Namen „Auftragsgarantien" soll exemplarisch vorgestellt werden. Dabei erhalten die Leserinnen und Leser von der Förderdatenbank die folgenden Informationen (zitiert aus Bundesministerium für Wirtschaft und Energie 2018f):

Auftragsgarantien
Ziel und Gegenstand

Die LfA Förderbank Bayern unterstützt mittelständische Unternehmen bei der Finanzierung von Aufträgen aus dem In- und Ausland, um ihnen den Zugang zu internationalen Märkten zu erleichtern und ihre Leistungskraft und Wettbewerbsfähigkeit zu steigern.

Übernommen werden Auftragsgarantien für

- Bietungs-, Anzahlungs-, Vertragserfüllungs-, Lieferungs-, Leistungsgarantien und ähnliche Avale bei Auslandsaufträgen (Exportgarantien) und Inlandsaufträgen (Inlandsavale) sowie
- auftragsbezogene Betriebsmittelkredite und sonstige auftragsbezogene Vorfinanzierungen bei In- und Auslandsaufträgen (Vorfinanzierungen),

die von den Hausbanken bzw. – im Fall von Exportgarantien und Inlandsavalen – von den Versicherungsunternehmen der Antragsteller übernommen bzw. eingeräumt werden.

Antragsberechtigte

Antragsberechtigt sind mittelständische Unternehmen der gewerblichen Wirtschaft und Angehörige der Freien Berufe mit Sitz oder Niederlassung in Bayern.

Der Jahresumsatz des Antragstellers (Konzernumsatz) sollte 500 Mio. EUR nicht überschreiten.

Voraussetzungen

Es können nur Unternehmen berücksichtigt werden, die über eine ausreichende Bonität verfügen.

Der Antragsteller sollte gegebenenfalls Erfahrungen im Auslandsgeschäft besitzen.

Der Antragsteller muss in persönlicher, kaufmännischer und technischer Hinsicht die Gewähr dafür bieten, dass das geförderte Vorhaben ordnungsgemäß durchgeführt werden kann.

Der Sitz der Hausbank bzw. des Versicherungsunternehmens muss in der Europäischen Union liegen.

Art und Höhe der Förderung

Die Förderung erfolgt durch die Übernahme von Auftragsgarantien.

Auftragsgarantien werden bis zu einem Höchstbetrag von 50 % des Gegenwertes des von der Hausbank zu stellenden Avals bzw. des eingeräumten Kredits übernommen.

Das Risiko aus Auftragsgarantien soll den Höchstbetrag von 5 Mio. EUR je Kreditnehmer grundsätzlich nicht überschreiten.

3.2 Materielle Unternehmensförderung

Antragsverfahren

Anträge sind auf den vorgesehenen Formularen über die Hausbank an die

LfA Förderbank Bayern

Königinstraße 17

80539 München

Kundencenter: (08 00) 2 12 42 4 0

Tel. (0 89) 21 24-26 64, -22 20

Fax (0 89) 21 24-22 16

E-Mail: auftragsgarantie@lfa.de

Internet: http://www.lfa.de

zu stellen.

…

Wichtige Hinweise

Das Programm kann grundsätzlich mit allen Finanzierungshilfen des Bundes und des Landes kumuliert werden.

Die vom Bund gebotenen Möglichkeiten der Versicherung des Auslandsrisikos sind grundsätzlich auszuschöpfen (z. B. über Hermes-Deckungen der Euler Hermes Aktiengesellschaft).

Neben den relevanten Richtlinien bietet die Förderdatenbank auch eine Checkliste mit sieben Fragen (vgl. Tab. 3.9). Nur wenn alle sieben Fragen mit „Ja" beantwortet werden, spricht vieles dafür, dass auch die Fördervoraussetzungen gegeben sind.

Tab. 3.9 Fördervorprüfung in 7 Fragen. (Quelle: Bundesministerium für Wirtschaft und Energie 2018d)

Ja	Nein	
		Dient die Auftragsgarantie der Finanzierung von Aufträgen aus dem In- oder Ausland?
		Handelt es sich bei dem Antragsteller um ein mittelständisches Unternehmen der gewerblichen Wirtschaft oder einen Angehörigen der Freien Berufe mit Sitz oder Niederlassung in Bayern?
		Ist sichergestellt, dass der Jahresumsatz (Konzernumsatz) des Antragstellers 500 Mio. EUR nicht überschreitet (Soll-Vorschrift)?
		Verfügt der Antragsteller über eine ausreichende Bonität?
		Bietet der Antragsteller in persönlicher, kaufmännischer und technischer Hinsicht die Gewähr für eine ordnungsgemäße Durchführung des zu fördernden Vorhabens?
		Liegt der Sitz der Hausbank bzw. des Versicherungsunternehmens in der Europäischen Union?
		Wurden die vom Bund gebotenen Möglichkeiten der Versicherung des Auslandsrisikos vorrangig ausgeschöpft?

Hat man mittels der aufgeführten Programme Kenntnis von einem spezifischen, eventuell passenden Förderprogramm erhalten, empfiehlt es sich, vor Antragstellung Kontakt mit dem potenziellen Fördergeber aufzunehmen. Selbst wenn ein Programm als „passend" erscheint, gilt es, dies zu verifizieren und insbesondere zu ermitteln, ob das ausgewählte Förderprogramm möglicherweise mit anderen Förderprogrammen kombinierbar ist. Da die Kombination verschiedener Förderprogramme zusätzlich zu einer erheblichen Komplexitätssteigerung führt, gilt es, bei den nun anstehenden Folgerecherchen ein Höchstmaß an Konzentration und Genauigkeit aufzuwenden.

In den letzten Jahren haben die Digitalisierungsprozesse auch vor den Antragsverfahren für Fördermittel nicht haltgemacht. Während im „analogen Zeitalter" sämtliche Förderanträge in Papierform erstellt und bei dem jeweiligen zuständigen Fördergeber oft noch auf dem Postweg eingereicht wurden, sind heute zahlreiche auf den Erhalt von Fördermitteln abstellende Anträge digital zu erstellen. Obgleich diese Prozesse des E-Governments aus Gründen der Vereinfachung und der Prozessbeschleunigung grundsätzlich befürwortet werden können, sind die damit einhergehenden Abläufe für die antragstellenden Unternehmen noch häufig mit technischen Herausforderungen verbunden. Vor diesem Hintergrund sollten Sie auch die Telefonnummer des für die Beantragung zuständigen technischen Supports erfragen und falls notwendig schnell zur Hand haben.

Mit der Förderdatenbank des Bundesministeriums für Wirtschaft und Energie steht eine öffentliche, nicht kommerzielle Informationsquelle zur Verfügung (Bundesministerium für Wirtschaft und Energie 2018d).

Die Navigation der Förderdatenbank erfolgt durch die in der linken Spalte stehende Übersicht. Leserinnen und Leser, die sich zunächst einen Überblick über die verschiedenen Förderprogramme verschaffen möchten, können dies durch Anklicken des Schlagworts „Inhaltsverzeichnis" leisten.

Dabei ist ein Einstieg über das relevante Fördergebiet möglich. Neben den 16 Bundesländern bietet die Förderbank auch die beiden Suchbegriffe „Europäische Union" und „Bund" an.

Unter „Bund" erscheinen dann die in Tab. 3.10 aufgeführten 17 Förderbereiche.

Obgleich die 17 Förderbereiche insgesamt 551 Treffer aufweisen, kommt es auch zu mehrfach ausgewiesenen Programmen. So findet sich beispielsweise das Programm „Gemeinschaftsaufgabe „Verbesserung der regionalen Wirtschaftsstruktur" (GRW)" unter den Rubriken „Infrastruktur" und „Regionalförderung".

Zu jedem der angegebenen Förderprogramme finden sich Detailinformationen wie

- Ziel und Gegenstand,
- Antragsberechtigte,
- Voraussetzungen,
- Art und Höhe der Förderung,
- Antragsverfahren.

Tab. 3.10 Förderbereiche zu „Bund". (Quelle: Bundesministerium für Wirtschaft und Energie 2018d)

	EU	Bund	BW	Berlin	Beispiel für Recherche zu „Bund"
Existenzgründung & -festigung	1	23	19	16	Gründungszuschuss
Unternehmensfinanzierung	2	32	33	21	ERP-Digitalisierungs- und Innovationskredit
Arbeit	1	15	3	6	Eingliederungszuschüsse
Aus- & Weiterbildung	4	29	24	5	Aufstiegs-BAföG (Aufstiegsfortbildungsförderungsgesetz – AFBG)
Außenwirtschaft	9	19	2	5	Auslandsmesseprogramm
Beratung	2	22	12	6	Förderung unternehmerischen Know-hows
Energieeffizienz & Erneuerbare Energien	3	72	28	12	Betriebliches Mobilitätsmanagement
Forschung & Innovation	20	154	23	11	BMU-Umweltinnovationsprogramm
Gesundheit & Soziales	7	23	19	7	Aktionsgruppenprogramm (AGP)
Infrastruktur	11	50	39	14	Gemeinschaftsaufgabe „Verbesserung der regionalen Wirtschaftsstruktur" (GRW)
Kultur, Medien & Sport	3	20	8	8	Förderprogramm Entwicklungspolitische Bildung (FEB)
Landwirtschaft & Ländliche Entwicklung	3	35	32	0	Aquakultur und Fischwirtschaft – Wachstum
Messen & Ausstellungen	1	5	0	2	Auslandsmesseprogramm
Regionalförderung	5	7	9	1	ERP-Regionalförderprogramm
Städtebau & Stadterneuerung	0	7	3	4	Städtebauförderung
Umwelt- & Naturschutz	1	26	19	4	BMU-Umweltinnovationsprogramm
Wohnungsbau & -modernisierung	0	12	10	9	Altersgerecht Umbauen – Kredit
Summe	73	551	283	131	

Wie bereits dargelegt, weist die Datenbank auf der Ebene der Bundesländer nur die landesspezifischen Programme aus. Entsprechende relevante Förderprogramme des Bundes oder der EU werden auf dieser Ebene nicht angezeigt. Somit ist es notwendig, zusätzlich auch immer eine Recherche auf der Ebene des Bundes und der EU durchzuführen. Eine reine Fokussierung auf die Ebene des relevanten Bundeslandes würde sonst zahlreiche potenziell relevante Programme auf Bundes- oder EU-Ebene außer Acht lassen.

Alternativ ist eine Recherche unter der Rubrik Fördersuche möglich. Die Kombination von „Fördergebiet" und „Förderbereich" ergibt einen vollständigen Überblick. Kombiniert man beispielsweise das Bundesland Baden-Württemberg mit dem Förderbereich Unternehmensfinanzierung werden 64 Treffer ausgewiesen. Die zuvor beschriebene Vorgehensweise ergab hier jedoch „nur" 33 relevante Förderprogramme.

Unter der Rubrik Organisationstyp nimmt die Förderdatenbank eine Unterteilung in die folgenden Kategorien vor:

- Beteiligungsgesellschaft,
- Bürgschaftsbank,
- Förderbank,
- Ministerium/Behörde,
- Projektträger,
- Sonstige.

Bei einer konkreten Recherche empfiehlt es sich, den Organisationstyp in Beziehung zu dem relevanten Fördergebiet zu setzen.

Bei Fördermittelrecherchen sind die folgenden Ebenen zu unterscheiden:

- Förderprogramme innerhalb der EU,
- Förderprogramme innerhalb des gesamten Bundesgebietes,
- Förderprogramme innerhalb eines bestimmten Bundeslandes,
- Förderprogramme einzelner Kommunen.

Mit der BINE-Datenbank steht außerhalb des Systems der klassischen Förderanlagen eine weitere Informationsquelle zur Verfügung. Herausgeber dieser Förderdatenbank ist das Fachinformationszentrum Karlsruhe.

3.2.3 Prozess der Fördermittelbeantragung

Der Prozess der Fördermittelvorrecherche, Fördermittelrecherche, Fördermittelbeantragung und des Fördermittelcontrollings lässt sich in unterschiedliche Etappen aufgliedern. Die von Marion Rohwedder 2013 vorgeschlagene Vorgehensweise erscheint dabei als praxistauglich. Rohwedder empfiehlt die folgenden neun Schritte (Rohwedder 2013, S. 136):

- Projektskizze I erstellen,
- Förderpotenzial prüfen,
- Programme recherchieren,
- Ergebnisse auswerten,
- Kontakt mit Förderstelle aufnehmen,
- Projektskizze II erstellen,
- Antrag stellen,
- Mittel anfordern,
- Troubleshooting.

Selbstverständlich wäre es zunächst denkbar, in den vorgestellten Förderdatenbanken zu recherchieren, ohne eine spezifische Projektidee zu haben. Der Fokus wäre demnach nicht auf einen Markt gerichtet. Vielmehr ginge es lediglich darum, öffentliche Fördergelder zu erhalten.

Leider sieht man in der betrieblichen Praxis immer wieder Unternehmen, die genau diesen Weg verfolgen und die Geschäftspolitik ihrer Unternehmen auf die Generierung staatlicher Fördermittel ausrichten. Der kurzfristige Erfolg mag solchen Unternehmen recht geben. Mittel- und langfristig ist es jedoch schwer vorstellbar, ein Unternehmen, quasi am Markt vorbei, ganz oder weitestgehend auf staatliche Fördermittel auszurichten.

Weitaus nachhaltiger ist dagegen ein marktorientierter Weg, der lediglich vor der Entscheidung für bestimmte Investitionen und vor einem Mittelabfluss eine Recherche möglicher, außerhalb des Marktes stehender Finanzmittel mit einschließt. Somit sollte zunächst die Entscheidung fallen, dass eine bestimmte Investition getätigt wird. Als „ad on" kann dann die staatliche Förderung genutzt werden.

Gleichgültig, ob Sie die neun genannten Schritte im Detail abarbeiten oder aber diese lediglich als Grundorientierung verstehen, ist es in jedem Fall ratsam, die unter Punkt 1 empfohlene Projektskizze zu erstellen. Zunächst geht es darum, den derzeitigen Status quo zu ermitteln und insbesondere zu überprüfen, ob zum derzeitigen Zeitpunkt gegebenenfalls eine förderfähige Investition getätigt werden kann.

Für die Projektskizze I sollten Sie nach Rohwedder Antworten auf die folgenden Fragen geben (Rohwedder 2013, S. 214 f.):

Antragsteller

- Wer ist der Investor/Hauptakteur?
- Wie lauten der Firmenname und die Rechtsform?
- Welchen Status hat das Unternehmen?
- Wo liegt der Firmensitz?
- Wie ist der Geschäftszweck?
- Wer ist der gesetzliche Vertreter?

Gegenstand des Vorhabens

- Welche Hauptkomponenten hat das Vorhaben?
- An welchem Ort soll das Vorhaben umgesetzt werden?
- Zu welchem Zeitpunkt soll mit dem Vorhaben begonnen werden?
- Wie lange wird der Umsetzungszeitraum sein?
- Sind bis zum geplanten Vorhabensbeginn noch gesetzliche Auflagen zu erfüllen, Patente zu beantragen oder Schutzrechte zu klären?

Finanzierung

- Wie sieht der Investitionsplan aufgeteilt nach Anlagevermögen und Betriebsmitteln aus?
- Wie ist die Gesamtfinanzierung geplant? Legen Sie das Verhältnis von Eigenkapital und Fremdkapital offen.

Detaillierte Vorhabensbeschreibung

- Wie hoch ist der zu erwartende Umsatz im 1., 2. und 3. Jahr?
- Wie hoch sind die zu erwartenden Gewinne in derselben Staffelung?
- Schaffen Sie Arbeitsplätze? Wenn ja, wie viele?

Erst wenn die Antworten auf die hier gestellten Fragen gegeben wurden, kann überprüft werden, ob sich diese Angaben als anschlussfähig zu dem Fördersystem herausstellen und gegebenenfalls Erfolg versprechend sind. Bei der Fördermittelrecherche werden Sie dabei schnell an zwei sehr unterschiedliche Arten von Hindernissen gelangen:

- Hindernisse, die augenblicklich im Weg stehen, die aber durch in Ihrer Sphäre stehende Maßnahmen wahrscheinlich aus dem Weg geräumt werden können,
- Hindernisse, deren Beseitigung nicht in Ihrer Macht liegt (K.-o.-Kriterien).

Zu den aufgeführten K.-o.-Kriterien gehören beispielsweise Aussagen zu Branchenzugehörigkeiten, dem Unternehmensalter, -standort oder zu spezifischen Anwartschaften. Wenn Sie beispielsweise bei der Bundesagentur für Arbeit einen Gründungszuschuss beantragen, dessen Erhalt u. a. voraussetzt, dass Sie noch über mindestens 150 Tage Anwartschaften auf das sogenannte Arbeitslosengeld I verfügen, dann ist dies eine klare Aussage. Selbst wenn Sie statt der geforderten mindestens 150 Tage über 149 Tage dieser Anwartschaften verfügen würden, hätten Sie jedoch keine Chance, den von Ihnen nachgefragten Gründungszuschuss tatsächlich zu erhalten. In dieser Recherchephase gilt es, sich einen groben Überblick über möglicherweise passende Programme zu machen, sozusagen eine lange Liste potenzieller Fördermittel anzulegen. In einem weiteren Schritt könnten dann die jeweiligen Programme weiter eingegrenzt und detaillierter auf ihre Umsetzbarkeit und Praktikabilität überprüft werden. Dabei sollte insbesondere eine Kosten-Nutzen-Relation getätigt werden. So gibt es zuweilen Förderprogramme, die ein erhebliches Maß an bürokratischem Aufwand nach sich ziehen und dennoch nur eine geringe Unterstützung versprechen. Hier ist es notwendig, nicht jedem Programm „hinterherzurennen", sondern sich auf konkrete Förderprogramme zu konzentrieren, die auch tatsächlich einen erheblichen Mehrwert und insbesondere auch eine Verbesserung Ihrer Wettbewerbssituation nach sich ziehen.

Leider gibt es in der betrieblichen Praxis immer wieder Unternehmen, die diesen Unterschied zwischen „lohnend" und „weniger oder gar nicht lohnend" nicht richtig erkennen und dann „fördersuchtechnisch" in einen wilden Aktionismus verfallen. Hier wäre es oftmals sinnvoller, die zuweilen wenig vorteilhafte Fördersituation zu erkennen und das Engagement und den zeitlichen Aufwand eher auf den Markt und die dort vorhandenen Kunden zu richten.

Abschließend möchten wir Ihnen die Empfehlungen von Rohwedder zu Punkt 7 „Antrag stellen" nicht vorenthalten. So finden sich die folgenden Ausführungen (Rohwedder 2013, S. 218):

1. Besorgen Sie sich sämtliche Formulare, Merkblätter und Hinweise zum Förderprogramm über die zuständige Förderstelle entweder auf der Internetseite oder von Ihrer Sachbearbeitung.
2. Entwickeln Sie eine To-do-Liste anhand der Formulare …
3. Rechnen Sie damit, dass Sie einige Tage bis Wochen benötigen, um alle erforderlichen Informationen beizubringen.
4. Gehen Sie zusätzlich von einem mehrwöchigen Bearbeitungszeitraum bei der Förderstelle aus. Im Zweifel rufen Sie an und erkundigen sich nach den aktuellen Bearbeitungszeiträumen.
5. Prüfen Sie bei Antragstellung, ob Ferienzeiten anstehen oder die Evaluierungsphase läuft. Dies kann die Bearbeitung Ihres Antrags weiter verzögern.
6. Durch eine vollständige Einreichung Ihrer Unterlagen können Sie erheblich dazu beitragen, dass Ihr Antrag keine nennenswerten Rückfragen und Nachbearbeitungszeiten nach sich zieht.
7. Pflegen Sie Ihren Kontakt zur zuständigen Sachbearbeitung.

Für die Projektphase 8 empfiehlt Rohwedder ein „förderrechtliches Projektmanagement". In diese Phase treten Sie ein, wenn Ihr Projektantrag erfolgreich verlaufen ist und Sie einen Bewilligungsbescheid in Händen halten. Nun ist es notwendig, dass Sie die in dem Bewilligungsbescheid genannten Vorgaben in Ihre zukünftige Projektplanung integrieren und insbesondere die in dem Bewilligungsbescheid genannten Termine, Fristen, Auflagen und sonstige Direktiven in Ihre Kalender übertragen. Ebenso sollten Sie sich einen Plan mit den Meilensteinen erstellen und in Ihrem Projektordner ablegen. Oftmals bedarf es bei der Projektumsetzung auch der Unterstützung externer Dienstleister oder Kooperationspartner. Hier sollten Sie in jedem Fall Ihren Steuerberater in das Projekt einbinden und insbesondere auch eine diesbezügliche Sensibilisierung erwirken. Getreu dem Motto „vier Augen sehen mehr als zwei" können Sie hier strukturelle Risiken reduzieren und die Gefahr verkleinern, Projektauflagen nicht zu erfüllen. Dabei gilt es insbesondere, Folgendes zu beachten: „Mittelanforderungen und Verwendungsnachweise sind die zentralen Punkte, um die sich das gesamte förderrechtliche Projektmanagement dreht" (Rohwedder 2013, S. 219).

Der Komplexität der Förderprogramme zum Trotz, gibt es doch immer wieder Beispiele für besonders gelungene und die Komplexität reduzierende Förderprogrammübersichten. Exemplarisch sei in diesem Zusammenhang auf die von der rheinland-pfälzischen Landesförderbank ISB für das Tourismusgewerbe in diesem Bundesland entwickelte Broschüre verwiesen (Tab. 3.11). Neben einer Fokussierung auf die unterschiedlichen Zielgruppen wird dabei auf die förderfähigen Vorhaben, die zentralen förderfähigen Kosten sowie die Förderungsart abgestellt. Weiterhin wird über die für das jeweilige Förderprogramm zuständige Institution informiert.

Tab. 3.11 Förderübersicht für die Gewerbe in der rheinland-pfälzischen Tourismusbranche. (Quelle: Investitions- und Strukturbank Rheinland-Pfalz 2017, S. 2–3. Anmerkung: Von den Autoren wurden innerhalb der Tabelle Kürzungen vorgenommen)

Programm	Zielgruppe		Förderfähige Vorhaben				Wesentl. ff. Kosten		Art der Förderung				Ansprechpartner
	Gründer/junge Unternehmen	Etablierte Unternehmen	Beratung	Errichtung	Übernahme	Erweiterung	Investition	Betriebsmittel	Zuschuss	Zinsgünstiges Darlehen	Bürgschaft/Beteiligung	Haftungsfreistellung	
Beratungsprogramm für Existenzgründungen/Unternehmensnachfolgen	X		X						X				ISB
Beratung für den Mittelstand		X	X						X				ISB
Regionalförderung/Fördergebiet Gemeinschaftsaufgabe	X	X		X	X	X	X		X				ISB
Barrierefreiheit im Tourismus	X	X		X		X	X		X				ISB
Steigerung der Energie- und Ressourceneffizienz	X	X			X	X	X		X				ISB
Entwicklungsprogramm EULLE Leader-Ansatz	X	X	X	X		X	X		X				ADD
Effizienzkredit RLP	X	X		X	X	X	X	X		X		X	ISB/EIB
Betriebsmittelkredit RLP	X	X		X	X	X		X		X			ISB/EIB

3.2 Materielle Unternehmensförderung

Programm	Zielgruppe		Förderfähige Vorhaben				Wesentl. ff. Kosten		Art der Förderung				Ansprechpartner
	Gründer/junge Unternehmen	Etablierte Unternehmen	Beratung	Errichtung	Übernahme	Erweiterung	Investition	Betriebsmittel	Zuschuss	Zinsgünstiges Darlehen	Bürgschaft/Beteiligung	Haftungsfreistellung	
Aus- und Weiterbildungskredit RLP	X	X					X	X		X		X	ISB/EIB
ERP-Gründungskredit RLP	X			X	X	X	X	X		X		X	ISB/KfW
Unternehmerkredit RLP		X		X	X	X	X	X		X		X	ISB/KfW
KfW-Energieeffizienzprogramm – Energieeffizient Bauen und Sanieren	X	X		X	X	X	X			X			KfW
Bürgschaften	X	X		X	X	X	X	X			X		ISB/BB-RLP
Beteiligung der MBG	X	X		X	X	X	X	X			X		MBG

3.3 Immaterielle Unternehmensförderung

Obgleich das Thema Wirtschaftsförderung bei vielen Menschen primär mit materiellen Fördermitteln assoziiert wird, sind auch die immateriellen Fördermittel von hoher Relevanz für die betroffenen Unternehmen. Anders als bei der materiellen Unternehmensförderung, deren Wert von den betroffenen Unternehmen klar quantifiziert und in Euro und Cent abgebildet werden kann, ist der Wert der immateriellen Unternehmensförderung schwerer zu quantifizieren und einzuschätzen. Nichtsdestotrotz wird die kommunale Wirtschaftsförderung ebenso wie die Verwaltung von den Unternehmen und externen Investoren als Standortfaktor angesehen.

Unter immaterieller Unternehmensförderung sollen alle zielgerichteten Beratungs-, Service-, Unterstützungs-, Vernetzungs- und Standortmanagementaktivitäten verstanden werden, welche Beratungseinrichtungen für Gründer, Unternehmen, Investoren und Beschäftigte in ihrem Zuständigkeitsbereich erbringen.

Obgleich insbesondere die kommunale Wirtschaftsförderung häufig mit materieller Förderung in Verbindung gesetzt wird, leistet sie meist einen ebenso wichtigen Part im Bereich der immateriellen Förderung. Das vorliegende Lehrbuch möchte daher die beiden Seiten der „Wirtschaftsförderungsmedaille" beleuchten und einer kritischen Analyse unterziehen. Dabei soll es gerade nicht darum gehen, die eine Seite der Medaille stärker zu akzentuieren als die andere. Vielmehr sollen beide Seiten gleichberechtigt behandelt werden.

Im Bereich der immateriellen Unternehmensförderung können die folgenden Bereiche unterschieden werden:

- Sammeln, Generieren und Strukturieren von wirtschaftsrelevanten Informationen,
- Wissensvermittlung,
- Standortmanagement,
- Einzelberatung,
- Gruppeninformation und Veranstaltungsmanagement,
- Netzwerkaufbau und Netzwerkmanagement,
- Lotsenfunktion,
- Organisation von runden Tischen bei Genehmigungsverfahren (Scoping-Termine),
- Investorenservice,
- sonstige Unterstützungsleistungen.

3.3.1 Sammeln, Generieren und Strukturieren von wirtschaftsrelevanten Informationen

Kommunale und regionale Wirtschaftsförderungseinrichtungen sind von ihrer „Rollen- und Funktionszuschreibung" prädestiniert zur Sammlung und Weitergabe von wirtschaftsrelevanten Informationen. Da sie sich in der Regel in einer öffentlichen Trägerschaft befinden oder aber Teil der öffentlichen Verwaltung sind, wird ihr über die Interessen eines einzelnen Unternehmens weit hinausgehender Charakter deutlich. Noch mehr als beispielsweise Industrie- und Handelskammern, Handwerkskammern, Innungen und Unternehmensverbände, die, trotz aller Offenheit für neue Mitgliedsunternehmen, immer nur einen Teil des Systems Wirtschaft repräsentieren, ist den kommunalen bzw. regionalen Wirtschaftsförderungseinrichtungen eine solche strukturelle Eingrenzung und Fokussierung nicht immanent. Vielmehr ergibt sich ihre Zuständigkeit für das System Wirtschaft allein aufgrund einer räumlichen Ausrichtung und Zuschreibung.

Auf der Suche nach den relevanten Strukturdaten für die jeweilige Region bieten sich zunächst die folgenden Bezugsquellen an:

- Eurostat – http://ec.europa.eu/eurostat/de,
- Statistisches Bundesamt BRD – https://www.destatis.de/DE/Startseite.html,
- Bundesamt für Statistik, Schweiz – http://www.bfs.admin.ch/bfs/portal/de/tools/kontakt.html,
- STATISTIK AUSTRIA Bundesanstalt Statistik Österreich – http://www.statistik.at/web_de/statistiken/index.html,
- Statistische Landesämter (BRD), z. B. Sachsen-Anhalt – http://www.stala.sachsen-anhalt.de/,
- Bundesagentur für Arbeit.

Im nächsten Schritt wäre zu prüfen, inwieweit weitere Informationen beispielsweise durch Industrie- und Handelskammern, Handwerkskammern, Innungen, Arbeitgeberverbände, Hochschulen, Zeitungen und Zeitschriften erlangt werden könnten. Weiterhin erscheint es sinnvoll, zunächst Gespräche mit den Vertreterinnen und Vertretern der jeweiligen Kommune bzw. des Landkreises zu führen, um zu eruieren, ob diese „ihren" Wirtschaftsförderungseinrichtungen wirtschaftsrelevante Daten in regelmäßigen Abständen ohne „Extraanforderungen" zur Verfügung stellen könnten.

Natürlich gibt es auch zahlreiche kommerzielle Anbieter wirtschaftsrelevanter Informationen. Inwieweit kommunale und regionale Wirtschaftsförderungseinrichtungen tatsächlich darauf zurückgreifen können oder möchten, hängt entscheidend von deren finanziellen Ressourcen und Geschäftspolitik ab. Die aktuell mit dem Schlagwort „Big Data" beschriebenen Umwälzungen werden sicherlich auch vor den regionalen und kommunalen Wirtschaftsförderungseinrichtungen nicht haltmachen. Es bleibt zu vermuten, dass zukünftig auch vermehrt das Engagement regionaler Unternehmen im Internet analysiert und die Ergebnisse einzelnen Wirtschaftsförderungseinrichtungen zugänglich gemacht werden. Mittels dieser digitalen Profile dürften auch zusätzliche Schlussfolgerungen bezüglich der Qualität und Zukunftsfähigkeit der in einer Region angesiedelten Unternehmen möglich werden.

Doch zurück zum Sammeln, Strukturieren und Generieren von wirtschaftsnahen Informationen durch Wirtschaftsförderungseinrichtungen. Von außen gesehen sind Wirtschaftsförderungseinrichtungen das ökonomische Sprachrohr einer Region. Dies bringt es mit sich, dass sich externe Akteure bei ökonomischen Fragestellungen zunächst gerne an die Vertreterinnen und Vertreter der jeweils zuständigen Wirtschaftsförderungseinrichtungen wenden.

So ist es auch kaum verwunderlich, dass viele Wirtschaftsförderungseinrichtungen ökonomische und arbeitsmarktpolitische Strukturdaten sammeln und teilweise selbst erheben, um diese anschließend proaktiv zu publizieren und/oder auf Nachfrage an Interessenten herauszugeben. Entsprechend dem bundesdeutschen Föderalismus und einer traditionell beträchtlichen Vielfalt kommunaler und regionaler Wirtschaftsförderungsaktivitäten sind auch die im Bereich der Generierung und Weitergabe von wirtschaftsrelevanten Informationen skizzierten Aufgaben in der Praxis sehr facettenreich.

Während einzelne Wirtschaftsförderungseinrichtungen kaum Wirtschaftsinformationen sammeln und schon gar keine selbst erheben, sind andere Einrichtungen auf diesem Feld sehr aktiv und/oder bedienen sich zur Datenbeschaffung und Datenweitergabe der Unterstützung externer Anbieter.

3.3.2 Wissensvermittlung

Wie in jeder Organisation sammelt sich auch in kommunalen oder regionalen Wirtschaftsförderungseinrichtungen jeweils spezifisches Fachwissen an. Im Gegensatz zu den klassischen Unternehmen, die bei ihren Aktivitäten das Unternehmen im Fokus haben, richtet sich der Blick von Wirtschaftsförderungseinrichtungen auf räumliche bzw. administrative Zusammenhänge. Das weit über das einzelne Unternehmen hinausgehende Denken in Wirtschaftsräumen bringt es mit sich, dass im Rahmen der täglichen Arbeit Informationen zu eben diesen Wirtschaftsräumen gesammelt und im Idealfall auch Zusammenhänge entdeckt werden. Will die Wirtschaftsförderung erfolgreich sein, so gilt es, positive Trends in der Region zu unterstützen bzw. negativen Entwicklungen zu begegnen.

Dabei bietet es sich an, das regionalökonomische Wissen nicht nur den eigenen Belegschaften zu vermitteln, sondern sich als Multiplikator zu sehen und das spezifische Knowhow auch nach außen zu geben. Die Formen der Wissensvermittlung können dabei vielfältig sein, zu denken wäre beispielsweise an

- Vorträge bei Kammern, Innungen, Unternehmensnetzwerken, Gewerkschaften, Kreditinstituten, wirtschaftsnahen Arbeitskreisen, SCHULEWIRTSCHAFT, Politik, Schulen und Hochschulen sowie Verwaltungen,
- Erstellung von Publikationen, gleichgültig ob in Printform oder in digitaler Form,
- aktive Medienarbeit, beispielsweise durch die Zurverfügungstellung von Interviews für die kommunalen Medien,
- Initiierung von Filmen, beispielsweise zur Wirtschaftsregion, zu den regionalen Unternehmen etc.,

- regelmäßige Bereitstellung von Praktikumsplätzen, um so im Sinne einer gezielten Personalentwicklung das wirtschaftsförderungsspezifische Wissen an junge Menschen zu vermitteln, die im Idealfall später als Multiplikatoren auftreten können,
- Integration des spezifischen Wissens in die Bereiche Standortmanagement und Standortmarketing.

Selbstverständlich ist die vorliegende Liste nicht als abschließend zu sehen. Gerade im Zuge einer permanenten Erweiterung der technischen und kommunikativen Möglichkeiten werden sich auch zukünftig neue Chancen der Wissensvermittlung ergeben, die von den jeweiligen Wirtschaftsförderungseinrichtungen konsequent und mit einer hohen Nachhaltigkeit ergriffen werden sollten.

Ebenso erscheint es für Wirtschaftsförderungseinrichtungen von zentraler Bedeutung, das in ihrer Organisation vorhandene Wissen zu systematisieren und jeweils auch zu aktualisieren. Je mehr Wissen angesammelt wurde und je breiter dieses Wissen in der jeweiligen Wirtschaftsförderungseinrichtung verankert ist, desto eher kann es auch für eine spezifische Beratungsleistung angeboten werden. Somit kann bereits hier die Grundlage für eine erfolgreiche Beratung durch die jeweilige Wirtschaftsförderungseinrichtung erfolgen.

3.3.3 Standortmanagement

Hinsichtlich der methodischen Vorkenntnisse, des damit verbundenen Zeitaufwands und der notwendigen Kreativität geht ein ambitioniertes Standortmanagement weit über das Sammeln, Generieren und Strukturieren von wirtschaftsrelevanten Informationen hinaus.

Standortmanagement umfasst vielmehr die folgenden Teilbereiche (Pongratz und Vogelgesang 2016, S. 12):

- Standortanalyse & Controlling der bisherigen Maßnahmen,
- Standortvision,
- Strategie- und Standortentwicklung,
- Standortmaßnahmen & Leistungsangebote.

Die vier genannten Bereiche bilden einen Regelkreis, dessen Schlusspunkt zugleich der Ausgangspunkt für einen jeweils neuen Zyklus darstellt.

Zu den für die Analyse eines Standortes nützlichen Instrumenten gehören die Sozialstrukturanalyse, die Wirtschaftsstrukturanalyse, die SWOT-Analyse und die STEEP-Analyse.

3.3.4 Beratung

Trotz konträr dazu stehender Befragungsergebnisse kann davon ausgegangen werden, dass Beratung auch für die Zukunft ein wichtiger Bestandteil der Arbeit von kommunalen Wirtschaftsförderungseinrichtungen bildet.

Wie bereits ausgeführt, sahen bei einer von dem DStGB und der Kienbaum Management Consultants GmbH im Jahr 2012 durchgeführten Befragung nur 3 % der befragten Wirtschaftsförderungseinrichtungen die Fördermittelberatung als eines der drei wichtigsten Themen in der Zukunft an. Im Umkehrschluss impliziert die Studie des DStGB jedoch nicht, dass die Fördermittelberatung für kommunale Wirtschaftsförderungseinrichtungen unwichtig wäre. Insgesamt erscheint es als angebracht, gerade diesen Aspekten bei zukünftigen Erhebungen eine beträchtliche Aufmerksamkeit zu schenken.

Abhängig von der Anzahl der Adressaten der Beratung kann zwischen Einzelberatung und Gruppenberatung unterschieden werden. Zunächst gilt es, die Einzelberatung in ihren vielfältigen Facetten darzustellen.

3.3.4.1 Einzelberatung

Bei den immateriellen Fördermitteln kommt den Einzelberatungen der kommunalen Wirtschaftsförderungen eine äußerst bedeutende Stellung zu. Da die Leistungen der kommunalen Wirtschaftsförderung in Deutschland, also auch die Einzelberatungen, nicht zentral definiert, gelenkt, umgesetzt und evaluiert werden, sind sie vielfältig und teilweise auch intransparent. Hier soll zunächst ein Überblick zu der thematischen Ausrichtung der von kommunalen Wirtschaftsförderungseinrichtungen in Deutschland angebotenen Einzelberatungen gegeben werden. Diese kann aufgrund der großen thematischen Vielfalt allerdings keinen Anspruch auf Vollständigkeit erheben.

3.3.4.2 Gründungsberatung

Viele kommunale Wirtschaftsförderungseinrichtungen führen interessierte Personen an das Thema der Unternehmensgründung heran. Je nach Vorkenntnissen und Vorerfahrungen mit der Thematik gilt es zu eruieren, inwieweit eine Gründung in die spezifische Lebenssituation der Interessentinnen und Interessenten passt, inwieweit eine individuelle Gründungsaffinität vorhanden ist und welche Ressourcen einer Gründung zur Verfügung stehen könnten. Bei ihrer Gründungsberatung greifen die kommunalen Wirtschaftsförderungseinrichtungen gerne auf die vielfältige, kostenfreie Beratungsliteratur zu dieser Thematik zurück. So bietet beispielsweise das Wirtschaftsministerium eine 28 Hefte umfassende Reihe mit dem Titel *GründerZeiten* an. Jedes Heft hat dabei ein Schwerpunktthema, welches jeweils aus einer für die Gründung relevanten Perspektive vorgestellt wird. Beispielsweise werden die Themen Businessplan, Marketing, Personal und Versicherungen behandelt. Die jeweiligen Wirtschaftsförderungseinrichtungen sind hier auch als Multiplikator gefragt. Einige Wirtschaftsförderungseinrichtungen bieten zudem eine Beratung über/zu Gründungsaktivitäten für Personen, die im Bezug von Arbeitslosengeld I sind, an, indem sie sogenannte fachkundige Stellungnahmen für die Bundesagentur für Arbeit erstellen. Diese fachkundigen Stellungnahmen bilden die Grundlage für das Förderprogramm „Gründungszuschuss".

Bereits der zu den sogenannten „Hartz-Gesetzen" führende Bericht der Hartz-Kommission vom 16. August 2002 führte in Kapitel 9 eine Förderung der Selbstständigkeit von bis dahin arbeitslosen Personen auf. Konkret sollte durch die „Ich-AG" und die „Familien-AG" eine Unterstützung der Gründungsaktivitäten erfolgen. Als ein die Selbstständigkeit unterstützendes Instrumentarium wurde damals ein Überbrückungsgeld eingeführt.

Mittlerweile hat der Gründungszuschuss die beiden bis dahin bestehenden Gründungsförderinstrumente abgelöst.

Hilfe beim Auffinden von Standorten und Immobilien
Kommunale Wirtschaftsförderungseinrichtungen werden von internen und externen Investoren regelmäßig auf die Existenz von Standorten zur Ansiedlung von Unternehmen angesprochen. Dabei wird jeweils unterstellt, dass sich das Wissen um freie Gewerbe- und Industrieflächen bei den kommunalen Wirtschaftsförderungseinrichtungen sammelt und hier abgerufen werden kann. Neben einer diesbezüglichen Beratung in den Räumlichkeiten der jeweiligen Wirtschaftsförderungseinrichtung bieten zahlreiche Wirtschaftsförderungen aber auch eine Besichtigung und Beratung vor Ort an. Dies geschieht oftmals im Rahmen gemeinsamer Fahrten zu den jeweiligen Gewerbe- und Industriegebieten. Vor Ort haben die Interessenten die Möglichkeit, ihre spezifischen Fragen zu stellen und individuelle Informationen und Beratung zu erhalten.

Diese gemeinsamen Fahrten von Mitarbeiterinnen und Mitarbeitern von Wirtschaftsförderungseinrichtungen und potenziellen Investoren zu den jeweiligen Grundstücken oder Immobilien eröffnet eine gute Gelegenheit, mit den Investoren ins Gespräch zu kommen und sie nach ihren jeweiligen Bedarfen zu fragen. Erst das Wissen um die Kundenwünsche, aber auch um die Art der Einbindung der Kunden in deren jeweilige Organisationsstrukturen eröffnet es den Mitarbeiterinnen und Mitarbeitern von Wirtschaftsförderungseinrichtungen, die jeweiligen Objekte zielgerichtet und passend zu präsentieren und den Standort von dessen bester Seite zu zeigen. Mit dieser kunden- und serviceorientierten Strategie kann der Standort in ein möglichst positives Licht gerückt werden. Insofern ist der Service der Wirtschaftsförderungseinrichtungen seinerseits als wichtiger Standortfaktor zu sehen.

Im Idealfall verfügt die Region über bereits vollständig erschlossene Industrie- und Gewerbegebiete, und den Investoren kann dargestellt werden, innerhalb welchen Zeitraums sie mit den für die Errichtung oder die Erweiterung Ihres Unternehmens notwendigen Genehmigungen rechnen können. Die diesbezüglichen Darlegungen sollten in schriftlicher Form flankiert mit den notwendigen Zwischenschritten (Meilensteine) unterlegt werden.

Stehen für die Region besonders wichtige Investitionen an, sollten sich die Vertreterinnen und Vertreter der Wirtschaftsförderung auch darum bemühen, bereits zu einem frühen Zeitpunkt den Kontakt zwischen den (potenziellen) Investoren und der kommunalen

Politik herzustellen. Gerade wenn es um Fragen von Genehmigungen geht, sollten kommunale Politiker und die Vertreterinnen und Vertreter der kommunalen Wirtschaftsförderung identische Aussagen tätigen, um auch hier eine möglichst große Glaubwürdigkeit aufrechtzuerhalten.

Wirtschaftsförderungseinrichtungen, die nicht auf bereits erschlossene Industrie- und Gewerbegebiete zurückgreifen können, tun sich gewöhnlich deutlich schwerer mit der Vermarktung ihrer Gebiete. Für einen Investor bedeutet ein noch nicht vollständig erschlossenes Gebiet immer das Risiko, dass sich bei der zukünftig anstehenden Erschließung mögliche, bislang noch unsichtbare Probleme ergeben, deren spätere Lösung zu Verzögerungen oder im Extremfall zu einer Unmöglichkeit der Umsetzung der geplanten Investitionen führen könnte. Zu denken wäre beispielsweise an mögliche Baustopps aufgrund denkmalrelevanter Bodenfunde, Altlasten, beispielsweise aus dem Zweiten Weltkrieg, oder eine erst später festgestellte Kontamination der Böden.

Fördermittelberatung
Obgleich kommunale Wirtschaftsförderungseinrichtungen in der Regel nicht über die Vergabe von Fördermitteln entscheiden, bilden sie doch einen wichtigen Zugang und eine Informationsquelle über ebendiese Programme. Überdies sind sie vielen Gründerinnen bzw. Gründern bzw. Unternehmen bei der Beantragung der Fördermittel behilflich. Die strukturelle räumliche Begrenzung der Landesförderbanken findet ihre Entsprechung in einer Vielzahl kommunaler und regionaler Wirtschaftsförderungseinrichtungen. Insbesondere der bundesdeutsche Föderalismus mit seinem Pluralismus von Wirtschaftsförderungseinrichtungen, Wirtschaftsförderungsthemen, Ausbildungs- und Studienabschlüssen der Wirtschaftsfördererinnen und Wirtschaftsförderer sowie die Vielfalt der mit der Kontrolle der Wirtschaftsförderungen beauftragten politischen Entscheidungsträgern bringt es mit sich, dass es nur selten eine Standardisierung der Serviceangebote von kommunalen und regionalen Wirtschaftsförderungseinrichtungen gibt. Während einzelne Einrichtungen umfassend über Förderprogramme beraten und ihre Kunden intensiv über die Antragsmodalitäten informieren und/oder diese zu persönlichen Gesprächen bei der jeweiligen Landesförderbank begleiten, erstreckt sich der Service anderer Wirtschaftsförderungseinrichtungen teilweise lediglich in der Übergabe von Förderbroschüren und Föderanträgen.

Da es sich bei den unternehmensrelevanten Fördermitteln um eine sehr umfassende, oftmals wenig transparente und zuweilen gar fluide Thematik handelt, sind hier diesbezügliche Methodenkenntnisse unabdingbar. „Können ist wissen, wo steht", getreu diesem Motto benötigen kommunale Wirtschaftsförderer spezifische Kenntnisse über die relevanten Fördermitteldatenbanken und deren Bedienung. Ebenso ist es notwendig, dass ein umfassendes Prozesswissen vorhanden ist und der Ablauf der Fördermittelakquisition auch gegenüber den Kundinnen und Kunden klar kommuniziert wird. Da es sich bei der Existenz bzw. Höhe der regionalen Fördermittel um zentrale Standortfaktoren handelt, müssen sie auch jeweils mit den Fördersätzen anderer Regionen verglichen und in Bezug zu diesen gesetzt werden. Nur so können spezifische Stärken herausgearbeitet und in das Standort-

3.3 Immaterielle Unternehmensförderung

marketing integriert werden. Kurze Wartezeiten und schnelle Reaktionszeiten sollten die Fördermittelberatung der Wirtschaftsförderungseinrichtung auszeichnen und das diesbezügliche Gesamterscheinungsbild optimieren.

Zusätzlich zu einer diesbezüglichen Beratung sind Wirtschaftsförderungseinrichtungen oftmals auch bei dem Ausfüllen der jeweiligen Förderanträge behilflich. Da sich die Konditionen der Förderung oftmals kurzfristig ändern und die diesbezüglichen Informationen den kommunalen Wirtschaftsförderungseinrichtungen nicht immer vorliegen, empfiehlt es sich aus deren Perspektive, für Detailinformationen auf die Förderinstitute zu verweisen. Bei komplexen und aufwendigen Förderkonstellationen kann es überdies ratsam sein, zusammen mit den Kunden ein Gespräch direkt in den Räumlichkeiten der zuständigen Förderbank zu suchen.

Vergleicht man die Aufgaben der bei der Fördermittelvergabe involvierten Fördererinstitute mit denen der kommunalen Wirtschaftsförderungseinrichtungen, so wird deutlich, dass es sich bei den Vertreterinnen und Vertretern der kommunalen Wirtschaftsförderungen eher um Generalisten als um Spezialisten handelt. Wirtschaftsförderer sind gut beraten, sich einen Gesamtüberblick zu verschaffen und bei Detailfragen in Kontakt mit den jeweiligen Spezialisten der auf der Landes- oder Bundeslandebene angesiedelten Förderinstitute zu treten. Möchte man eine Analogie zur Medizin herstellen, handelt es sich bei den kommunalen Wirtschaftsförderungen eher um Allgemeinmediziner. Die Förderinstitute würden hier eher die Rolle eines Facharztes einnehmen.

Die mit der Fördermittelberatung betrauten Mitarbeiterinnen und Mitarbeiter kommunaler und regionaler Wirtschaftsförderungseinrichtungen sind strukturell zwischen der für die Förderung zuständigen Landesbank und den Empfängern möglicher Fördermittel positioniert. Schon allein aufgrund der räumlichen Nähe zu den Unternehmen sind die kommunalen Wirtschaftsförderer in der Regel „näher an den Unternehmen". Nicht zuletzt aufgrund der Begrifflichkeit „Wirtschaftsförderer" stehen sie in den jeweiligen Kommunen für die Thematik einer Fördermittelakquisition und Fördermittelberatung. Aufgrund der beschriebenen Vielzahl unterschiedlichster Förderprogramme sind viele kommunale Wirtschaftsförderungen aber mehr Generalisten als Spezialisten. In der Regel haben sie ein Überblickswissen über die gängigen Zuschuss- und Darlehensförderungen sowie Bürgschaftsprogramme.

Weiterhin vollzieht sich die Tätigkeit kommunaler Wirtschaftsförderer oftmals außerhalb des eigenen Büros in den Unternehmen ihrer Kunden. Viele kommunale Wirtschaftsförderer sind daher sehr vertraut mit den örtlichen Gegebenheiten, Problemen und Herausforderungen der von ihnen unterstützten Firmen. Die Tätigkeit vieler mit der Vergabe von Fördermitteln betrauter Mitarbeiterinnen und Mitarbeiter der Förderbanken auf Landesebene vollzieht sich dagegen zu einem größeren Teil in den Räumlichkeiten der Förderbanken. Viele Kundenkontakte erfolgen mittels einer schriftlichen oder aber fernmündlichen Kommunikation.

Überhaupt weisen die Förderbanken auf Landesebene einen weitaus höheren Grad der Spezialisierung auf die verschiedensten Förderprogramme auf. So beschäftigen sich ganze Abteilungen mit den einzelnen Förderprogrammen. Dem breiten Ansatz kommunaler Wirtschaftsförderung steht auf der Landesebene ein schmaler, aber deutlich tieferer Ansatz gegenüber.

Die beträchtlichen Unterschiede hinsichtlich Aufgaben, Gestaltung und Spezialisierung ergeben sich nicht zuletzt durch die deutlichen Größenunterschiede der Landesförderbanken und der kommunalen Wirtschaftsförderungseinrichtungen. Während viele Landesförderbanken Belegschaften von mehr als 300 Personen aufweisen, sind kommunale Wirtschaftsförderungen in Deutschland meist kleinteilig aufgestellt. Wirtschaftsförderungseinrichtungen mit einer zweistelligen Mitarbeiterzahl bilden bereits eine beträchtliche Ausnahme. Oftmals sind die Mitarbeiterinnen und Mitarbeiter von kommunalen Wirtschaftsförderungseinrichtungen sogar als „Soloakteure" im Einsatz.

Und während die kommunalen Wirtschaftsförderer lediglich beraten, aber nicht über die Zuschuss- oder Darlehensvergabe persönlich entscheiden, bleibt diese Entscheidungskompetenz den Mitarbeiterinnen und Mitarbeitern der zuständigen Förderbanken vorbehalten.

Vor diesem Hintergrund sind die Mitarbeiterinnen und Mitarbeiter kommunaler Wirtschaftsförderungseinrichtungen sehr gut beraten, einen intensiven und regelmäßigen Kontakt zu den zuständigen Vertreterinnen und Vertretern der Landesbanken zu halten. Ein pragmatischer Ansatz besteht darin, bereits vor einer Fördermittelberatung und auf Basis der bei der Terminabstimmung erhaltenen Grundinformationen den telefonischen Kontakt zu der Landesförderbank aufzunehmen und den Sachverhalt vorab in groben Zügen abzustimmen. Dies ist insbesondere zu empfehlen, weil sich die gesetzlichen Vorgaben und die mit den Zuschüssen und Darlehen verbundenen administrativen Herangehensweisen immer wieder ändern.

Diese Änderungen sind den kommunalen Wirtschaftsförderungseinrichtungen oftmals nicht im Detail bekannt, da sie zum einen nicht immer an die institutionalisierte Kommunikation mit den zuständigen Förderbanken angeschlossen sind und zum anderen in der Hektik des Tagesgeschäfts veränderte Regelungen nicht immer wahrgenommen und verinnerlicht werden.

Vorabstimmungen mit der Förderbank können kommunale Wirtschaftsförderer auch davor schützen, Fördermittel in Aussicht zu stellen, die dann, beispielsweise auf Grundlage gesetzlicher Restriktionen, doch nicht zur Auszahlung an die Unternehmen vor Ort gelangen. Insofern bietet diese Vorgehensweise auch einen gewissen Schutz kommunaler Wirtschaftsförderer vor einem für alle Seiten frustrierenden Ansehens- und Glaubwürdigkeitsverlust. Daneben sollten kommunale Wirtschaftsförderer auch ohne konkreten Anlass einen regelmäßigen Austausch mit den zuständigen Mitarbeiterinnen und Mitarbeitern der Landesbanken pflegen, um – im Idealfall auf einer eher informellen Ebene – eine vertrauensvolle Beziehung aufzubauen und aufrechtzuerhalten.

Ebenso ist es angesichts der Vielfalt und Komplexität der Förderprogramme absolut notwendig, Berufseinsteiger in einer institutionalisierten Art und Weise zu schulen und sie an den Gegenstand ihrer beruflichen Beratungstätigkeit heranzuführen. Eine besonders geeignete Herangehensweise ist die sogenannte Tandemlösung, bei der erfahrene Berater und Berufseinsteiger zunächst zahlreiche Beratungen gemeinsam durchführen sollten. Quasi im Echtbetrieb wird hier die Beratung durch den erfahrenen Mitarbeiter durchgeführt, während der Neueinsteiger zunächst die Rolle des Beobachters einnimmt. Im Anschluss an das Beratungsgespräch sollte jeweils eine kritische Reflexion mit einhergehender Kommunikation zwischen dem Berater und dem Berufseinsteiger stattfinden. In der Regel wird der Berufseinsteiger bei diesem strukturierten Ansatz schnell dazulernen und sich nach einiger Zeit in der Lage sehen, die Beratung weitgehend selbstständig zu unternehmen und sich lediglich im Nachgang zu den noch immer gemeinsam durchgeführten Gesprächen eine sogenannte „Manöverkritik" durch den erfahreneren Berater einzuholen. Nach und nach wird sich der erfahrene Berater aus den Beratungsgesprächen herausziehen und dem Berufseinsteiger die Möglichkeit geben, ein immer größeres Maß an Selbstständigkeit in die Beratung zu bringen.

Beratung im Vorfeld von Bankgesprächen
Die Fragen der Finanzierung stehen regelmäßig im Mittelpunkt der Beratungsgespräche zwischen Gründern bzw. Unternehmen und der kommunalen Wirtschaftsförderung. Oftmals ist relativ schnell zu erkennen, dass Eigenkapital und Fördermittel nicht ausreichen, um die jeweils angestrebten Investitionen abzudecken. Die kommunalen Wirtschaftsförderungen sind hier zunächst gefragt, einen Überblick über die für ein Darlehensgespräch infrage kommenden regionalen Kreditinstitute zu geben. Aus Sicht der kommunalen Wirtschaftsförderung ist es jedoch wichtig, Neutralität an den Tag zu legen und keine konkreten Empfehlungen abzugeben. Vielmehr sollten die potenziellen Darlehensnehmer auf Basis dieses von der jeweiligen Wirtschaftsförderung vermittelten Gesamtüberblicks selbst eine Entscheidung darüber treffen, mit welchem Kreditinstitut zunächst zu verhandeln ist. Nach erfolgter Vorauswahl kann dann, falls von dem Kunden der Wirtschaftsförderung gewünscht, das Darlehensgespräch durch die kommunale Wirtschaftsförderung dahingehend vorbereitet werden, dass diese den Erstkontakt mit dem Kreditinstitut herstellt. Es empfiehlt sich, dass die kommunale Wirtschaftsförderung ihn auch bei dem Bankgespräch begleitet und bereits im Vorfeld des Gespräches unterstützend zur Seite steht. Aus Sicht der Autoren tendieren beispielsweise viele Erfinderinnen und Erfinder dazu, das Darlehensgespräch mit einer zu großen Fokussierung auf die Technik ihrer Erfindung zu führen und dabei betriebswirtschaftliche Aspekte nicht hinreichend zu berücksichtigen. Mittels entsprechender Vorgespräche und einer diesbezüglichen Sensibilisierung können kommunale Wirtschaftsförderungen beispielsweise hier mit geringem Aufwand für ihre Kunden sehr nutzbringend agieren.

Erfahrene Wirtschaftsförderer werden das Bankgespräch anmoderieren, ihre Wertschätzung für das jeweilige Projekt und dessen Trägerin bzw. Träger zum Ausdruck bringen, sich dann aber zunächst eher zurückhalten und ihren Kunden die Kommunikation mit den Bankvertreterinnen und -vertretern überlassen. Eine zu offensive Kommunikation durch die kommunalen Wirtschaftsförderer böte die Gefahr, dass die potenziellen Darlehensnehmer als zu passiv und unselbstständig durch die Vertreterinnen und Vertreter der Kreditinstitute wahrgenommen werden würden, was keinesfalls zielführend wäre. Von angehenden oder bereits vorhandenen Unternehmerinnen und Unternehmern wird vielmehr erwartet, dass sie kompetent auftreten, optimistisch und entscheidungsfreudig die avisierten Projekte vorstellen und Außenstehende erkennen lassen, dass sie durchaus in der Lage sind, unternehmerisch zu handeln.

Abschließend möchten wir Ihnen zehn Empfehlungen der *GründerZeiten* Nr. 6 nicht vorenthalten. Allerdings sollen im Folgenden lediglich die Überschriften Erwähnung finden. Die ausführlichen Beschreibungen entnehmen Sie bitte der aufgeführten Publikation (Bundesministerium für Wirtschaft und Energie 2019d):

1. Gründlich vorbereiten … ,
2. Rechtzeitig Termin vereinbaren … ,
3. Selbstbewusst auftreten … ,
4. Berater mitnehmen … ,
5. Rentabilität darlegen … ,
6. Vergleichsangebote einholen … ,
7. Verhandeln ist erlaubt … ,
8. Unterlagen stützen Argumente … ,
9. Protokoll schreiben … ,
10. Wenn die Bank „Nein" sagt … .

Weitere interessante Ausführungen zum Bereich der Finanzberatung und der Vorstellung auf ein Bankgespräch finden sich auf der Seite der Landesförderbank Hessen (Wirtschafts- und Infrastrukturbank Hessen 2018). Dort heißt es:

Förderberatung Hessen
Geschäftskonzept für die Finanzierungsberatung

Die Kerndaten des *Businessplans* bilden die Grundlage für ein Beratungsgespräch. Vor allem zu folgenden Punkten benötigt die Förderberatung kurze Informationen:

- Gründungsdatum
- Geschäftszweck
- Rechtsform und Gesellschafter
- Investitionsort
- zu finanzierendes Volumen
- Mittelverwendung: Anlageinvestitionen/Warenlager/Markterschließungskosten/ sonstige Betriebsmittel
- Eigenkapital
- Sicherheiten
- Arbeitsplätze aktuell/geplant
- Jahresumsätze

Bei FuE-Projekten wird die Projektskizze zugrunde gelegt. Im Einzelnen sind wichtig:

- Entwicklungsstand
- Entwicklungsziel
- Kooperationspartner (Unternehmen/Hochschulen)
- Projektlaufzeit
- erforderliches Projektbudget

3.3 Immaterielle Unternehmensförderung

Beratung bezüglich relevanter Ansprechpartner und Netzwerke
Für externe Investoren bedeutet das Wissen um relevante Ansprechpartner und Netzwerke einen entscheidenden Mehrwert. Ohne eine diesbezügliche Unterstützung ist das Auffinden relevanter Ansprechpartner mit hohen Zeitkosten verbunden. Kompetente regionale Wirtschaftsförderungen können hier mit ihrer Beratung ansetzen und ihren Kundinnen und Kunden signalisieren, dass sie einen sehr guten Überblick über die für ihre Kunden relevanten regionalen Ansprechpartner und Netzwerke haben und darüber hinaus auch gewillt sind, diese Zugänge zu öffnen und für die Kunden zugänglich zu machen. So ist das System Wissenschaft, also insbesondere Hochschulen und Forschungsinstitute, oftmals für Außenstehende eher schwer zugänglich. Ein Anruf oder eine E-Mail der kommunalen Wirtschaftsförderung kann hier leicht Türen öffnen und wertvolle Kontakte für die Kunden herstellen. Wichtig ist, dass im Rahmen eines Gespräches zwischen dem Kunden und den Wirtschaftsförderern eruiert wird, welche potenziellen Kontakte einen Mehrwert generieren könnten.

Grundsätzlich empfiehlt es sich, das Wissen um regionale Akteure und deren spezifische thematische Affinitäten in eine Datenbank zu integrieren. So könnten beispielsweise die verschiedenen Ausbildungsangebote eines Unternehmens in eine solche Datenbank integriert werden. Kommt es dann beispielsweise zu Anfragen anderer Unternehmen bezüglich der Ausbildungskooperationen in einem bestimmten Berufsfeld, so können schnell geeignete Querverbindungen hergestellt und eine sinnvolle Vernetzung sichergestellt werden.

Beratung im Konfliktfall
Obgleich die Mitarbeiterinnen und Mitarbeiter von kommunalen oder regionalen Wirtschaftsförderungseinrichtungen in der Regel nicht über eine Mediatorenausbildung verfügen, werden sie doch zuweilen für die Lösung von Konflikten hinzugezogen. Insbesondere Unternehmen wenden sich bei Konflikten, beispielsweise mit der Verwaltung, gerne an die jeweiligen Wirtschaftsförderungen. Dabei dürfte auch die Tatsache, dass die Inanspruchnahme der Leistungen in der Regel nicht mit finanziellen Aufwendungen verbunden ist, für eine solche Entscheidung sorgen. Die Vorgehensweise ist auch daher naheliegend, da sich Wirtschaftsförderungen häufig im Eigentum der Kommunen befinden und so häufig ein besserer Zugang zu den relevanten Ämtern besteht. Ist die Wirtschaftsförderung gar als Amt organisiert, kann das Problem oft „auf dem kleinen Dienstweg" angegangen werden.

Allerdings kann die Nähe zu den anderen Ämtern im Falle eines Konfliktes auch dazu führen, dass es seitens der involvierten Unternehmen angesichts einer nicht erfolgten Problemlösung zu einer Art „Vermengung" kommt und die Wirtschaftsförderung in „das Fahrwasser" der Kritik gerät. Diese „strukturellen Risiken" sollten die Wirtschaftsförderungen jedoch nicht davon abhalten „ihre" Unternehmen in Konfliktsituationen zu unterstützen und aktiv nach Lösungen zu suchen.

Es wird immer Konstellationen geben, in denen sich die Kunden der kommunalen Wirtschaftsförderung im Konflikt mit Vertreterinnen und Vertretern regionaler Einrichtungen befinden. Zu denken wäre beispielsweise an einen Streit mit Vertreterinnen und Vertretern der kommunalen Verwaltung, der Kreditinstitute oder der Politik, bei dem es um fehlende Parkplätze, zu lange Wartezeiten bei der Bearbeitung von Anträgen, nicht nachvollziehbare Entscheidungen etc. geht. Im Rahmen von Beratungen kann die kommunale Wirtschaftsförderung hier versuchen, deeskalierend auf die Kundinnen und Kunden und deren Konfliktpartner einzuwirken. Je nach der Art und dem Stadium des Konflikts mag eine diesbezügliche Beratung mehr oder weniger erfolgreich sein. Aus Sicht des Kunden sollte zumindest erkennbar werden, dass sich die kommunale Wirtschaftsförderung für ihn einsetzt und an einer Lösung interessiert ist.

Auch wenn man von einer kommunalen oder regionalen Wirtschaftsförderung, wie bereits dargestellt, nicht erwarten kann, dass sie in ihren Reihen fertig ausgebildete Mediatorinnen bzw. Mediatoren aufweisen kann, sollte das Feld von Konfliktmanagement und Mediation auch für Belegschaften von Wirtschaftsförderungseinrichtungen von Interesse sein. Zumindest sollten Wirtschaftsförderer Grundkenntnisse bezüglich der klassischen Abläufe von Konflikten haben und beispielsweise das von Friedrich Glasl erstellte Phasenmodell der Eskalation kennen. Erst das Wissen um theoretische Modelle erlaubt eine sinnvolle Einordnung von Konflikten, die ihrerseits die Basis für mögliche Lösungsmuster und Lösungsstrategien darstellt.

Beratung und Information zu relevanten Wirtschaftsdaten
Zu dem Portfolio der Beratung von kommunalen Wirtschaftsförderungseinrichtungen sollten auch Informationen zur regionalen Wirtschafts- und Branchenstruktur gehören. Während sich die oben skizzierten Beratungsleistungen an Gründer und Vertreter von Unternehmen richteten, werden Informationen zur regionalen Branchen- und Wirtschaftsstruktur eher durch die kommunale Politik und Verwaltung abgerufen. Diese erwarten ganz einfach, dass sich Informationen bei den kommunalen Wirtschaftsförderungseinrichtungen bündeln und dort auch regelmäßig aktualisiert werden.

Tab. 3.12 Auf Unternehmensnachfolge ausgerichtete Plattformen, Teil 1. (Quelle: Eigene Darstellung 2019)

Deutsche Unternehmerbörse	https://www.dub.de/
concess Unternehmensbörse	https://www.concess.de/unternehmensboerse/unternehmensboerse-verkauf.aspx
biz trade	https://www.biz-trade.de/
EFU Expertengruppe für Unternehmensnachfolge	http://www.efu-online.de/kaufen.htm
K.E.R.N – Die Nachfolgespezialisten	https://unternehmenskauf-24.eu/kaufangebote.php?offset=15
CARL Plattform für mittelständische Unternehmensverkäufe	https://www.carlfinance.de/
Unternehmensbörse Hessen	http://www.unternehmensboerse-hessen.de/
Firmenverkauf	http://www.firmenverkauf.de/aa.htm
Unternehmensbörse SaarLorLux	https://www.unternehmensboerse-saarlorlux.de/

Tab. 3.13 Auf Unternehmensnachfolge ausgerichtete Plattformen, Teil 2. (Quelle: Eigene Darstellung 2019)

Bayern	https://www.unternehmensnachfolge-in-bayern.de/nachfolge-in-bayern/
Baden-Württemberg	https://www.service-bw.de/lebenslage/-/sbw/Unternehmensnachfolge-5000810-lebenslage-0
Sachsen-Anhalt	https://www.unternehmensnachfolge-lsa.de/
Nordrhein-Westfalen	https://www.wirtschaft.nrw/unternehmensnachfolge
Österreich	https://www.nachfolgeguide.at/content/unternehmen_firma/wko/
Schweiz	https://www.nachfolgepool.ch/ https://www.businessbroker.ch/home

Beratung zu regionalen Innovationsprozessen

Möchten Kommunen oder Regionen ein eigenes Standortmanagement aufbauen, so werden sie kaum umhinkommen, diesbezügliche Gespräche mit den Vertreterinnen und Vertretern der kommunalen Wirtschaftsförderungseinrichtung zu führen. Wenn dort neben Kenntnissen zur Branchen- und Wirtschaftsstruktur auch Methoden- und Prozesskenntnisse bezüglich möglicher Innovationsprozesse vorliegen, können die regionalen Schlüsselakteure durch die Vertreterinnen und Vertreter der Wirtschaftsförderungseinrichtungen beraten werden.

Eine ausführliche Beschreibung der Initiierung und Implementierung regionaler Innovationsprozesse findet sich in dem ebenfalls in der vorliegenden Schriftenreihe erschienenen Werk mit dem Titel *Standardmanagement*, das im Jahr 2016 von Pongratz und Vogelgesang veröffentlicht wurde.

Beratung zur Unternehmensnachfolge

Die kommunalen Wirtschaftsförderungseinrichtungen sollten Unternehmen während aller Phasen mit Rat und Tat zur Seite stehen. Neben der Gründungs-, Wachstums- und Sättigungsphase sollte auch die Phase der Unternehmensnachfolge bei der Beratung Beachtung finden. Zumindest sollte hier auf die diesbezüglichen Portale von Kammern und Banken verwiesen werden.

Besondere Bedeutung kommt in diesem Zusammenhang dem vom Bundesministerium für Wirtschaft und Energie, der Kreditanstalt für Wiederaufbau (KfW), dem DIHK, dem ZDH, den Volksbanken und Raiffeisenbanken sowie den Sparkassen organisierten Nachfolgeportal zu. Dieses trägt den Namen neXXt Change und soll Käufer und Verkäufer in Beziehung zueinander bringen. Am 16. September 2018 umfasste die Plattform 6716 Verkaufsangebote und 1943 Kaufgesuche.

Neben einem allgemeinen Matching von Angebot und Nachfrage erlaubt die Plattform auch eine Suche nach Regionalpartnern. Ebenso weist sie spezifische Informationen zu den Bereichen Finanzierung, Förderprogramme und Planung einer Unternehmensübertragung auf. Das Planungstool umfasst auch Checklisten, Publikationen und Onlinetools zur oben genannten Thematik.

Neben der beschriebenen Plattform gibt es eine Vielzahl von weiteren, auf die Unternehmensnachfolge ausgerichteten Plattformen, die teilweise auch einen regional- oder branchenspezifischen Charakter aufweisen. Exemplarisch soll auf die in Tab. 3.12 aufgelisteten Plattformen verwiesen werden.

Weiterhin gibt es auf der Ebene von Bundesländern bzw. Kammerbezirken teilweise sehr interessante Informationsquellen zum Thema Unternehmensnachfolge. Exemplarisch sei auf die in Tab. 3.13 aufgeführten Seiten verwiesen.

Im Gegensatz zu den Plattformen und Informationsportalen öffentlicher Einrichtungen wie neXXt Change ist es bei den zahlreichen Plattformen privater Anbieter nur schwer möglich, eine fundierte Aussage bezüglich deren Seriosität, Kostenstruktur und Kompetenz zu erhalten. Daher empfiehlt es sich, die relevanten Seiten genau zu studieren und sich gegebenenfalls auch danach zu erkundigen, ob es möglich ist, direkten Kontakt zu Referenzkunden aufzunehmen. Ebenso sollten die mit der Dienstleistung einhergehenden Kosten frühzeitig in den Fokus gerückt werden.

Notfallberatung
Die Vertreterinnen und Vertreter von kommunalen Wirtschaftsförderungseinrichtungen werden auch regelmäßig bei unternehmerischen Notfällen angesprochen. Die Varianz und Vielfalt der Anfragen durch Unternehmensvertreter lassen eine Vorbereitung auf solche Gespräche nur in einem sehr eingeschränkten Maß zu. Gleichgültig, ob es sich um einen Brand in einem Unternehmen handelt, nach dem beispielsweise zu Beweiszwecken Teile des Unternehmens vorübergehend geschlossen werden, um einen Einbruch, bei dem wichtige Unterlagen entwendet wurden, oder die Anfrage einer Unternehmergattin, deren Ehemann plötzlich erkrankt oder gar verstorben ist, stehen Integrität und Kompetenz des kommunalen Ansprechpartners für ökonomische Belange im Mittelpunkt der Beratung. Bei solchen oftmals für die im Ausnahmezustand stehenden Kunden durchzuführenden Beratungen ist viel Fingerspitzen- und Feingefühl notwendig. Doch zeigt sich gerade in einer für die unter hohem Zeitdruck stehenden Kunden existenzbedrohenden Situation der Wert einer soliden, nicht kommerziellen und seriösen Beratung.

Zur Reduktion möglicher Verwerfungen, Friktionen und negativer Einflüsse durch unvorhersehbare und potenziell schädliche Ereignisse empfiehlt es sich für Unternehmerinnen und Unternehmer, sich frühzeitig mit dem Thema Notfallplanung zu beschäftigen. So verfügen beispielsweise einige Industrie- und Handelskammern (IHK) über entsprechende Notfallhandbücher. Diese ermöglichen eine neutrale und strukturierte Beschäftigung mit der Thematik. Exemplarisch sei an dieser Stelle auf das sogenannte „Notfall-Handbuch" der IHK Pfalz im Kammerbezirk Ludwigshafen verwiesen. Herausgeber des Handbuchs ist die Handelskammer Hamburg.

Den Nutzen ihres Notfall-Handbuchs beschreibt die IHK Pfalz wie folgt (Handelskammer Hamburg 2016):

Viele Unternehmer wissen längst, wie wichtig es sein kann, Vorkehrungen für den eigenen Ausfall zu treffen. Dennoch ist die Bereitschaft, sich mit diesem Thema intensiv auseinanderzusetzen, oftmals nur gering.

Der Grund hierfür liegt auf der Hand: Ausgangspunkt aller Überlegungen sind unangenehme Gedankenspiele, die die eigene Person betreffen. Was würde passieren, wenn ich als Chef" plötzlich durch Krankheit oder Unfall für längere Zeit ausfalle? Was würde jetzt geschehen, wenn ich als Firmenlenker vor zwei Wochen gestorben wäre? Könnte das Unternehmen ohne mich fortbestehen und die Arbeitsplätze erhalten bleiben? Wäre meine Familie wirtschaftlich ausreichend abgesichert?

Viel zu oft werden diese Gedanken verdrängt. Wer rechnet schon gern mit dem Schlimmsten? Viele Unternehmen haben genau deshalb keine ausreichende Notfallvorsorge. Doch Unglücke passieren – naturgemäß – unvorbereitet und aus heiterem Himmel. Unfälle oder Krankheiten lassen sich in aller Regel nicht vorhersagen. Wer kann und soll sich bei einem solchen Schicksalsschlag um das Unternehmen kümmern? Wer nimmt vorübergehend oder dauerhaft die wichtigsten Aufgaben wahr? Es besteht die Gefahr, dass ohne entsprechende Vorbereitungen alle Räder stillstehen.

Dabei kann das Unternehmen mit der richtigen Strategie und einigen praktischen Schritten wirksam abgesichert werden. Um den Betrieb also vor unnötigem Schaden zu bewahren, sollte es einen Notfallplan geben.

Das Notfall-Handbuch soll Anregung, Orientierung und Werkzeug zugleich sein, die wichtigsten Regelungen konkret umzusetzen.

Selbstverständlich bietet es sich für die Vertreterinnen und Vertreter von kommunalen Wirtschaftsförderungseinrichtungen an, sich auf die sich mit dem Thema Notfallmanagement beschäftigende Ratgeberliteratur der regionalen Kammern und Innungen zu beziehen und auch Kontakt zu diesen Einrichtungen herzustellen.

Sonstige Beratungen
Die Liste der Einzelberatungen ließe sich selbstverständlich noch erweitern. Blickt man beispielsweise auf die DIFU-Befragung des Jahres 2008 und die DStGB-Befragung aus dem Jahr 2012, wird die thematische Bandbreite der Arbeit von Wirtschaftsförderungseinrichtungen sichtbar. Entsprechend der jeweiligen Ausrichtung sind somit noch Beratungen zu zahlreichen weiteren Themenfeldern wie Gewerbe- und Industrieflächen, Einzelhandelsentwicklung, Tourismusförderung, Möglichkeiten zum Abbau des Fachkräftemangels und nachhaltiges Wirtschaften möglich. Aktuelle Entwicklungen, wonach einige kommunale Wirtschaftsförderungen beispielsweise auch stark in den Bereich des Breitbandausbaus involviert sind, lassen vermuten, dass zukünftig zumindest von einzelnen Akteuren auch auf diesem Feld ein Beratungsangebot entwickelt werden wird.

Gruppeninformation und Veranstaltungsmanagement
Um viele Unternehmen gleichzeitig anzusprechen und einen Rahmen für eine regelmäßige und institutionalisierte Kommunikation vorzuhalten, sind zahlreiche kommunale Wirtschaftsförderungen dazu übergegangen, sich bei oder für regionale(n) Wirtschaftsveranstaltungen zu engagieren. Die Bandbreite der hier durch kommunale Wirtschaftsförderung erbrachten Dienstleistungen ist sehr vielfältig und reicht vom vollständigen Veran-

staltungsmanagement inklusive Einladungen, Moderationen, eigenen Vorträgen, Auswahl externer Referentinnen und Referenten bis hin zur Zulieferung einzelner Komponenten für externe Veranstaltungen.

Die Veranstaltungen richten sich oftmals an einzelne Unternehmensgrößen, Branchen, räumliche Konzentrationen oder Geschäftsbereiche der regionalen Unternehmen.

So ist beispielsweise die Wirtschaftsförderungsgesellschaft Stadt und Landkreis Kaiserslautern mbH in ca. 40 verschiedene Unternehmensnetzwerke und Unternehmensveranstaltungen involviert. Diese reichen vom Textil- und Metallcluster über die Ehrenamtlichen Arbeitsmarktmentoren Kaiserslautern, dem Arbeitskreis SCHULEWIRTSCHAFT, dem American German Business Club Kaiserslautern (AGBC), Kirche und Arbeitswelt e.V., dem Diemersteiner Kreis bis hin zum Arbeitskreis Personalmanagement.

Die hier dargestellten Arbeitskreise bilden eine sehr gute Möglichkeit, die regionalen Unternehmen regelmäßig zu erreichen und dabei auch jeweils auf neue und aktuelle Entwicklungen einzugehen. Im Anschluss an den öffentlichen Teil besteht oftmals auch die Möglichkeit zu Einzelgesprächen und Einzelberatungen mit den anwesenden Unternehmensvertretern. Bei sämtlichen Veranstaltungen ist jedoch darauf zu achten, dass ein deutlicher Mehrwert für die Unternehmen angeboten wird. Kann ein solcher Mehrwert geschaffen werden, besteht eine hohe Wahrscheinlichkeit, dass der entsprechende Arbeitskreis akzeptiert und hinreichend gut besucht wird. Gelingt es hingegen nicht, einen solchen Nutzen zu schaffen, wird die Zahl der Teilnehmerinnen und Teilnehmer voraussichtlich recht schnell zurückgehen. An einem solchen Punkt angelangt, sollten sich kommunale Wirtschaftsförderungen auch nicht davor scheuen, die Arbeit in einem schwach besuchten Arbeitskreis einzustellen und ihre Ressourcen auf vielversprechendere Projekte und Aufgaben zu richten.

3.3.5 Netzwerkaufbau und Netzwerkmanagement

Eine weitere Art der immateriellen Unternehmensförderung liegt im Aufbau und in der Pflege planmäßiger Kooperationen zwischen den wirtschaftsnahen Akteuren einer Region. Der Wert dieser Kooperationen für die Wettbewerbsfähigkeit und den Erfolg der regionalen Unternehmen wurde in zahlreichen Studien herausgearbeitet. Erwähnung soll an dieser Stelle beispielsweise Michael Porter (1991) finden. So findet sich in Porters Werk aus dem Jahr 1990 mit dem Titel *Nationale Wettbewerbsvorteile* („The Competitive Advantage of Nations") u. a. eine Beschreibung zahlreicher Clusterregionen, die für die dort angesiedelten Unternehmen spezifische Vorteile generieren.

In der Regel weist ein bestimmter Wirtschaftsstandort eine Vielzahl von Unternehmen auf, welche hinsichtlich ihrer Größe, ihres Alters, ihrer Branchenzugehörigkeit, ihres Kundenstamms, der von ihnen erstellten Güter oder Dienstleistungen, ihrer Kundenorientierung, ihrer Innovationsfähigkeit etc. äußerst heterogen sind. Die jeweiligen Leiter der Unternehmen, seien es nun die Inhaber oder aber auch die Fremdgeschäftsführer, haben bei ihren Entscheidungen das von ihnen verantwortete Unternehmen im Fokus. Es gilt, Geld zu

3.3 Immaterielle Unternehmensförderung

verdienen, den Profit zu maximieren, ein offenes Ohr für die Belange der Kunden und Mitarbeiter zu haben und den gesetzlichen Vorgaben zu entsprechen.

Zur Überwindung dieser isolierten Betrachtung von Unternehmen ist jedoch ein systemischer Ansatz instruktiver. Dabei lässt sich das Unternehmen als ein System verstehen, das jeweils in eine bestimmte Umwelt eingebunden ist, durch die es einen Input erhält. Gleichzeitig hat auch jedes Unternehmen einen bestimmten Output an die Umwelt.

Zu dem unternehmensrelevanten Input gehören

- die Mitarbeiterinnen und Mitarbeiter des Unternehmens,
- Dienstleistungen und Produkte, die von anderen Unternehmen erstellt bzw. erbracht wurden (beispielsweise Immobilien, Geräte, Fuhrpark, Computerprogramme, von Rechtsanwälten oder Steuerberatern erstellte Gutachten etc.) und vom jeweiligen Unternehmen bezogen wurden,
- Rohstoffe.

Zu dem unternehmensrelevanten Output gehören

- eigene Produkte oder Dienstleistungen, die an externe Abnehmer geliefert werden,
- Emissionen, Abfall,
- qualifizierte Mitarbeiterinnen und Mitarbeiter, insofern diese vor Eintritt ihrer Rente das Unternehmen verlassen und dem Arbeitsmarkt zur Verfügung stehen.

Bei der Vielzahl von Unternehmen und der bereits beschriebenen Heterogenität ist es nicht ganz trivial, generelle Aussagen über ebendiese Unternehmen zu tätigen. Dennoch bleibt festzustellen, dass vor dem Hintergrund einer breit diversifizierten Unternehmenslandschaft viele Unternehmen teilweise über große Distanzen ihre Wettbewerberinnen und Wettbewerber kennen, sich ihr Blick aber oftmals nicht auf die sich in unmittelbarer Nachbarschaft zu ihnen ansässigen Unternehmen richtet. Oftmals ist das Wissen um die Produkte und Dienstleistungen dieser in unmittelbarer Nähe angesiedelten „anderen Unternehmen" nur marginal ausgeprägt.

Die Aussage beruht auf über Jahrzehnte immer wieder gesammelten Erfahrungen der beiden Autoren im Bereich der kommunalen Wirtschaftsförderung. Bleibt zu hoffen, dass gerade auf diesem Feld zukünftig Forschungsarbeiten getätigt werden, die eine Fokussierung auf das individuelle Wissen von Unternehmensleitungen um das Leistungsspektrum der in Ihrer Nähe angesiedelten anderen Unternehmen zum Gegenstand haben.

Die Segmentierung des Wissens und die oftmals wenig ausgeprägten kleinräumigen Interaktions- und Kommunikationsstrukturen bringen es mit sich, dass eine Betrachtung von Wirtschaftsräumen quasi aus der Vogelperspektive, falls überhaupt, nur von wenigen Akteuren vorgenommen wird.

Daher wäre zunächst zu prüfen, welche Organisationen derartige Regionalanalysen durchführen könnten. Infrage kommen dabei Vertreterinnen und Vertreter aus dem System Wissenschaft, also in der Regel Professorinnen und Professoren, Studierende oder Mitarbeiterinnen und Mitarbeiter von Forschungsinstituten. Zu denken wäre dabei insbesondere an Akteure aus dem Bereich der im Hochschulbereich verankerten Wirtschaftsförderung, Volkswirtschaftslehre, Wirtschaftsgeografie und Wirtschaftssoziologie. Doch auch hier bleibt zu postulieren, dass nur ein kleiner Anteil von Wirtschaftsräumen Gegenstand von (regelmäßigen) Studien ist.

Eine ähnliche Dienstleistung können die Vertreterinnen und Vertreter verschiedener Unternehmensberatungen oder privater Regionalentwicklungseinrichtungen bieten. Vor dem Hintergrund oftmals sehr schwieriger kommunaler Finanzsituationen dürfte es aber für zahlreiche Gebietskörperschaften kaum möglich sein, regelmäßige Wirtschaftsstudien durchführen zu lassen.

So bleibt den (kommunalen) Wirtschaftsförderungseinrichtungen oftmals lediglich die Einnahme einer Art Vogelperspektive. Je häufiger die kommunalen Wirtschaftsförderer ihr Büro verlassen und Gespräche in den jeweiligen Unternehmen führen, um dabei u. a. Informationen zu den Produkten und Dienstleistungen sowie zu den aktuellen Entwicklungen, Trends, Problemen, aber auch Chancen der Unternehmen zu erhalten, desto besser werden sie in der Lage sein, die einzelnen „Puzzleteile" zu einem neuen Bild zusammenzusetzen. Allerdings ist das angestrebte „Wirtschaftsmotiv" nicht ganz trivial, da man hier nicht von einer statischen Form auszugehen hat. Es gibt eben nicht den idealen Endzustand eines Wirtschaftsraums, den es anzustreben gilt und der einem eine abschließende Orientierung bieten könnte.

Vielmehr ist die Wirtschaftswelt, ganz besonders zu Beginn des 21. Jahrhunderts, permanenten Modernisierungs-, Veränderungs- und Entwicklungsprozessen unterworfen, welche langfristige und teilweise sogar mittelfristige Vorhersagen nur schwer möglich machen. Vor dem Hintergrund der beschriebenen Schumpeterschen Disruptionen werden Jahrzehnte alte erfolgreiche Geschäftsmodelle teilweise quasi über Nacht wertlos. Parallel dazu setzen neue Geschäftsmodelle in kürzester Zeit zu Höhenflügen an.

Selbstverständlich wären die Mitarbeiterinnen und Mitarbeiter von (kommunalen) Wirtschaftsförderungseinrichtungen völlig überfordert, müssten oder sollten sie alle kommenden Geschäftsentwicklungen antizipieren. Der berühmte Blick in die Glaskugel ist auch hier nicht möglich. Was man von (kommunalen) Wirtschaftsförderern jedoch erwarten kann, ist, dass sie sich intensiv mit den von ihnen unterstützten Unternehmen beschäftigen und mögliche Querverbindungen zu anderen Unternehmen oder technischen, ökonomischen, sozialen und gesellschaftlichen Prozessen herstellen. Regelmäßig geht es darum, die Anschlussfähigkeit einer Region und der dort angesiedelten „Schlüsselunternehmen" an zukünftige Entwicklungen zu erkennen und die Region mittels verschiedener Impulse in die für richtig erachtete Richtung voranzubringen. Innerhalb der permanent ablaufenden regionalen Transformationsprozesse sollten sich die Belegschaften von Wirtschaftsförderungseinrichtungen daher weit mehr als Gestalter denn als reine Verwalter verstehen und dies auch in ihrer täglichen Arbeit beherzigen.

Wirtschaftsförderer sind „klassische Wanderer zwischen den Welten", anders gesagt zwischen den gesellschaftlichen Funktionssystemen, mit vielfältigen Kontakten zu Einzelunternehmen. Neben den institutionellen Kontakten zum System Wirtschaft verfügen sie aber auch über eine enge Verbindung zu den Systemen Politik, Verwaltung, Qualifizierung und Medien. Somit sind sie prädestiniert dafür, sich dem „Wirtschaftspuzzle" proaktiv zu stellen und immer wieder neue Vorschläge an die von ihnen betreuten Unternehmen, aber natürlich auch an die Vertreterinnen und Vertreter aus Politik und Verwaltung, Qualifizierungssysteme und Medien heranzutragen.

Leider wurde der Aspekt einer kreativen Standortentwicklung in die Curricula der auf Wirtschaftsförderung abstellenden Studiengänge bislang nur unzureichend aufgenommen. Eine äußerst verdienstvolle Pilotfunktion kommt in diesem Zusammenhang dem Masterstudiengang Wirtschaftsförderung an der Hochschule Harz in Halberstadt zu, als er dem oben genannten Aspekt breiteste Beachtung einräumt. So beinhaltet der Studiengang ein eigenes Modul für Standortmanagement.

Dabei genügt es jedoch nicht, nur Vorschläge zu unterbreiten. Vielmehr gilt es auch, diese Vorschläge in konkrete Projekte umzusetzen, die anschließend durch die (kommunalen) Wirtschaftsförderungseinrichtungen forciert, begleitet, oftmals moderiert und sicherlich auch dokumentiert werden sollten. Selbstverständlich wären die Projekte auch jeweils zu evaluieren.

Die immense Breite und Komplexität der von den (kommunalen) Wirtschaftsförderungseinrichtungen voranzubringenden Projekte korrespondiert jedoch nur selten mit deren personeller Ausstattung, Kompetenzen, Ressourcen und Selbstverständnis. Insofern kommt den mit Wirtschaftsförderung betrauten Hochschulen und sonstigen Bildungsträgern eine entscheidende Rolle bei der Erzeugung und Distribution des notwendigen Wissens zu. Insbesondere gut qualifizierte Mitarbeiterinnen und Mitarbeiter von Wirtschaftsförderungseinrichtungen haben eine realistische Chance, Entwicklungspotenziale ihrer jeweiligen Region zu erkennen und proaktiv voranzutreiben. Selbstverständlich ist es daneben notwendig, den jeweiligen Wirtschaftsförderern auch die notwendigen finanziellen Mittel und sonstigen Ressourcen an die Hand zu geben und sie mit ausreichenden Gestaltungsfreiheiten zu versehen. Diejenigen Kommunen, welche diese Notwendigkeiten erkennen und konsequent umsetzen, können beträchtliche Wettbewerbsvorteile gegenüber den weniger aktiven und/oder innovativen Gebietskörperschaften generieren.

3.3.6 Lotsenfunktion

Zumindest langjährige Wirtschaftsfördererinnen und Wirtschaftsförderer weisen in der Regel eine starke regionale Vernetzung auf. Ihre tägliche Arbeit gibt ihnen viele Querbezüge in die unterschiedlichsten Systeme wie Wirtschaft, Politik, Verwaltung, Medien und Bildung. Insbesondere externe Investoren, aber auch kommunale Gründerinnen und Gründer sowie teilweise auch Unternehmerinnen und Unternehmer verfügen oftmals nicht über ein umfangreiches Wissen bezüglich möglicher Ansprechpartner für Themen wie Gründung, Unternehmenswachstum, Umgang mit wirtschaftlichen Krisensituationen und Unternehmensnachfolge. Zwar ist es im Zeitalter digitaler Medien und leistungsstarker

Suchmaschinen wie Google durchaus möglich, eine regionalspezifische Eingrenzung potenzieller Partner vorzunehmen, doch vermag dieses Vorgehen eine persönliche Empfehlung, eine direkte Vernetzung oder eine Begleitung zu einem kommunalen Ansprechpartner durch Wirtschaftsförderinnen und Wirtschaftsförderer nicht zu ersetzen.

Wirtschaftsförderer sind kraft Funktion „personifizierte Brückenbauer" und sollten immer wieder Verbindungen von Unternehmen und potenziell Unternehmen unterstützenden Akteuren herstellen und pflegen. So können sie erheblich zur Transparenz in regionalen Wirtschaftsräumen beitragen und durch eine intelligente und gezielte Vernetzung auch strategisch auf die weitere Entwicklung „ihrer" Wirtschaftsregion Einfluss nehmen.

Eine gute Basis für die Tätigkeit regionaler bzw. kommunaler Wirtschaftsförderer bieten auch die mittlerweile speziell für Wirtschaftsförderungseinrichtungen konzipierten CRM-Systeme, wie beispielsweise die von der GEFAK in Marburg erstellte und vertriebene Software kwis. Mit einer solchen Software wird es möglich, die relevanten Unternehmen beispielsweise mittels ihres NACE-Codes zu klassifizieren und sie auch räumlich zu verorten. Ebenso lassen sich zu den relevanten Unternehmen zahlreiche weitere Unternehmensdaten eingeben, die dann beispielsweise auch neuen und noch unerfahrenen Mitarbeiterinnen und Mitarbeitern von Wirtschaftsförderungseinrichtungen einen schnellen Überblick geben können. Somit lässt sich die Wissensbasis einer Wirtschaftsförderungsorganisation verbreitern und von „Schlüsselakteuren" etwas unabhängiger machen. Mit einer systematisierten Vorgehensweise lassen sich auch Querbezüge im regionalen Wirtschaftsleben abbilden und der Nutzen von Wirtschaftsförderungseinrichtungen.

3.3.7 Organisation von runden Tischen bei Genehmigungsverfahren (Scoping-Termine)

Die Ansiedlung oder Erweiterung eines Unternehmens an einem bestimmten Standort hat regelmäßig einen bestimmten planerischen und genehmigungsrelevanten Vorlauf. Dabei gibt es nicht nur die eine Genehmigungsbehörde, vielmehr sind Genehmigungen zahlreicher Behörden und Ämter einzuholen. Der klassische Weg besteht darin, die relevanten Anträge bei jeder einzelnen Behörde einzureichen. Bei einem solchen Vorgehen wird leicht erkennbar, dass „die langsamste Behörde" das Tempo vorgibt.

In der Praxis haben sich, zumindest bei größeren Antragsverfahren, sogenannte „runde Tische" zur Antragsbeschleunigung als Alternative zu dem klassischen Antragsverfahren herausgebildet. Dabei werden die Vertreterinnen und Vertreter sämtlicher in das Beantragungsverfahren involvierten Behörden zu einem Gespräch mit dem jeweiligen Investor eingeladen, wobei es regelmäßig eines wirtschaftsnahen Moderators bedarf. Für die Übernahme einer solchen Rolle sind die kommunalen Wirtschaftsförderungseinrichtungen prädestiniert. Die Nähe zur jeweiligen Gebietskörperschaft und deren Leitung, sei es nun ein Oberbürgermeister, Bürgermeister, Beigeordneter, Landrat oder Ähnliches, und die auch extern bekannte satzungsmäßige Aufgabe von Wirtschaftsförderung bringt es mit sich, dass deren Vertreter in solchen Kommunikationsprozessen die Rolle des Moderators, Unternehmensunterstützers und Regionalentwicklers zugeschrieben bekommen.

Diese institutionelle Prädisposition auf eine solche Rolle sagt jedoch noch nichts darüber aus, ob und in welchem Umfang die die Rolle einnehmenden Wirtschaftsförderungsakteure tatsächlich in der Lage sind, beispielsweise aufgrund ihres Kommunikationsvermögens, ihres individuellen Wissens um die Planungsprozesse, ihrer Bereitschaft zur Übernahme der Moderation etc. die mit den runden Tischen einhergehenden Chancen und Potenziale zu nutzen.

Im Zuge einer lösungsorientierten Personalentwicklung empfiehlt es sich, neue Mitarbeiterinnen und Mitarbeiter von (kommunalen) Wirtschaftsförderungseinrichtungen sehr frühzeitig mit den runden Tischen und den spezifischen Rollen der Wirtschaftsförderung in den Antragsprozessen vertraut zu machen. Eine Möglichkeit bietet dabei das Studium von Best-Practice-Fällen anderer Kommunen. Ist das entsprechende Wissen erst einmal aufgebaut, gilt es, die Rolle des Moderators einzustudieren. Rollenspiele, gerne auch mit Videotechnik flankiert, können hier beträchtliche Effekte bringen. Die mit der Videotechnik einhergehenden Möglichkeiten, die Gespräche zu analysieren, bieten die Mittel zu einer gezielten (Selbst-)Reflexion. Leider sind derartige Personalentwicklungskonzepte im Bereich der (kommunalen) Wirtschaftsförderung derzeit (noch) nicht besonders verbreitet. Es bleibt jedoch zu hoffen, dass die Wirtschaftsförderungseinrichtungen auch hier einen Entwicklungs- und Professionalisierungsschub erhalten, um auch zukünftig ihre wichtigen und herausfordernden Aufgaben wahrnehmen zu können.

3.3.8 Investorenservice

Der Investorenservice beinhaltet neben Einzelberatungen oftmals auch die Information über zahlreiche kommunale Struktur-, Wirtschafts- und Arbeitsmarktdaten, Fördermittel, relevante Grundstücke sowie Industrie- und Gewerbeimmobilien. Unter Berücksichtigung des zu betreibenden Aufwands und der unterstellten Wichtigkeit des jeweiligen Investors sowie der damit verbundenen potenziellen Ansiedlung werden von einzelnen Kommunen auch weitere Unterstützungsleistungen bereitgestellt, beispielsweise Informationen zum kommunalen Wohnungsmarkt, den relevanten Kindergärten und Schulen, möglichen Ausbildungsstätten und einer Vielzahl von weichen Standortfaktoren. Im Wettlauf um die passendsten und „besten" Investoren wollen die Kommunen im Rahmen ihrer rechtlichen Möglichkeiten oftmals nichts unversucht lassen, um die angestrebte Ansiedlung umzusetzen.

Bei dem Investorenservice handelt es sich also um eine Kombination verschiedener hier bereits beschriebener Instrumente der immateriellen Unternehmensförderung.

Diese Form der Kommunikation mit potenziellen Kunden findet sich unter der Überschrift „Ansiedlungen in die Hand nehmen" in pointierter Form auf der Homepage der Steirischen Wirtschaftsförderungsgesellschaft mbH in Graz (zitiert aus Steirische Wirtschaftsförderungsgesellschaft mbH 2018):

Ansiedlungen in die Hand nehmen
Eine Investition in die Steiermark ist eine Investition in die Zukunft!

Betriebsansiedlungen im industriellen und gewerblichen Umfeld werden vom Investorenservice durch folgendes Dienstleistungsportfolio unterstützt:

Betreuung und Consulting von Investitionsprojekten
Unternehmen, die in der Steiermark ihren Betrieb erweitern oder sich neu ansiedeln wollen, haben mit dem Team der SFG einen kompetenten Partner an ihrer Seite, der sie in jeder Projektphase kostenfrei unterstützt.

Informationssupport zur steirischen Wirtschaft
Als Unternehmen im Mehrheitsbesitz des Landes Steiermark vereinfacht die SFG Behördenwege und tritt als Kontaktbroker zu Gemeinde-, Landes-, Bundes- und EU-Stellen ebenso auf wie zu Netzwerken, Clustern, KooperationspartnerInnen und Forschungseinrichtungen.

Analyse potenzieller Standorte
Die SFG erstellt Standortanalysen, um potenzielle, den Anforderungen entsprechende Objekte zu identifizieren und begleitet auf Wunsch den Selektionsprozess. Unter www.standort-steiermark.at finden Sie viele freie Gewerbeobjekte der Steiermark auf einen Klick, inklusive Daten, Fakten und Konditionen.

Beratung über Förderungen und Finanzierungen
Als Förderungsstelle vergibt die SFG jährlich ca. 50 Millionen Euro an Landes-, Bundes- und EU-Mitteln. Das SFG-Team berät Sie bei der Wahl der geeigneten Förderungs- und Finanzierungsaktion und stellt Kontakt zu EU- und Bundesförderungsstellen her.

Unterstützung bei Fact Finding Missions
Das Team der SFG unterstützt Sie bei der Organisation und Durchführung von Fact Finding Missions in der Steiermark: von Kontaktvermittlung zu Clustern, Netzwerken und Forschungseinrichtungen, über die Suche nach geeigneten KooperationspartnerInnen im Bereich von Wissenschaft und Forschung, bis hin zur Koordination von Besuchsterminen bei Unternehmen Ihrer Zielgruppe.

In eine ähnliche Richtung geht das Ansinnen der Region Stuttgart, die an der Region interessierten Wirtschaftsakteuren ein sogenanntes Welcome Package zur Verfügung stellt (zitiert aus Wirtschaftsförderung Region Stuttgart GmbH 2018):

Das Welcome Package beinhaltet eine kostenlose Erstberatung zu zentralen Fragestellungen, die vor der Aufnahme einer Geschäftstätigkeit in der Region Stuttgart anstehen:

- Unternehmensgründung
- Rechtsformwahl
- Steuerrecht
- Einreisebestimmungen
- Mitarbeiterrekrutierung

Dazu steht Ihnen ein Pool von qualifizierten Dienstleistern zur Verfügung – vom Fachanwalt für Gewerberecht über den Steuerexperten bis zum Rekrutierungsprofi.

In einem Orientierungsgespräch analysieren wir mit Ihnen Ihre individuellen Fragestellungen und vermitteln Ihnen die richtigen Kontakte.

3.3.9 Sonstige Unterstützung

Die sonstigen Unterstützungsleistungen von (kommunalen) Wirtschaftsförderungseinrichtungen lassen sich kaum vollständig beschreiben. Wann immer sich Gründer, Investoren und Unternehmer mit ihren Wünschen, Forderungen, Erwartungen oder Begehrlichkeiten an die (kommunalen) Wirtschaftsförderer wenden, gilt es, durch diese zu prüfen, ob und in welchem Umfang sich der jeweilige Service auf die oben genannten Punkte erstreckt. Insbesondere die rechtlichen, strukturellen und organisatorischen Grenzen kommunaler und regionaler Wirtschaftsförderung bilden in der Regel den klassischen Rahmen der nicht von kommerziellen Unternehmensberatungen getragenen Wirtschaftsförderung.

Selbstverständlich ist der Bereich der Wirtschaftsberatung weitaus breiter als die Beratung durch (kommunale) Wirtschaftsförderungseinrichtungen. Zu den mit Wirtschaftsberatungsaufgaben ausgestatteten Akteuren gehören die klassischen Unternehmensberater ebenso wie beispielsweise die auf Wirtschaftsrecht spezialisierten Anwaltskanzleien, Steuerberater und Wirtschaftsprüfer. Die Grenzen der Wirtschaftsförderung bilden insofern nicht die Grenzen der Wirtschaftsberatung, als es beispielsweise kommerziellen Unternehmensberatern explizit möglich ist, auch vertiefte Einzelberatungen und die Bereitstellung von mannigfaltigen Dienstleistungen für einzelne Unternehmen anzubieten.

3.4 Rahmenbedingungen der Unternehmensförderung

Die Förderung von Unternehmen durch die öffentliche Hand ist zahlreichen Regelungen und Restriktionen unterworfen. Im vorliegenden Abschnitt sollen insbesondere die rechtlichen, finanziellen und strukturellen Rahmenbedingungen analysiert werden.

3.4.1 Rechtlich

3.4.1.1 EU-Beihilferecht

Wie bereits dargelegt, nutzt das Europarecht den Begriff der staatlichen Beihilfe bei der Regelung der subventionsrelevanten Inhalte. Wie ebenfalls bereits festgestellt, finden sich die rechtlichen Normierungen von Subventionen innerhalb der Europäischen Gemeinschaft in Art. 107 I des Vertrages über die Arbeitsweise der Europäischen Union (AEUV).

Die Absätze II und III regeln hingegen, wann die Zahlungen von Beihilfen entweder „mit dem Binnenmarkt vereinbar sind" (Abs. II) oder aber „als mit dem Binnenmarkt vereinbar angesehen werden können" (Abs. III). Eine sehr gute Übersicht in diesem Zusammenhang bietet die Förderbank Bayern LfA mit ihrem Merkblatt „Beihilferechtlich relevante Bestimmungen und Definitionen" (Vergabegrundsätze entsprechend Antragsvordruck 100 Tz. 9.6 Bestätigungen) (LfA Förderbank Bayern 2018).

Gemäß den Normierungen des Art. 107 AEUV (ex-Art. 87 EGV) gibt es fünf Tatbestandsmerkmale, die Aufschluss darüber geben, ob eine Maßnahme des Staates im europarechtlichen Sinne als Beihilfe zu werten ist (vgl. Crößmann 2015, S. 8).

Für das Vorliegen eines Subventionssachverhalts müssen die im Folgenden aufgeführten fünf Tatbestandsmerkmale nicht alternativ, sondern kumulativ gegeben sein:

- Staatlichkeit,
- Selektivität,
- Begünstigung,
- Wettbewerbsverfälschung,
- Handelsbeeinträchtigung.

Der Tatbestand der Beihilfe nach Art. 107, 108 AEUV ist demnach bei dem Vorliegen der folgenden Punkte erfüllt:

- Beihilfenbegriff: jede Zuwendung, wenn und soweit es an einer angemessenen Gegenleistung fehlt (sog. Private-Investor-Test),
- Geberseite: Staat oder aus staatlichen Mitteln,
- Empfängerseite: bestimmte Unternehmen oder Produktionszweige,
- Eignung zur Verfälschung des Wettbewerbs,
- Beeinträchtigung des Handels zwischen den MS.

Ausnahmen (Universität Frankfurt 2018):

- geringfügige Beihilfen (Kommissionspraxis),
- per se zulässige Beihilfen (Art. 107 II AEUV),
- für vereinbar erklärte Beihilfen (Art. 107 III AEUV).

3.4.1.2 De-minimis

Bei den Ausnahmen kommt der sogenannten De-minimis-Beihilfe eine besondere Bedeutung zu. Dazu führt das Bundesministerium für Wirtschaft und Energie (2018d) aus:

> In der Europäischen Union sind wettbewerbsverfälschende Beihilfen an Unternehmen oder Produktionszweige verboten, wenn sie den Handel zwischen den EU-Mitgliedstaaten beeinträchtigen (Artikel 107 des Vertrages über die Arbeitsweise der Europäischen Union). In bestimmten Fällen kann die Europäische Kommission Subventionen allerdings genehmigen. Um zu entscheiden, ob es sich um eine solche Ausnahme handelt, muss jede Beihilfe, die einem Unternehmen zugutekommt, bei der Europäischen Kommission in Brüssel angemeldet werden (Notifizierung). Die Europäische Kommission entscheidet dann, ob die betreffende Subvention im Sinne des EU-Vertrags gewährt werden kann oder nicht.
>
> Zur Vereinfachung dieses Verfahrens wurde die De-minimis-Regelung eingeführt. Danach müssen Subventionen, die unterhalb einer bestimmten Bagatellgrenze liegen, bei der Europäischen Kommission nicht angemeldet und von ihr genehmigt werden. Dies gilt für Beihilfen, die vom Staat bzw. von staatlichen Stellen an einzelne Unternehmen ausgereicht werden und innerhalb des laufenden und der letzten zwei Kalenderjahre den Subventionswert von derzeit insgesamt 200.000 EUR (100.000 EUR im Straßentransportsektor, 15.000 EUR innerhalb von drei Jahren im Agrarsektor) nicht übersteigen. Die Kommission geht davon aus, dass diese kleineren Subventionen keine spürbaren Auswirkungen auf den Handel und den Wettbewerb zwischen den Mitgliedstaaten haben.

Bei einem Blick auf die finanzielle Situation der Kommunen wird schnell deutlich, dass zahlreiche Gebietskörperschaften trotz einer seit der Wirtschafts- und Finanzkrise des Jahres 2008 bestehenden historisch singulären Niedrigzinsphase finanziell mit dem Rücken zu Wand stehen. Dabei gibt es bei der Höhe der kommunalen Pro-Kopf-Verschuldung je nach Bundesland beträchtliche Unterschiede. Die höchste Verschuldung weisen die Bewohner des Saarlandes mit 3490 € auf. Die geringste Verschuldung haben die Bewohner in Baden-Württemberg mit lediglich 518 € pro Person (vgl. KOMMUNAL 2017).

Allerdings sind solche Durchschnittszahlen nur von geringer Aussagekraft, da die Verschuldungsgrade der einzelnen Kommunen extreme Differenzen aufweisen.

> In Kempten beträgt die kommunale Pro-Kopf-Verschuldung 375 Euro, in Memmingen sind es 1400 Euro und in Kaufbeuron und Amberg 1500 beziehungsweise 1600 Euro. Dazu noch mal im Vergleich: Darmstadt 15.000 Euro oder Mainz 11.000 Euro. Noch dramatischer sieht es in den Stadtstaaten mit über 20.000 Euro in Berlin und Hamburg bzw. in Bremen mit 34.000 Euro. Wobei hier häufig keine saubere Trennung zwischen kommunalen und Landesschulden möglich ist (KOMMUNAL 2017).

Im Idealfall soll die Arbeit der Wirtschaftsförderung die Wirtschaftskraft einer Region stärken und damit zu einem Anstieg der kommunalen Gewerbesteuereinnahmen führen. Die strukturelle Tragik liegt jedoch darin begründet, dass gerade Kommunen, die am stärksten auf das Engagement einer kompetenten und leistungsstarken Wirtschaftsförderung angewiesen wären, sich eine solche Wirtschaftsförderung oftmals gar nicht leisten können. So korrelieren die Gestaltungsmöglichkeiten einer Kommune entscheidend mit ihren finanziellen Ressourcen. Sind diese Ressourcen negativ oder aber zumindest aufgebraucht, verliert die jeweilige Gebietskörperschaft in erheblichem Maße Gestaltungsmöglichkeiten und Zukunftschancen. Sie befindet sich dann in einer Negativspirale mit oftmals einhergehender Abwanderung von Unternehmen, jungen leistungsstarken Arbeitnehmerinnen und Arbeitnehmern (Braindrain) und stetig sinkenden Einnahmen. Entsprechend verschlechtert sich häufig auch das Image der Kommune bzw. Region bei der einheimischen Bevölkerung sowie bei potenziellen externen Investoren.

Diese Entwicklung steht jedoch im Widerspruch zu Art. 72 Abs. 2 Grundgesetz (GG), der die Gleichwertigkeit der Lebensverhältnisse im Bundesgebiet einfordert. Dieser normative Ansatz dürfte auf absehbare Zeit im Widerspruch zu den tatsächlichen Entwicklungsmöglichkeiten zahlreicher Kommunen stehen.

Eine interessante Analyse und Beschreibung der „Lebenslagen junger Erwachsener in Abstiegsregionen" liefert eine von Kröhnert und Klingholz vom Berlin-Institut für Bevölkerung und Entwicklung erstellte Publikation mit dem Titel *Not am Mann. Von Helden der Arbeit zur neuen Unterschicht? Lebenslagen junger Erwachsener in wirtschaftlichen Abstiegsregionen der neuen Bundesländer* (Kröhnert und Klingholz 2007).

Nur wenn es gelingt, diesen Teufelskreis aus wirtschaftlichem Niedergang, Abwanderung der Leistungsträger und Talente sowie dem Absinken der finanziellen Ressourcen der örtlichen Bevölkerung zu durchbrechen, können neue Chancen für eine kommunale bzw. regionale Zukunft entwickelt werden.

3.4.2 Strukturell

Die Tatsache, dass es sich bei kommunaler Wirtschaftsförderung in Deutschland um eine freiwillige Aufgabe handelt, führt gerade bei zahlreichen finanziell stark angeschlagenen Kommunen dazu, dass sie in diesem Bereich nur geringe Ausgaben tätigen können oder wollen. So sind Wirtschaftsförderungseinrichtungen, seien sie nun als Amt, Kapitalgesellschaft oder als Mischform organisiert, zumeist mit nur wenigen Mitarbeiterinnen und Mitarbeitern ausgestattet. Weiterhin verfügen sie oftmals nur über geringe Gestaltungsmittel.

Die häufig praktizierte Anlehnung an die Gehaltsstruktur des öffentlichen Dienstes, beispielsweise durch eine Anbindung an den Tarifvertrag des öffentlichen Dienstes (TVöD), führt tendenziell zu relativ überschaubaren Entgelten und wenig attraktiven Vergütungsmodellen. Gerade in Regionen mit hohen Lebenshaltungskosten und/oder mit attraktiven Arbeitgebern in der Privatwirtschaft bleibt dies nicht ohne Wirkung auf die Attraktivität von Wirtschaftsförderungseinrichtungen für (potenzielle) Interessentinnen und Interessenten.

Ebenso ist es in den beschriebenen Strukturen nicht oder lediglich in einem sehr geringen Umfang möglich, besondere Leistungen beispielsweise durch die Zahlung von Boni oder Prämien zu würdigen und so extrinsische Anreizsysteme zu schaffen. Vor diesem Hintergrund fällt es vielen Wirtschaftsförderungseinrichtungen zunehmend schwerer, kompetente und leistungsstarke Mitarbeiterinnen und Mitarbeiter zu bekommen und diese langfristig an ihre Organisationen zu binden.

Die bislang wenig entwickelten Ausbildungs- und Studienmöglichkeiten für Wirtschaftsförderung, seien sie nun auf der EU-Ebene, Bundes- oder Landesebene oder in den Regionen bzw. Kommunen zu verorten, führen weiterhin dazu, dass es auf dem Arbeitsmarkt meist nicht „die Wirtschaftsförderin oder den Wirtschaftsförderer" gibt, sondern Personen mit Ausbildungs- oder Studienabschlüssen, die einen mehr oder weniger starken Bezug zum Thema Wirtschaftsförderung aufweisen. Da der Arbeitsmarkt häufig keine qualifizierten Wirtschaftsförderer „hergibt", gilt es dann, eine Seiteneinsteigerin bzw. einen Seiteneinsteiger in einer Art von „Training on the job" für die berufliche Praxis nachzuqualifizieren.

Immerhin bleibt zu hoffen, dass die beschriebenen, in den letzten Jahren von einigen Hochschulen geschaffenen Studienmöglichkeiten im Bereich Wirtschaftsförderung entscheidende Impulse zu einer Professionalisierung von Wirtschaftsförderung geben können.

Literatur

Bertelsmann Stiftung. (2016). *China 2030. Szenarien und Strategien für Deutschland.* https://www.bertelsmann-stiftung.de/fileadmin/files/BSt/Publikationen/GrauePublikationen/Studie_DA_China_2030_Szenarien_und_Strategien_fuer_Deutschland.pdf. Zugegriffen am 02.12.2018.

Bundesagentur für Arbeit. (2018a). *Eingliederungszuschuss.* https://www3.arbeitsagentur.de/web/wcm/idc/groups/public/documents/webdatei/mdaw/mtu4/~edisp/l6019022dstbai386951.pdf?_ba.sid=L6019022DSTBAI386954. Zugegriffen am 08.09.2018.

Bundesagentur für Arbeit. (2018b). *Hilfe bei Bewerbung und Arbeitsaufnahme erhalten.* https://www.arbeitsagentur.de/arbeitslos-arbeit-finden/vermittlung-in-arbeit. Zugegriffen am 07.10.2018.

Bundesamt für Wirtschaft und Ausfuhrkontrolle. (2018). *Unternehmensberatung.* http://www.bafa.de/DE/Wirtschafts_Mittelstandsfoerderung/Beratung_Finanzierung/Unternehmensberatung/unternehmensberatung_node.htm. Zugegriffen am 15.09.2018.

Bundesministerium für Finanzen. (2017). *26. Subventionsbericht. Bericht der Bundesregierung über die Entwicklung der Finanzhilfen des Bundes und der Steuervergünstigungen für die Jahre 2015 bis 2018.* Berlin: Ohne Verlagsangabe.

Bundesministerium für Wirtschaft und Energie. (2018). *EXIST.* https://www.exist.de/DE/Programm/Ueber-Exist/inhalt.html. Zugegriffen am 11.11.2018.

Bundesministerium für Wirtschaft und Energie. (2018c). *Zentrales Innovationsprogramm Mittelstand.* https://www.zim.de/ZIM/Redaktion/DE/FAQ/Allgemeines/allgemeines.html. Zugegriffen am 08.09.2018.

Bundesministerium für Wirtschaft und Energie. (2018d). *Förderdatenbank. Förderprogramme und Finanzhilfen des Bundes, der Länder und der EU.* http://www.foerderdatenbank.de/Foerder-DB/Navigation/Foerderrecherche/suche.html?get=d718e5d4b541fc531507b-741d71214a1;views;document&doc=373&typ=CL. Zugegriffen am 04.11.2018.

Bundesministerium für Wirtschaft und Energie. (2018e). *Gemeinschaftsaufgabe „Verbesserung der regionalen Wirtschaftsstruktur" (GRW).* http://www.foerderdatenbank.de/Foerder-DB/Navigation/Foerderrecherche/suche.html?get=d718e5d4b541fc531507b741d71214a1;views;document&doc=373. Zugegriffen am 04.11.2018.

Bundesministerium für Wirtschaft und Energie. (2018f). *Auftragsgarantien.* http://www.foerderdatenbank.de/Foerder-DB/Navigation/Foerderrecherche/suche.html?get=d718e5d4b541fc531507b-741d71214a1;views;document&doc=7559. Zugegriffen am 04.11.2018.

Bundesministerium für Wirtschaft und Energie. (2019a). *Existenzgründungsportal.* https://www.existenzgruender.de/DE/Gruendung-vorbereiten/Entscheidung/Ihre-Startposition/Gruendung-aus-Arbeitslosigkeit/Gruendungszuschuss/inhalt.html. Zugegriffen am 28.04.2019.

Bundesministerium für Wirtschaft und Energie. (2019b). *Fördergebietskarte.* https://www.bmwi.de/Redaktion/DE/Downloads/foerdergebietskarte-ab-08-2017.pdf?__blob=publicationFile&v=7. Zugegriffen am 09.02.2019.

Bundesministerium für Wirtschaft und Energie. (2019c). *GründerZeiten 07. Businessplan.* https://www.existenzgruender.de/SharedDocs/Downloads/DE/GruenderZeiten/GruenderZeiten-07.pdf?__blob=publicationFile. Zugegriffen am 09.02.2019.

Bundesministerium für Wirtschaft und Energie. (2019d). *GründerZeiten 06. Existenzgründungsfinanzierung.* http://vielfalt-gruendet.de/wp-content/uploads/2018/02/GruenderZeiten-06.pdf. Zugegriffen am 09.02.2019.

Bundesverband der Deutschen Volksbanken und Raiffeisenbanken (BVR). (2018). *Unser Genossenschaftsmodell.* https://www.bvr.de/Wer_wir_sind/Genossenschaftliche_FinanzGruppe. Zugegriffen am 02.12.2018.

Bundesverband Deutscher Unternehmensberater BDU e.V. (2018). *Homepage.* https://www.bdu.de/. Zugegriffen am 14.09.2018.

Bundesverband Öffentlicher Banken Deutschlands. (2018). *Fördergeschäft in Deutschland 2008–2017.* https://www.voeb.de/de/presse/grafiken/publikation-foerderstatistik.pdf. Zugegriffen am 08.11.2018.

Crößmann, K. (2015). *Die politische Ökonomie des Subventionsabbaus in Europa im Zeitraum 1981–2010* (1. Aufl.). Berlin: Dr. H. H. Driesen GmbH.

Dallmann, B., & Richter, M. (2012). *Handbuch der Wirtschaftsförderung. Praxisleitfaden zur kommunalen und regionalen Standortentwicklung* (1. Aufl.). Freiburg im Breisgau: Haufe Gruppe.

Dejure.org. (2018). *Strafgesetzbuch.* https://dejure.org/gesetze/StGB/264.html. Zugegriffen am 10.08.2018

Dejure.org. (2019). *Sparkassengesetz.* https://dejure.org/gesetze/SpG/12.html. Zugegriffen am 28.04.2019.

DStGB. (2008). *Wirtschaftsförderung. Aufgaben, Organisation und Schwerpunkte der kommunalen Wirtschaftsförderung.* https://www.dstgb.de/dstgb/Homepage/Publikationen/Dokumentationen/Nr.%20118%20-%20Wirtschaftsförderung%20-%20Aufgaben,%20Organisation%20und%20Schwerpunkte%20der%20kommunalen%20Wirtschaftsförderung/Doku118_Wirtschaft_k.pdf. Zugegriffen am 08.11.2018.

Europäische Investitionsbank. (2016). *Financial report.* https://www.eib.org/attachments/general/reports/fr2016en.pdf. Zugegriffen am 24.03.2019.

Europäische Investitionsbank. (2018a). *Die EIB auf einen Blick.* https://www.eib.org/de/about/key_figures/timeline/index.htm. Zugegriffen am 26. 08.2018.

Europäische Investitionsbank. (2018b). *Satzungsmäßige Organe.* http://www.eib.org/de/about/governance-and-structure/statutory-bodies/index.htm. Zugegriffen am 26.08.2018.

Europäische Investitionsbank. (2018c). *Vorrangige Förderbereiche.* http://www.eib.org/de/projects/priorities/index.htm. Zugegriffen am 26.08.2018.HA.

Europäische Kommission. (2019a). *Europäischer Fonds für regionale Entwicklung.* https://ec.europa.eu/regional_policy/de/funding/erdf/. Zugegriffen am 14.04.2019.

Europäische Kommission. (2019b). *Europäische Struktur- und Investitionsfonds.* https://ec.europa.eu/regional_policy/de/funding/social-fund/. Zugegriffen am 24.03.2019.

Gabler Wirtschaftslexikon. (2018). *Zuschüsse.* https://wirtschaftslexikon.gabler.de/definition/zuschuesse-48262/version-271519 Revision von Zuschüssen vom 14.09.2017 – 16:48. Zugegriffen am 07.10.2018.

Literatur

Gabler Wirtschaftslexikon. (2019). *Merkantilismus.* https://wirtschaftslexikon.gabler.de/definition/merkantilismus-39271. Zugegriffen am 09.02.2019.

Geiger. (2018). *Vor- und Nachteile von Subventionen.* http://www.cogbyte.de/project/Vor-und-Nachteile-von-Subvent.1042.0.html?&L=1. Zugegriffen am 30.12.2018.

Germany Trade & Invest. (2019a). *360 Mitarbeiter an 50 Standorten weltweit.* https://www.gtai.de/GTAI/Navigation/DE/welcome.html. Zugegriffen am 28.04.2019.

Germany Trade & Invest. (2019b). *Profil.* https://www.gtai.de/GTAI/Navigation/DE/Meta/Ueber-uns/Wer-wir-sind/profil.html. Zugegriffen am 28.04.2019.

HA Hessen Agentur GmbH. (2018). *Unternehmensprofil.* https://www.hessen-agentur.de/dynasite.cfm?dsmid=16727. Zugegriffen am 29.11.2018.

Handelskammer Hamburg (Hrsg.). (2016). *Notfall-Handbuch für Unternehmen.* https://www.pfalz.ihk24.de/blob/luihk24/existenzgruendung_und_unternehmensfoerderung/downloads/1272328/4e3c0fa665f92cf0874c85462c59d670/IHK_Notfall_Handbuch-data.pdf. Zugegriffen am 14.09.2018.

Haufe. (2018). *Eingliederungszuschuss für Arbeitgeber.* https://www.haufe.de/sozialwesen/sgb-office-professional/eingliederungszuschuesse-arbeitgeberfoerderung_idesk_PI434_HI524425.html. Zugegriffen am 08.09.2018.

Investitions- und Strukturbank Rheinland-Pfalz. (2016). *Satzung.* https://isb.rlp.de/die-isb/index.php?eID=tx_securedownloads&u=0&g=0&t=5132279880&hash=3b91541767f63db0d b32550dc7c60fe3f0f25b62&file=/fileadmin/user_upload/Satzung_ISB_AoeR__5._Fassung_vom_23_05_2016.pdf. Zugegriffen am 21.07.2018.

Investitions- und Strukturbank Rheinland-Pfalz (Hrsg.). (2017). *Eröffnen Sie neue Perspektiven. Förderprogramme für das Tourismusgewerbe.* https://isb.rlp.de/service/index.php?eID=tx_securedownloads&u=0&g=0&t=5141425967&hash=e411234b1d345baf5e9bd86a534f-2648397d3a28&file=/fileadmin/user_upload/20171215_ISB_Broschuere_Tourismus.pdf. Zugegriffen am 04.11.2018.

Investitions- und Strukturbank Rheinland-Pfalz. (2018). *Beratungsprogramm für Existenzgründung. Zuschuss zu Beratungskosten für Existenzgründungen oder Unternehmensnachfolgen.* https://isb.rlp.de/foerderung/134.html. Zugegriffen am 15.09.2018.

Investitionsbank Berlin. (2018a). *Antrag auf Gewährung öffentlicher Finanzierungshilfen an die gewerbliche Wirtschaft im Rahmen der regionalen Wirtschaftsförderung.* https://www.ibb.de/media/dokumente/foerderprogramme/wirtschaftsfoerderung/grw/grw_antrag.pdf. Zugegriffen am 11.11.2018.

Investitionsbank Berlin. (2018b). *Geschäftsbericht 2017.* https://www.ibb.de/media/dokumente/ueber-die-ibb/investor-relations/geschaeftsberichte/ibb_geschaeftsbericht_2017.pdf. Zugegriffen am 07.10.2018.

Kennedy, P. (1991). *Aufstieg und Fall großer Mächte. Ökonomischer Wandel und militärischer Konflikt von 1500 bis 2000.* Frankfurt a. M.: Fischer Taschenbuch.

KfW Bankengruppe (Hrsg.). (2013). *Gesetz über die Kreditanstalt für Wiederaufbau.* https://www.kfw.de/Download-Center/KfW-Gesetz-und-Satzung-sowie-Geschäftsordnungen/KfW_Gesetz_D.pdf. Zugegriffen am 02.12.2018.

KfW Bankengruppe. (2015). *Gesetz über die Kreditanstalt für Wiederaufbau vom 5. November 1948 (WiGBl. S. 123) in der Fassung der Neubekanntmachung vom 23. Juni 1969 (BGBl. I S. 573), zuletzt geändert durch die Zehnte Zuständigkeitsanpassungsverordnung vom 31. August 2015 (BGBl. I S. 1474).* https://www.kfw.de/Download-Center/KfW-Gesetz-und-Satzung-sowie-Geschäftsordnungen/KfW_Gesetz_D.pdf. Zugegriffen am 14.04.2019.

KfW Bankengruppe. (2018a). *Zeit des Wiederaufbaus.* https://www.kfw.de/KfW-Konzern/Über-die-KfW/Identität/Geschichte-der-KfW/50er-Jahre-I/. Zugegriffen am 15.09.2018a.

KfW Bankengruppe. (2018b). *Homepage*. https://www.kfw.de/kfw.de.html. Zugegriffen am 15.09.2018.
KfW Bankengruppe. (2018c). *So kommen wir in Kontakt*. https://www.kfw.de/KfW-Konzern/Kontakt/. Zugegriffen am 15.09.2018.
KfW Bankengruppe. (2018d). *Das Hausbankprinzip der KfW – Seit Langem bewährt*. https://www.kfw.de/KfW-Konzern/Über-die-KfW/Arbeitsweise/Kreditvergabe-über-Hausbanken/. Zugegriffen am 21.10.2018.
KfW Bankengruppe. (2018e). *ERP-Beteiligungsprogramm*. https://www.kfw.de/inlandsfoerderung/Unternehmen/Unternehmen-erweitern-festigen/Finanzierungsangebote/ERP-Beteiligungsprogramm-(100-104)/. Zugegriffen am 08.09.2018.
KfW Bankengruppe. (2019a). *Entwicklung der Mitarbeiterzahlen*. https://www.kfw.de/Bilder/Bilder-KfW-Konzern/Geschichte/Mitarbeiter-(1949-2017).jpg. Zugegriffen am 14.04.2019.
KOMMUNAL. (2017). *Die Schulden der Kommunen sinken*. https://kommunal.de/die-schulden-der-kommunen-sinken. Zugegriffen am 16.09.2018.
Köneke, V. (2015). Finanzierung: Wie Start-ups einen Business Angel finden. *Wirtschaftswoche vom 27.07.2015*. http://gruender.wiwo.de/wie-start-ups-einen-business-angel-finden/. Zugegriffen am 15.09.2018.
Kröhnert, S., & Klingholz, R. (2007). *Not am Mann. Von Helden der Arbeit zur neuen Unterschicht? Lebenslagen junger Erwachsener in wirtschaftlichen Abstiegsregionen der neuen Bundesländer*. Berlin: Berlin-Institut für Bevölkerung und Entwicklung. https://www.berlin-institut.org/fileadmin/user_upload/Studien/Not_am_Mann_Webversion.pdf. Zugegriffen am 28.04.2019.
Laaser, C. & Rosenschon, A. (2018). *Kieler Beiträge zur Wirtschaftspolitik. Kieler Subventionsbericht und die Kieler Subventionsampel: Finanzhilfen des Bundes und Steuervergünstigungen bis 2017 – Eine Aktualisierung*. (NR. 14, März 2018). Kiel: Kiel Insitut für Weltwirtschaft. https://www.ifw-kiel.de/fileadmin/Dateiverwaltung/IfW-Publications/-ifw/Kieler_Beitraege_zur_Wirtschaftspolitik/wipo_14.pdf. Zugegriffen am 11.11.2018.
LfA Förderbank Bayern. (2018). *Merkblatt „Beihilferechtlich relevante Bestimmungen und Definitionen" (Vergabegrundsätze entsprechend Antragsvordruck 100 Tz. 9.6 Bestätigungen)*. https://lfa.de/website/downloads/merkblaetter/uebergreifend/merkblatt_beihilfe.pdf. Zugegriffen am 14.10.2018.
LfA Förderbank Bayern. (2019). *Der LfA Tilgungsrechner*. https://lfa.de/website/de/spezial/tilgungsrechner/index.php. Zugegriffen am 07.05.2019.
Löffelholz, J., & Müller, G. (1983). *Bank-Lexikon: Handwörterbuch für das Bank- und Sparkassenwesen*. Wiesbaden: Betriebswirtschaftlicher Verlag Gabler.
München.de. (2018). *Förderung Crowdfunding-Kampagne*. https://www.muenchen.de/rathaus/wirtschaft/gruendung/finanzierung/crowdfunding-foerderung.html. Zugegriffen am 14.10.2018.
NRW.INVEST GmbH. (2018a). *Kontakt*. https://www.nrwinvest.com/de/kontakt/. Zugegriffen am 29.11.2018.
NRW.INVEST GmbH. (2018b). *Ansprechpartner*. https://www.nrwinvest.com/de/ueber-uns/ansprechpartner/. Zugegriffen am 29.11.2018.
Pongratz, P., & Vogelgesang, M. (2016). *Standortmanagement in der Wirtschaftsförderung. Grundlagen für die Praxis*. Wiesbaden: Springer Gabler.
PricewaterhouseCoopers GmbH. (2010). *Öffentliche Fördermittel für gewerbliche Forschungs- und Entwicklungsprojekte*. https://www.pwc.de/de/gesundheitswesen-und-pharma/oeffentliche-foerdermittel-fuer-gewerbliche-forschungs-und-entwicklungsprojekte.html. Zugegriffen am 09.02.2019.

Literatur

Rechtsrat.ws. (2007). *Bürgerliches Gesetzbuch.* https://www.rechtsrat.ws/gesetze/bgb/0765.htm#765. Zugegriffen am 28.04.2019.

Rohwedder, M. (2013). *Praxishandbuch Fördermittel. Wegweiser für kleine und mittlere Unternehmen.* Berlin: Erich Schmidt.

Schiller, F. (2018). *Wilhelm Tell.* http://gutenberg.spiegel.de/buch/wilhelm-tell-3332/4. Zugegriffen am 02.12.2018.

SPIEGEL ONLINE. (2018). *Auf diese Branchen haben es chinesische Investoren abgesehen.* http://www.spiegel.de/wirtschaft/unternehmen/deutschland-auf-welche-branchen-es-chinesische-investoren-abgesehen-haben-a-1208417.html. Zugegriffen am 02.09.2018.

Steinrücken, T. (2011). *Wirtschaftsförderung & Standortpolitik: Eine Einführung in die Ökonomik unternehmensorientierter Wirtschaftspolitik.* Erfurt: Books on Demand.

Steirische Wirtschaftsförderungsgesellschaft mbH. (2018). *Ansiedlungen in die Hand nehmen.* https://www.sfg.at/cms/156/Investorenservice/. Zugegriffen am 11.11.2018.

Umwelt Bundesamt (Hrsg.). (2016). *Umweltschädliche Subventionen.* Aktualisierte Ausgabe 2016. https://www.umweltbundesamt.de/sites/default/files/medien/479/publikationen/uba_fachbroschuere_umweltschaedliche-subventionen_bf.pdf. Zugegriffen am 04.11.2018.

Universität Frankfurt. (2018). *Europarecht.* http://www.jura.uni-frankfurt.de/46615490/Europarecht-2-Sitzung-6.pdf. Zugegriffen am 14.10.2018.

Wirtschafts- und Infrastrukturbank Hessen. (2018). *Geschäftskonzept für die Finanzierungsberatung.* https://www.wibank.de/blob/wibank/diewibank/foerderberatung-hessen/312360/16c496244a352811261803adbb914bfe/beratungsunterlagen-data.pdf. Zugegriffen am 14.10.2018.

Wirtschaftsförderung Region Stuttgart GmbH. (2018). *Beratung. Das Welcome Package [...].* http://welcome-package.region-stuttgart.de/unternehmen/beratung. Zugegriffen am 11.11.2018.

Gesamtresümee 4

Zusammenfassung

Gute Kenntnisse der Unternehmensfinanzierung und Unternehmensförderung bilden die Basis einer gelungenen Beratungs- und Unterstützungsarbeit, insbesondere im Bereich der Wirtschaftsförderung, Förderbanken, Kreditinstitute und Unternehmensberatungen. Da die zahlreichen Förderprogramme der materiellen Unternehmensförderung aber einem rasanten inhaltlichen und formalen Wandel unterworfen sind, ist es für Fördermittelberaterinnen und Fördermittelberater besonders wichtig, ihr diesbezügliches Wissen immer wieder „aufzufrischen" und sich insbesondere ein solides Methodenwissen anzueignen, welches sie in die Lage versetzt, selbstständig und eigeninitiativ ihr diesbezügliches Wissen immer wieder zu erneuern. Dazu möchte die vorliegende Publikation das notwendige Rüstzeug vermitteln.

Gründerinnen und Gründer sowie die Leitungen von Unternehmen benötigen auch zukünftig fundierte wirtschaftsrelevante Informationen. Dabei kommt den Bereichen Unternehmensfinanzierung und Unternehmensförderung eine zentrale Bedeutung zu. Wirtschaftsfördererinnen und Wirtschaftsförderer haben dabei eine wichtige Aufgabe, als Experten und Multiplikatoren das sich schnell wandelnde Finanzierungs- und Förderwissen ihren Klienten zur Verfügung zu stellen und so zu deren Wettbewerbsfähigkeit beizutragen. Dadurch kommt es auch zu einer Stärkung der Wettbewerbsfähigkeit der jeweils involvierten Regionen.

Neben den klassischen, meist mittels privater Geschäftsbanken vergebenen Darlehen gibt es eine Reihe innovativer Finanzierungsinstrumente für Gründer und Unternehmen, die das bestehende Angebot ergänzen und teilweise sogar ersetzen können. Zu denken wäre vor allem an das in Abschn. 2.4 behandelte Venture-Capital sowie die Instrumente Crowdfunding und Mikrokreditfonds Deutschland.

Die ebenfalls beschriebenen disruptiven Prozesse im Bankenbereich werden hier auch weiterhin für einen beträchtlichen Wandel sorgen. Der Aufstieg zahlreicher Fintech-Anbieter und der relative Abstieg klassischer Kreditinstitute stehen für diesen elementaren Strukturwandel.

Im Bereich der Unternehmensförderung wurde die enorme Vielfalt der materiellen Förderinstrumente deutlich. Der Wandel dieser Instrumente macht eine permanente Beschäftigung auch der Anbieter von Wirtschaftsförderungsleistungen mit dieser Materie deutlich. Dabei erscheint es überaus sinnvoll, sich entsprechendes Methodenwissen anzueignen, mittels dessen die jeweils aktuellsten Förderinstrumente zu ihren Empfängern im Wirtschaftssystem transferiert werden können. Die Belegschaften, gerade kommunaler Wirtschaftsförderungseinrichtungen, welche oftmals stark im operativen Tagesgeschäft eingebunden sind, benötigen hier Freiraum zur regelmäßigen Beschäftigung mit den verschiedensten Förderinstrumenten. Arbeitskreise mit einer diesbezüglichen thematischen Konzentration können auch dazu beitragen, das notwendige Förderwissen auf dem neusten Stand zu halten.

Doch greift eine Konzentration nur auf das Thema „materielle Unternehmensförderung" zu kurz. Wie in Abschn. 3.3 beschrieben, leisten Wirtschaftsförderungen einen vielfältigen, bislang noch zu wenig beachteten Beitrag einer immateriellen Unternehmensförderung, beispielsweise mittels der Instrumente Sammeln, Generieren und Strukturieren von wirtschaftsrelevanten Informationen, Wissensvermittlung, Standortmanagement, Beratung, Netzwerkaufbau und Netzwerkmanagement, Lotsentätigkeit, Organisation von runden Tischen bei Genehmigungsverfahren und Investorenservice.

Doch auch hier bestehen noch vielfältige Möglichkeiten einer Verbesserung dieser Serviceangebote. Dazu gehören innerhalb der Wirtschaftsförderungseinrichtungen eine systematische Personalentwicklung mit vielfältigen Weiterbildungsangeboten, die Bereitschaft zum Aufbau eines Qualitätsmanagementsystems, der regelmäßige Austausch von Wirtschaftsfördererinnen und Wirtschaftsförderern auch außerhalb der eigenen Organisation, der Ausbau von Best-Practice-Registern, wie er beispielsweise an der Hochschule Harz bereits erfolgt, und die Bereitschaft, Neues zu wagen und der eigenen Wirtschaftsregion entscheidende Wettbewerbsvorteile zu verschaffen.

The manufacturer's authorised representative in the EU is Springer Nature Customer Service Centre GmbH, Europaplatz 3, 69115 Heidelberg, Germany. If you have any concerns regarding our products, please contact ProductSafety@springernature.com

Printed and bound by CPI Group (UK) Ltd, Croydon, CR0 4YY

25/03/2026

02078195-0019